陈少峰　主编

北大文化产业

PKU Cultural Industries Review

湖南教育出版社

图书在版编目(CIP)数据

北大文化产业/陈少峰主编.—长沙:湖南教育出版社,2006.9

ISBN 7-5355-5007-X

Ⅰ.北... Ⅱ.陈... Ⅲ.文化—产业—中国—文集 Ⅳ.G124

中国版本图书馆 CIP 数据核字(2006)第 113679 号

北大文化产业

(第二辑)

陈少峰 主编

责任编辑:胡长明

湖南教育出版社出版发行(长沙市韶山北路 443 号)

网　　址:http://www.hneph.com

电子邮箱:postmaster@hneph.com

湖南省新华书店经销　湖南广播电视大学印刷厂印刷

787×1092　18 开　印张:15 $\frac{1}{3}$　字数:220000

2006 年 9 月第 1 版　　2006 年 9 月第 1 次印刷

印数:1—2000

ISBN7—5355—5007—X/G·5002

定　价:21.20 元

《北大文化产业》

主　　编　陈少峰

执行主编　罗争玉

副 主 编　向　勇　周城雄　李文君

编　　辑　王　征　田　盟

目　　录（第二辑）

主题文章

名家访谈录

专题报道：区域文化产业

热点聚焦

产业论坛

产业与公司

案例分析

全球视野

经理人文摘

视窗

附录

征稿启事

本期导读

北京大学文化产业研究所于今年初举办了第三届中国文化产业新年论坛，这次论坛主题为：和谐社会与区域文化产业，这个主题得到了各方的热烈关注和高度认可。而今年是全面实施“十一五规划”的开局之年，许多地方政府也将文化产业规划为当地经济发展的产业支柱。为此，我们将本期《北大文化产业》的主题确定为“区域文化产业发展”。

本期《北大文化产业》的主题文章有两篇，其中一篇为国家新闻出版总署副署长柳斌杰在第三届中国文化产业新年论坛所作的主题发言，另一篇为本刊主编、北京大学文化产业研究所副所长陈少峰教授所撰。

名家访谈栏目继续突出高端性和权威性，访谈对象均为我国文化产业领域的杰出代表人物，包括中共云南省委副书记丹增、江苏省文化产业集团公司董事长李向民和湖南出版投资控股集团董事长、总经理朱建纲。

本期的专题报道包括八篇报道，分别从七个方面对区域文化产业的发展状况进行了深度的分析，向读者展示了我国文化产业对区域经济的影响和发展状况。专题报道涉及创意产业园区、区域文化产业人才培养、国有文化资产监管、地方“十一五规划”等各方面内容。《创意经济:引领今日香港与未来上海》深入发掘了香港与上海创意产业园区背后的经济、文化动因;《杭州与西安:文化产业中的现代派与古典派》则对比分析了两地文化产业模式异同之处。文化资产监管是当前文化体制改革中的一个瓶颈,《国有文化资产监管:困惑与出路》以“上海模式”为例,指出明确出资人,建立国有文化资产管理和运营新体制是改变长期产权主体虚置、资产责任不明确现状的出路所在。《打造齐鲁文化品牌:寻求文化突围之路》对于各地方打造特色文化品牌具有很强的现实启示。

由于分众和聚众两大公司的合并,对于楼宇广告行业产生了深远的影响,也引起了社会的广泛关注,本刊组织力量对分众、聚众公司和相关当事人进行了深入的采访,形成关于分众和聚众的一组报道,可使广大读者对这一事件的台前幕后有更多的了解和思考。

在第三届中国文化产业新年论坛上,许多演讲嘉宾的发言受到广泛关注,为了让更多未能参会者了解论坛的相关内容,本刊选择了部分发言稿刊登。

“十一五”伊始,中共中央、国务院颁布《关于深化文化体制改革的若干意见》,强调进一步深化改革,推动文化产业发展,而今年以来文化产业的发展也呈现出良好势头。在文化产业迅猛发展的大潮中,虽然《北大文化产业》的力量有限,不过我们将继续努力,力求全面真实地反映和记录中国文化产业发展的历程,通过窥文化产业之“一斑”,帮助读者观产业发展之“全豹”。

主题文章

文化产业的经济价值及其他

柳斌杰

随着信息时代的到来，文化生产、传播、消费的方式正在发生巨大的变化，文化的价值在人类创造文明历史和实现人们各自追求的各项生活目标中凸显出来。以文化价值为灵魂，以科学技术和现代传播载体为支撑，由文化创意、文化产品制造、文化传播、文化消费、文化服务、文化交流所构成的产业链已经形成，世界文化的现代化和工业化已经走上了快车道。实践已经证明，文化产业不仅是建设先进文化的物质基础和重要途径，也是国民经济重要产业门类。以 2004 年为例：在美国，文化产业已经占当年 GDP 的 21%；在日本，文化产业已经占当年 GDP 的 18.5%；在韩国，文化产业已经占当年 GDP 的 15%；在一些国家文化产品已经成为对外贸易的主要产品。由此可见，文化产业所带来的不仅仅是精神文化成果，而且会创造出巨大的物质财富。

一、文化产业将是中国经济的新增长点

中国的文化产业虽然起步晚，但发展好，势头好。特别是党的十六大以来，党和国家作出了树立和落实科学发展观，构建和谐社会，坚持以人为本，实现人的全面发展等一系列重大决策，为文化产业发展创造了历史机遇；解放思想，与时俱进，深化文化体制改革的重大举措，解放和发展了文化生产力，为文化产业发展注入了巨大活力。我们完全可以相信，文化产业一定是中国经济的新增长点，文化产品一定会成为居民消费的新热点。

1. 从生产的角度看，文化产业将是国民经济的支柱产业。

我国历史文化源远流长，我国各族人民勤劳勇敢而又聪明智慧，所

拥有的文化资源和文化创造力是世界上独一无二的。这些资源和能力，一旦与先进的科学技术手段相结合，就会创造出新的奇迹来。改革开放以来，我国的文化产业逐渐迈开了新步伐，从业人员之多，产业进步之快，都是前所未有的。据2004年有关调查表明，我国的出版业、报刊业、电影业、广播电视业、音像业、印刷复制业、广告业、旅游业、演艺业、网络传播业等文化产业的总产值已达到1.2万亿元人民币，加上由此带动的基本建设、机电设备和相关服务，总产值在2万亿元左右，已经成了经济增长的新亮点，在创造财富和扩大就业、提高人民生活上作用巨大，是新兴的支柱产业。

2. 从技术的角度看，文化产业是高新技术的前沿产业。

科学技术是第一生产力，它的每一个进步不仅创造了文化，成为文明的标志，而且推动了文化生产和文化传播的革命。互联网技术、电子技术、计算机技术、移动通讯技术、动漫制造技术等等，普遍在文化产业中使用，提升了文化产业的技术含量，使文化产品的制造和流通进入了大工业时代。高新技术和新材料、新工艺的运用，使文化的增加值成倍上升，一部电影、一个信息、一款游戏、一种书报刊、一次运动会，创造亿万收入的例子，已经比比皆是。高新技术进入文化产业，已经催生了新的文化产品，使文化产业发展的速度和规模大大超过其他的产业，统计表明，高技术文化产品的品种年增60%以上，产值年增30%以上，有的达到了年年翻番。

3. 从投资的角度看，文化产业是投资回报最好的行业之一。

当代社会各种产业利润主要是依靠自主创新和技术进步来实现，而文化产业正是自主创造和技术含量最高的一个门类。加上政策因素和市场因素的作用，文化产业的资本赢利率比较高。所以，文化产业成了吸引资本的一个高地，国家投资者、企业投资者、民间投资者、国际投资者都争先恐后地进入这个投资领域，“文化是个好生意”已经成为经济人士的共识。文化产业方面投资热将会长期存在，一定会推动文化产业发展、带动经济持续增长。

4. 从消费的角度看，文化产品是与日俱增的消费热点。

随着经济的发展，人们衣食住行的问题解决了，就会追求精神消费，在文化生活上提高质量成为自然需求。据我国十个城市调查，最近5年社会和居民文化购买力超速发展，文化产品消费增长16个百分点，特别是教育、培训、旅游、通讯、信息、文化娱乐等精神消费增长更是惊人，连带消费的文化设备（电视机、计算机、音像播放机等），现在的文化消费大约达到2万亿元人民币。专家预计5年内会达到4万亿元

人民币以上。而国际文化市场，也是中国文化产业的进军方向，有广阔的前景。国内外两大市场正是推动文化产业发展，支撑国民经济增长的潜在力量。

显而易见，文化产业所具有的生产、技术、投资、市场等几个方面的优势，决定了文化产业必然成为国民经济的新的增长点，无论是城市还是农村，无论是东部还是中部、西部，都可以抓住机遇，在文化产业发展上大有作为。

二、文化产业的标志是文化成为社会生产力

文化产业的确立，不只是承认文化生产能创造物质财富、扩大消费生产和增加国民经济总量，更重要的是标志着文化是一种社会生产力，文化生产、流通、消费的方式发生了重大变化，有利于形成以公有制为主体，多种所有制共同发展的文化产业格局和以民族文化为主体、吸收外来有益文化，推动中华文化走向世界的市场格局。

首先是文化投资主体多元化。文化不再仅仅是精神生产活动，而是成为独立的生产部门，开始由政府办文化走向社会办文化，也不再是政府包办和分配，国资、民资、社会资本、外资都可以投资兴办文化产业，文化投资体系多元化，文化市场主体公平竞争，成为一种必然趋势，打破了文化资源垄断，解放了文化生产力。

其次是文化生产工业化。产业化的本质特征是用工业化的方式生产文化产品。几千年来，文化生产都是手工劳动，即使某些环节使用了机器生产，它仍然没有摆脱手工劳动、自由职业的基本模式，自创、自产、自销占主导地位，缺乏产业的设计、加工、流通的商业模式和市场中介的参与。产业化就引入了大工业的模式，使文化企业的规模、运行、流通环节，都可以借鉴工业的成功经验，迅速壮大起来。培育出跨国的文化企业集团。

再次是文化经营市场化。主体多元化和生产工业化，资本、产品、消费都必然通过市场找到自己的价值。资本要增值，产品要有销路，消费者要选择，这就打破了计划配置资源的框框，进入了市场竞争，文化经营就真正实现了市场化，为卖而产，在竞争中发展。

第四是文化竞争国际化。资本和产品的流动，开拓了国际市场，增强了国际竞争，这在其他领域已经实现。而文化跨国传播也已经是一个不争的事实。过去，由于我们不承认文化是产业，是产品，所以没有进入国际竞争，仅仅叫对外宣传。这种错误认识导致我们的文化缺乏国际竞争力，使美国大片、日本卡通、韩国电视剧进入了我们的市场，占了上风。现在发展文化产业，就要立足两种资源、两种市场，运用我们五千年的文化积累，打造高质量有国际竞争力的名牌文化产品，进入世界文化市场，参与国际竞争。

三、文化产业对传统经济理论的发展

文化产业的经济价值不止是在增强经济能力和改变文化生产运营模式上带来了新的热点和亮点，在创新经济理论方面也有它的历史意义，对传统经济理论是一个挑战。

1. 资本问题。知识是不是资本，这是确定知识经济和知识分子劳动价值的关键点。传统经济理论认为资本只有两种：一种是货币资本，一种是自然资源（土地、矿山）；形式上也只有两点：一类是不变资本（投在机器、设备、原材料上的货币），一种是可变资本（用在劳动力生产和再生产方面的货币）。劳动力不是资本，那么劳动力的知识也不是一种资本，这正是长期否认知识分子价值的理论根据。文化产业的确立则突破了这一理论。第一，文化产业是知识经济的类型，在这里变成了资本。就像奴隶经济奴隶是主要资本、封建经济土地是主要资本、工业社会货币是主要资本一样，知识经济最主要的资本就是知识。第二，知识要素成了文化产业的核心生产力，因而它作为资本要素参加了生产和分配。第三，知识分子的劳动在产业化的运行中实现了它的市场价值。这就有许多值得研究的问题。

2. 劳动问题。劳动价值理论认为，人类的劳动创造价值，劳动的二重性决定了商品的二重性，商品的价格围绕价值波动，商品的价值取决于生产商品的必要劳动时间，社会的总劳动应均衡地投入社会不同产业、不同行业。可是在文化产业中，劳动者的知识能力、劳动者的创意、发明、专利、版权等知识产权，转化成了现实资本，拥有知识、资本的劳动者参与生产劳动和经营管理，成了极为有价值的创造性劳动。这里的知识资本和劳动者不是对立的不可调和的矛盾，而是统一在一个产业的生产过程中。这是知识经济时代劳动价值论的划时代的变化，应该用创新的理论去认识它。

3. 分配问题。一般认为，是资本都要追求利润，有利润就有剥削了，这是我们长期不能触及的问题。文化产业的资本和劳动者统一起来了，那么这个分配应怎样认识？在文化产业中，拥有知识的劳动者其劳动也有两重性，一方面参加劳动，创造核心价值；一方面是指挥劳动和管理“生产劳动”、监督“生产劳动”，都是加入产品价值的劳动。因此，他的资本和劳动都应该参加分配，知识分子有较高收入就是合理的，实现了知识的价值。但很多人对此不理解，认为知识资本不能参加分配，参加分配就成了剥削行为。党的十六大报告指出：“确立劳动、资本、技术和管理等生产要素按贡献参与分配的原则，完善按劳分配为主体，多种分配方式并存的分配制度”，“放手让一切劳动、知识、技术、管理和资本的活力竞相迸发”，以造福于人民。我认为知识要素参加分配在理论上迟早要突破，要升华，因为文化产业带来了理论创新的机会。

这就是我在“经济价值”之后所说的“其他”，也许这个其他比增加几个 GDP 更重要，更能促进中国社会主义现代化事业蓬勃发展。

四、将积极推动文化产业的发展

作为中国政府主管文化产业的部门之一，中华人民共和国新闻出版总署将从以下几个方面支持和推动我国文化产业的发展。一是认真落实科学发展观，贯彻党和国家发展文化产业的方针、政策，制定文化产业发展的规划纲要，进行宏观调控。二是大力推进文化体制改革，改革体制，转换机制，进一步解放和发展文化生产力，着力培养文化市场的企业主体和战略投资者，建设一批现代化的文化创意、制造、流通企业，扩大市场，服务人民。三是充分运用高新技术装备文化制造业，改造传统文化生产工艺、模式，调整结构，大力创新，带动文化产业升级。四是积极培育现代文化市场体系，加强文化产品和要素市场整合，健全行业组织和经纪人、经理人等市场中介，促进文化产业市场化经营。五是制定和完善各种扶持文化产业发展的优惠政策。鼓励国资、民资、股资、外资，积极投资兴办文化企业，调整所有制结构，逐步形成以公有制为主体，多种所有制共同发展的文化产业格局。六是转变政府职能，坚持依法行政，加强市场监管，规范市场行为，打击违法犯罪，保护知识产权，为文化产业发展创造良好的法制环境和市场环境。事实会证明，只要解放思想，与时俱进，我们就有能力把文化产业做大做强，使之为我国经济发展、政治民主、文化繁荣和社会和谐作出更大贡献。

（柳斌杰：国家新闻出版总署副署长，本文为作者在第三届中国文化产业新年论坛所作的发言，文中小标题为编者所加）

区域文化产业发展模式研究

陈少峰

在中央与地方同时重视发展文化产业的大好时局中，研究和发展结合区域资源、具有个性化的文化产业，成为今后一段时期内特别是“十一五”期间许多城市和地区的聚焦点。

一、问题与趋势

尽管各个地区都相应地提出十一五期间发展文化产业，建设文化大省、文化大市的设想，但在实际中，在明确区域发展模式和理论指导实践方面，都还刚刚起步。在总结国内外经验、根据各地的实际情况提出发展文化产业的具体模式方面，也才刚刚开始。可以说，各地都需要在区域的发展模式上作更深入的探讨和更具体的研究。

在过去的二十几年中，文化产业增长的特点是自发性的。尽管各种管理体制和机制上的原因，许多领域并没有发挥民营企业的竞争和创造力，但总体上，文化产业仍然伴随国民经济的快速增长和我国居民消费水平的提高而有长足的进步。当然，自然自发的力量必须和体制改革、政府支持相结合，才具有可持续的力量。

我们也发现，文化产业主要集聚在资源丰富的区域，特别是经济发达的城市。大城市的娱乐、媒体和旅游等产业取得了很大的发展。一些开始起步的区域有很大的突破，广告、出版、演出和会展活动等方面的企业进步最为显著。但总体来说，一些领先城市仍然没有完全发挥出资源效益。与大城市相比，地级市及其以下的城市，除非资源特别丰富，一般而言在产业化方面才刚刚开始。许多城市在战略规划方面并没有比较成熟的观念和实践方案。可以说，发展文化产业的任务任重而道远。

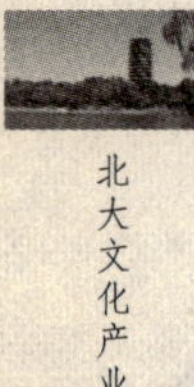

总之，各个地区需要在战略上来整体考虑资源开发和发展模式。也需要思考如何结合文化产业的新趋势。如何对应新兴媒体及数字化之后的内容产业，青少年娱乐文化的变迁，传统媒体受到挑战，手机内容产业的兴起，四C合一与制造业升级等等，是今后五年中区域发展文化产业的重要机遇和挑战。

二、资源与发展模式的层次划分

我们可以从两个层面来划分区域资源和总体的发展模式。一个层面是以传媒特别是辐射全国的传媒等基础资源为核心，尽管由于目前仍在改革中，基本是自发发展的态势，但对于国际上以跨媒体经营为核心资源和经营策略的区域来说是十分值得重视的优秀资源。另一个层面是基础资源不足，主要依靠旅游等特色资源、经济基础和文化创意活动设计来发展。这个分类的主要依据是“传媒型和非传媒型”，即把需要依靠传媒或可以利用传媒作为核心平台的称为传媒型，而把以利用旅游和经济基础为条件的称为非传媒型。我们也可以把有传媒（辐射全国）资源的省市自治区和省会城市视为资源优等级区域，非传媒核心资源城市作为资源普通级区域。

以上层面的划分所强调的是区域的资源形态和经济水平，主要关注是否以及如何发展产业链或产业集聚，形成现代文化产业的规模。总体来说，省会城市以上的优势一般比其他中小城市有较大的基础资源优势。当然，是否能够达到可持续发展，取决于制定发展战略和进行深刻的规划。而由于普通级的资源不足，更需要着眼于未来和创新。

以传媒为核心的层面，包括传媒、跨媒体集团，以传媒为纽带的活动经济和产业链，也包括与传媒相关的产业整合。在这个层面的发展模式的思考上，电视、电影、广播等传媒的作用需要得到充分的挖掘，或者说，评价一个省会以上城市的文化产业发展水平，传媒的比重和传媒所拉动的整合效应是最基本的尺度。我们可以设想，假如旅游资源比较丰富的云南省和山西省等地区在做大传媒集团的同时，实现以媒体为大平台并进行资源的综合和整合，那么显然可以达到如虎添翼、规模化发展的效果。比较而言，尽管一些省市的卫视在娱乐产业上有一定的领先性，但在作为文化产业发展平台的地位是非常不够的，国内许多卫视台所在的省市自治区也没有获得很高的资源利用效率。

对普通型资源的地区而言，一般各自拥有区域特色的资源，如可与创意产业结合的制造业基础、旅游或生态农业旅游、基础娱乐产业等资源。但由于缺乏以传媒为核心的资源整合，今后必须发挥自身的创意水平和规划实效，一方面需要挖掘和建设具有全国影响力的品牌资产，发

展优势产业，另一方面则需要务实地重视区域市场和本地市场、重要产业链形态的产业集聚和发展模式选择。

三、以区域资源为核心的发展模式

第二层面的以区域相对有限资源为核心的发展模式正在探索中，许多方面已经有许多成功的案例可以借鉴。中国现有的成功实践可以归纳为以下几种模式。

1．活动经济型

我认为，通过人为组织的活动来吸引人们参与消费并形成规模消费，产生规模效益的现象便是活动经济型。总体上说，奥运、会展、商业交流、教育交流、大型有影响力的演出、旅游等等都符合要求。活动经济要求持续性或规模化，不是所有的活动都能满足这个要求。那些经济落后地方或具有旅游资源的地方，应当重视活动经济。活动经济是旅游概念的扩展，尤其强调文化旅游和会展的概念，也包含综合休闲娱乐收入。但要避免建设场馆多、负担过重，因而有硬件但缺乏内容规划的结果。同时要避免摊派、成为为明星敛财铺路的行为。

2．产业集聚规模型

文化产业的某些行业可以达到规模和集聚化的效果。产业集聚规模需要产业相当的集聚，从而实现整体成本降低和价格领先的优势。另一方面，中国的文化产业集聚在一些方面可以借鉴制造业的经验。广东的出版印刷，特别是报业和印刷是个规模化的文化产业，但产业链不够长。需要注意的是，有些产业会迅速衰落，广东的音像业会受到很大的冲击。

3．以文化氛围为龙头的品牌型综合娱乐

各地围绕酒吧街的文化消费已经形成品牌，包括表演、餐饮等的收入达到一定的规模，这是传统产业和年轻人消费者结合紧密的一个市场。因此，酒吧街建设是各地可以发展的一种模式。这种模式中，需要发展出演艺的特殊风格和种类，以及特色表演。结合各个城市（城镇）打造城市名片和娱乐区域的目标，可以实现规划和品牌推广的带动作用。

4．项目带动型

以某些项目或某个项目带动旅游等或推广城市形象，世博会·云南映象等是有效的项目带动型，包括像北京的潘家园和辽宁的乐器城都是项目带动型。那么，可以说，一些有影响的项目对于某些地方的价值不仅仅是经济或项目本身的，而是具有后续效应的。项目带动型的活动或项目必须规划得很具体，必须反映区域文化特色或具有品牌效应。

5. 综合项目型

可以分为固定综合型和流动综合型两类。迪斯尼乐园是个典型的综合项目型，包括景观地产、酒店、餐饮、工艺品、授权产品、门票、礼品、胶卷等，是一系列消费的集成。超女是一种流动型综合项目的代表，也是国内最成功的商业模式。但它需要具备媒体平台，所以可以说，电视特别是卫视是省市以上的规划资源之一。不过，大多数传媒集团本身却并不擅长综合项目型，例如它们所开办的主题公园、会展中心和酒店等，一般都没有体现固定综合型和流动综合型的核心要素。

6. 综合拓展型

所谓的综合拓展型，主要是指区域（主要是城市）向深度、广度拓展或产业链的延长拓展。例如，在一些旅游定位的城市，需要增加休闲娱乐的设施和活动内容，它不是一般的任意的拓展，而是结合文化产业功能的拓展。例如，在许多旅游地，人们几乎没有像样的夜晚娱乐生活，这就需要拓展。在一些旅游城市，缺乏举办会展的会展酒店，就可以进行拓展。产业链延长拓展是一个基本的选择。例如，在一些刺绣、陶瓷和手工艺发达的地区，可以提高设计、艺术授权、规模效益、名画与手工艺结合等等的拓展，也包括人力资源培训等等的拓展。

7. 企业综合价值型

经营新兴媒体或媒体内容的企业具有综合价值，但尚未带动区域整体产业升级或产生产业集聚效应。其他如北京朝阳的古董市场、艺术家和拍卖公司是一体化发展的，拍卖公司的拉动效应没有那么明显。目前，只有战略前瞻性的企业或垄断企业才产生一定的企业综合价值效应。但是，地方有实力的民营企业必须追求综合价值型的效应，否则就难以形成竞争优势。

四、战略性发展模式

在研究区域发展模式的过程中，我们强调区域在战略上重视发展模式，并在战略规划中体现战略性发展模式的特点或要素。或者说，各个区域应该在哪些战略角度来确定发展模式。当然，这就意味着需要对资源作新的评估，对品牌的内涵做新的定位。以广东为例的话，广东的制造业和创意产业结合的机遇是巨大的，通过发展设计产业、软件、传媒、电子宠物玩具产业和数码内容产业来整合产业资源、促进产业升级转换都将具有重要的战略性价值。而北京无疑应当打造成国内最大的活动经济之都。以下是对有关战略性发展模式的思考。

1. 战略先导型

按照战略规划来作产业的整合，通过发挥企业和政府的招商力度来实现项目带动、区域集聚和规模化发展。上海目前所做的创意产业园建设和会展中心建设就属于这个形态。北京、邯郸、云南等地针对区域的特点做有效的规划，也能够把战略落实。

2. 品牌号召型

需要品牌性的产业链、规模效益或项目。例如，好莱坞是一个品牌号召的文化产业，它持续滚动发展。英超联赛、奥斯卡奖、法兰克福书展等都是品牌号召型文化产业模式。湖南的娱乐已经初步具有品牌号召力，丽江的文化休闲和北京的培训与会展都是品牌号召的代表。

3. 资源整合

旅游、会展、培训、交流、酒吧街、特色表演等，产业链或产业集聚是一种资源整合型。例如，人们到青海，是否把各种艺术、旅游、活动结合起来呢？在工艺品发达的地方，是否把中西美术大师的作品结合起来？在影视发达的地区如北京，是否把人才培养、授权产业等结合起来打造更大价值的产业形态？

4. 活动经济型

活动经济要结合产业趋势和地区特点来发展。体育产业将在2008年以后逐渐体现市场主导的格局，而且以国际上所重视的产业为主体来发展。对许多地区来说，体育产业是活动经济的重要构成要素，也是产业链延长价值最高的产业之一。当然，一定要结合区域特点和形成规模的活动经济。

5. 附加值提升

知识经济中高科技或服务型知识经济都已经或正在开始和文化产业相关联。创意产业是附加价值较高的产业，特别是设计、传媒和娱乐内容等，是跨越时空的精神财富和物质财富。另一方面，结合创意产业来推动我国各地特别是制造业工厂向制造业基地的转型，是一个战略意义显著的课题。

6. 产业集聚

产业链中的高附加值需要在产业集聚中体现出来。产业集聚包括价值链为基础的集聚，也包括同一种产业生产产品丰富性的集聚。产业集聚需要更多的附加值，包括高端的品牌高新技术的产品。产业聚集应避免多而杂，同质化反而降低了附加价值。

7. 多点开花

对许多区域和城市来说，由于不容易在某个方面达到很大规模的集聚，因此，可以采取繁星闪烁式的多点开花的布局。实际上，只有文化产业中的各个行业得到发展，才能体现发展的潜力。发达国家也是在这样的产业平衡中保持竞争力和发展势头的。或者说，发达国家在高科技和文化产业领域的发展是近年来最主要的原动力。

8. 新媒体参与型

无疑，在省市级的层面上，应当充分重视数字内容产业和网络文化业，这既和网吧等服务业和新型媒体相关，也和今后最有影响力的文化产业发展模式相关。文化产业作为新媒体不仅要参与数字化内容产业、媒体平台建设以及其他产业广告增长相关联，而且关涉到今后区域的竞争力水平。不过，我们应当知道，网络文化娱乐和手机增值服务将是主体。动漫网游等等仅仅是一个小部分，拥有搜索技术、吸引注意力的内容和其他营销平台和营销能力，是参与新媒体的重要方式。

五、战略规划与项目规划

战略和战略规划，在战略指导下的具体项目规划都是很重要的。如何在规划与实践中体现出成果，包括通过产学研一体化来完成系列的工作。结合以上对发展模式的研究，我们认为，应当注意一些实践的程序。

我们需要抽象的理念、品牌和具体的产品，也需要无形的思想、思路和具体的结构性思路和具体项目的分析。因此，在一种规划中，既需要前瞻性，也需要操作性。

不过，对于许多地方政府来说，理论的缺陷是很分明的。因此，需要考虑在制定战略的时候先进行必要的理论研讨，这样，理论与实践（可操作性）的结合就比较有的放矢。实际上，中央领导的集体学习对地方政府应当有很大的启发，可以说，只有达成理论上的共识，对于实践项目的领会和创意才具有指导性。

另外，实践主体的定位也很重要。例如，在规划中，有些跨媒体的跨部门（这在文化产业是常态）的项目没有主体来负责和统筹，就会陷入困境。例如，在科技园区有文化创意园或重点项目，是应当由专门的管理机构还是由开发区管委会管理，就存在实践主体的问题。

在战略上，区域政府需要考虑具有整体价值的布局和优先突破的项目，这个整体价值不是全国或全球的市场空间，而是区域各个产业拉动作用或优秀企业脱颖而出的整体价值。优先突破的项目应当是与当地资源衔接、补充当地资源缺漏的环节。以西藏的旅游文化为例，西藏需要根据铁路开通之后的总体预期情况来规划发展，它既有整体价值，也包含了优先项目，就是保障旅游繁荣之后的衣食住行和其他消费。

根据各地差异性来完善自身的发展战略，实现具有竞争力的模式思考和战略规划，以及在此基础上的全面发展，是文化产业繁荣的关键。

六、其他问题

在分析有关区域发展的模式时，我们需要澄清一些相关问题的认识，以及在引导各界努力时注意避免或减少不必要的风险。

首先，关于“区域”的概念，它和大的跨省市的概念有明显的不同，更加集约化和集聚化。不是环渤海、长三角什么之类的大概念，而是一个具体的行政区划，大到省市自治区，小到村镇，是一个个产业链或小型集聚形态。像迪斯尼公园就是一个园区产业链。

其次，不是所有的历史文化资源都有文化产业资源整合的价值。有一些资源要么是知识普及化，如成语典故、名人传说，要么是知名度不高而不具备实际的文化产业资源的意味。

再次，尽管动漫产业没有成熟，商业模式不可靠，但已经出现了泡沫。动漫是一个长期发展的课题，在眼下已经出现了过热的势头。实际上，在中国还没有一个成功开发品牌的经验。因此，地方政府不宜为了得到虚名而鼓励企业盲目跟风。

最后，要使企业作为主体发挥作用，必须在战略规划的阶段就了解企业的意向，发动他们参与招商和发挥推进项目的作用。企业的目标有时和区域规划是冲突的，因此，只有在严格落实战略规划，要求按期建设的基础上，对企业在土地使用、贴息贷款和税收优惠方面有支持作用，才能吸引企业投资，也才能保障企业投资并促进区域的繁荣。

（陈少峰　北京大学文化产业研究所副所长 教授）

名家访谈录

云南文化产业的全新模式

——云南省委副书记丹增访谈录

肖怀德

编者按：丹增，出生于中国西部最神秘的一块土地——西藏，他曾做过记者，也是曾经的文学青年，写过报告文学《来自世界屋脊的报告》、小说《神的恩惠》、散文《可爱的家乡》等，2000 年任中国文联副主席、中国作家协会副主席。但文学创作之梦在 2002 年暂时告别了丹增，因工作需要，那一年的 4 月丹增调任中共云南省委副书记。

作为云南省主抓文化产业的领导，丹增在短短的一年时间里走过了云南的山山水水，村村寨寨，并与其他领导同志一起大刀阔斧地开始了云南文化产业的振兴之路。从“丽江模式”到大型原生态歌舞《云南映象》，从法国的“云南文化经济周”，到四天西部文化产业博览会签订文化产业开发项目资金 157 个亿……文化与经济的联姻，正在打造着日益被世人瞩目的“云南现象”和“云南模式”。异军突起的背后，恢宏稳健的云南气魄也蕴含其中。

2006 年 1 月 7 日，在北京大学举办的第三届中国文化产业新年论坛上，丹增做了主题发言，其后云南省委与北京大学文化产业研究所签定战略合作协议，以培养云南未来“从文化走向产业化过程中的经营者”。会后，丹增接受了本刊记者的专访。

像抓烟草一样抓文化产业

记者：您认为我们应当怎样看待云南的民族文化、区域经济与文化产业之间的关系？

丹增：文化产业的发展和区域经济的关系非常密切。比如云南所具有的独特的地理和气候优势：喀斯特地貌，热带、亚热带、寒带气候都有；欧亚板块的一个结合部；三江并流，雪山、草地、江河等。加上丰富的民族文化，云南成为得天独厚的旅游胜地。而旅游和文化的关系中，文化是旅游的灵魂，而旅游又是文化的载体，所以旅游和文化结合起来就成为当地经济发展的一个优势。光是去年，到云南旅游的游客就超过七千万人次，其中国外游客有100多万。所以，没有这个文化基础，就不可能有这么大的旅游量。没有这个旅游量就没有这个经济规模。云南带有特色的经济都带有民族文化的烙印，比如云南的服饰、药品，都有民族文化的痕迹。所以云南的文化与云南的经济是密不可分的。

目前，云南已经确定了发展的三大目标：第一要建设绿色经济强省，走以绿色生态资源的开发为主的农业发展道路；第二是建设成民族文化大省，因为云南有25个少数民族，文化资源非常丰富；第三个就是建成连接东南亚的大通道，因为云南和缅甸、老挝、泰国三个国家接壤，边境线长达4000多公里，它是很重要的一个南亚的大通道，如湄公河水运，史迪威公路，滇缅铁路，四通八达的空运等。

记者：近年来，云南的文化产业的发展，尤其是“云南印象”等文化品牌在国内外的知名度不断提高，文化产业的“云南模式”已经成为了文化产业领域的一个经典案例。您对云南发展文化产业最初是如何构想的？

丹增：云南是中国贫困人口最多的省份之一，贫穷面之大，贫困程度之深，难以想像。云南人民很贫穷，这是我初到云南的第一感受，但是他们很热情，他们将最好的东西给远方的客人。每当想起他们热情好客而又一贫如洗的情景，我的心就隐隐作痛。所以我们想尽快改变这里的贫困面貌，无论是从国家义务、还是从个人情感来说，都没有理由不好好干。

令人欣慰的是，云南地区的文明，在数千年的发展历史当中，创造了多姿多彩、丰富无比的文化，使云南成为我国最具特色的地区之一，为文化产业的发展提供了极其坚实的基础和条件。我们看到云南要实现可持续、协调性发展，实现经济社会跨越式发展的重要途径，离不开文化产业；大力发展文化产业，已经成为云南地方经济发展的一条主线。但是，在发展文化产业的时候，我们也发现，因为基础条件问题，以及与其他省市诸多方面的不同特点，所以需要重视差异化。云南发展文化产业不能一味地照着发达地区，而是追寻一条特色发展之路。

记者：您多次强调包括云南在内的西部地区要走一条不同于东部的特色的文化产业发展模式，这种特色应该体现在哪些方面呢？

丹增：在现在经济发展中，一个特定的地区要在日益激烈的综合竞争中立于不败之地，唯一的办法是充分发挥自己的比较优势，做大做强优势产业。综合分析西部地区的各种资源，我们会发现，最独特、最具有比较优势的就是文化资源。

尽管我国西部地区经济发展水平相对较低，但如果能顺应经济文化一体化的历史潮流，利用资源优势，把文化产业培育成新的经济增长点，这样就能谋求地区经济社会的超常规发展，从而走出一条独特的发展道路。我认为，这条路应成为广大西部地区未来经济社会发展的一条主线。

所以我曾提出，要像研究经济工作一样来研究文化工作，像抓烟草产业一样来抓文化产业，像培育工业企业一样来培育文化企业，像保护生态环境一样来保护优秀民族文化。

西部地区的文化产业究竟如何发展，如何选择更加适合西部实际的发展道路，是一个非常值得探讨的重大课题。根据云南经验，我尝试提出一些西部文化产业发展的具体路径选择：

一是政府促动之路。要把文化产业培育为新的支柱产业，离不开政府的引导和支持。尤其在市场机制作用不明显的时候，政府的作用更是必不可少。

二是项目牵动之路。我们发现文化产业实质上是由一个个具体项目累加而成的，项目是文化产业发展的最基本载体，也是发展文化产业最便捷、最有效的切入点。

三是品牌带动之路。通过维护、创立、发展文化品牌，可以对文化产业的发展产生资本聚集、消费导向、产业示范、利润增值等多重效应。

四是要走会展驱动之路。会展业的发展带来的不仅仅是它自身的壮大，而且能有效地驱动相关文化产业的发展，能够为文化产业发展构建一个宽阔的平台。

最后一个关键是人才。

记者：您提到西部地区在发展文化产业的同时要走政府促动之路，那么政府的角色到底如何定位呢？是提供直接的资金支持吗？

丹增：投资方面，政府的作用主要在于引导市场，创造一个平等竞争、宽松的政策环境。文化产业发展的前期阶段，投入是很重要的。投入里面不光是政府的投入，更重要的是吸引民间资本对文化产业的投入。我们于 2005 年 12 月举办了西部文化产业博览会，云南跟东部沿海地区，西部其他地区以及国外的投资公司，签订了关于云南文化产业开发项目资金达157个亿。

从2004年开始，云南大部分文艺创作都纳入到项目化运作的范围中，以项目管理的方式来培育其成长，通过项目运作来推动文化产业的发展。2004年申报文化产业项目515个，据初步估算，总投资达778亿元，总融资640亿元。政府仅投入少数的启动资金如每年1000万元，来引导、筛选和开展策划分析与推荐工作，营造良好的市场环境吸引投资商包装制作。

当然，在一些政府鼓励的项目上政府会加大投资力度。2003年，受SARS的影响，《云南映象》在商业运作过程中遇到了经费困难，当时从政府层面觉得这个舞蹈能够打出品牌，于是就给剧组30万元来解决最基本的一些道具、灯光问题。出于对《云南映象》的信任，云南也一直开绿灯，决定不按照常规来审，而是尊重艺术发展的规律，让《云南映像》直接上演，没想到，演出相当成功，社会反应相当强烈。对于一个完全商业化的舞蹈，从政府层面，我们给了最大的支持。

文化强省的四步方略

记者：今天在北京大学英杰交流中心阳光大厅举行了北京大学与云南省委省政府战略合作协议签订仪式，在仪式上的发言中您谈到云南省委在2006年文化产业人才培养的一些战略规划，以及北京大学文化产业研究所的这次“部所”战略合作，云南省委是出于什么样的考虑呢？

丹增：我们不缺文化艺术造诣很高的人才，也不缺高级的管理人才，但是要想找到既懂文化又懂经营的人才太少了。云南现在最缺的，就是从文化走向产业化的过程中既懂文化又懂经营的人才队伍。2006年是我们的艺术人才年。通过统一思想，艺术繁荣，通过产业发展，在2006年我们要培养出一批人才来。今天，云南省与北京大学文化产业研究所签订战略合作协议，就是为了借助这里的知识创新、人才培养的优势，打造我们的人才梯队。

云南文化产业的发展不是短期行为，它的战略目标也不是短时间所能实现的。关键是要在起步阶段就打好基础。打好基础的重点在于思想认识的统一，民族文艺的繁荣，文化产业的发展，以及人才的培养。这就是为今后的文化产业的超常规跨越式发展做实实在在的基础性的工作。

记者：您提到云南省在文化产业品牌的树立阶段，在具体制度上走的是一条项目牵动之路，“项目制”在云南文化产业发展的现阶段有什么样的优势呢？

丹增：文化产业可以说是纷繁复杂的，其中品种种类多，形式也繁杂，但发展文化产业实际上是由具体的项目累计而成的。项目是文化产业发展的最基础的载体，也就是所谓的切入点。云南省的文化产业品牌的树立最为关键的是项目制度。2003年，云南省就开始了文化产业项目运作制，《云南映象》就是其中之一。从2004年开始，云南大部分文艺创作都纳入到项目化运作的范围中，以项目管理的方式来培育其成长，通过项目运作来推动文化产业的发展。2005年建立的文化项目库已经确定了183项，总资金超过了170多亿元。我们是采取储备一批、发展一批的方法，以项目牵动文化产业的发展。

记者：加强文化产业体制改革，优化产业结构是我们本届文化产业新年论坛的重要议题之一，作为云南文化发展和文化体制改革领导小组的组长，您如何看待文化产业发展与文化体制改革的关系？如何把握文化体制改革的时机呢？

丹增：从国家政策和政府的支持力度上，文化体制改革并不存在太多的问题。从十六大提出文化体制改革到现在国家政策各方面的推动，现在的环境已经很不错了。我的看法是，文化体制改革和文化产业发展应该是并行的。过去我们走了一个弯路：认为先搞文化体制改革后发展文化产业，我个人认为这是不对的。因为你把体制改革改了，该下放的下放了，该下岗的下岗了，但产业发展不起来，最终体制改革是不可能彻底的。所以我们看到，好多都是改完了又回到旧路。

因而，云南选择的路径是，先发展文化产业然后再搞体制改革。产业发展了，文化就有附加值。文化可以做到产业的时候，你不要求搞体制改革它也必然是要改革的。

比如《云南印象》。云南印象大概有90来个人，其中70多个是农民，真正受过训练的也就十来个人，除了杨丽萍等顶尖的人物以外，都是农民，但是它的艺术表演走向了世界。这样产业发展起来了以后，人们才知道专业表演团体必须要走产业化的道路，主动地进行体制改革，所以文化产业的发展能促进文化体制改革，而文化体制改革最终也能促进文化产业的发展。

记者：目前，全国许多省份都提出了文化强省的战略目标和规划，云南在回顾过去，肯定成绩的同时，对今后发展文化产业有怎样的整体思路和目标？

丹增：从2003年开始，云南省委省政府提出建设民族文化大省必须首先发展文化产业，因而提出发展文化产业，繁荣民族文化，建设文化大省的任务。这三年来，云南省委省政府全力以赴的抓文化体制改革、文化产业的发展和民族文化的繁荣。

“要像抓烟草产业一样抓文化产业，把云南省打造成为文化大省。”这是云南省对文化产业发展提出的目标，为了实现上述提到的文化大省的目标，云南准备四年走四大步。

2003年是我们云南文化体制改革和文化产业发展的统一思想年，解决的一个重要问题就是，要将文化的意识形态属性和它的商品产品属性分开，同时要明确文化可以作为产业来发展。2004年是艺术繁荣年。2005年定为产业发展年，加大对文化产业的发展力度。

2005年云南文化产业的产值，估计应该达到200多个亿，占全省GDP的5.6%左右。按照这个势头，2006年云南文化产业产值有可能达到GDP的6%，从而成为继烟草、水电、矿产、旅游和生物制品之后的第六大支柱产业。同时，最近我们省委省政府正式宣布，把文化产业作为云南的新兴的支柱产业，确定“十一五”期间云南文化产业的产值要占到GDP的8%～10%的目标。

（本文部分综合了第三届中国文化产业新年论坛期间相关的采访，特此说明）

从精神经济到文化产业

——江苏省文化产业研究中心主任李向民教授访谈录

王 晨

编者按：李向民教授于1985年首次提出并研究“精神经济”理论，对文化产业作了深入研究，堪称“精神经济学之父”。李教授同时也是中国艺术经济史学的创始人。2003年初出任江苏省文化产业集团公司董事长、党委书记，兼任江苏省文化产业研究中心主任，教授，博士生导师，国务院政府津贴专家。李向民教授不仅在文化产业的理论研究领域颇有建树，而且还在文化产业的实践领域成绩斐然。江苏省文化产业集团是全国首家由省级政府投资，按现代企业制度组建和运行的大型国有文化产业集团。集团成立近两年来，以崭新的模式引起全国关注，业界认为其开辟了中国文化产业发展的“第三条道路”，并被国家文化部命名为“文化产业示范基地”。2004年，李向民教授当选“中国文化产业十大杰出人物”。应北京大学文化产业研究所邀请，李向民教授接受了研究所特约记者王晨的采访。

王：李教授，您好。您20年前就开始研究文化产业，提出了精神经济学的理论，当时正值改革开放之初，我国正处于物质经济高速增长时期，是什么原因促使您超前地提出了精神经济的概念？

李：实际上人们早就对精神因素在经济发展中的作用进行了探讨，并不断积累了宝贵的思想财富。早在19世纪，德国历史学派的先驱弗里德里希·李斯特认为生产力是促进经济增长的决定因素，而生产力包括精神资本等。他的精神资本概念有点类似于后来的所谓“人力资本”。

人类蛮荒时代由于社会生产力低下，经济活动主要只能满足基本的生存需要。随着社会的进步和物质生产力的不断提高，人类对财富的精神内容“含金量”更加关心。人类精神因素的作用贯穿于经济活动的始终，最直接的表现就是管理与控制、技术的创新与运用、对形式美的追求，以及对名声的推崇。但在物质产品的生产还处于上升时期的时代，精神因素的作用主要是潜在的和间接的。而当物质产品的生产力极大发展以后，经济活动中的精神因素开始更为活跃，并成为经济活动的主导因素。

第二次世界大战结束后，欧美各国的物质经济得到了迅速的发展，以信息产业为核心的一些新型产业开始崛起，并逐步在国民经济中占据相当大的份额。与此同时，人们的生活方式和价值观也开始发生了变化。彼特·德鲁克（Peter F. Drucker）出版了《绝断的时代》一书，他写道：“知识在作为经济及社会行动基盘的同时，开始作为担当现代社会中主要角色的一员而登上历史舞台。这本身将引起到目前为止对知识的评价、解释和知识结构本身的根本性变化。”随着经济自身的发展，人们对这个问题的认识也在逐步深化。特别是近十几年来，以重视知识生产力为主的各类思想得到了广泛宣传，并为社会所接受。

改革开放以前，当中国人还在使用粮票、布票，买猪肉要排队，买烟酒都要“开后门”的时候，没有多少人会去关心什么品牌。如今，随便在街头寻问一位放学的中学生，他都会向你报出一连串的国际知名品牌。这就是发生在我们身边的变化。这种静悄悄的变化是极其深刻的，它迫使我们重新认识财富的意义和发展的目标。这种变化是世界性的，也是人类面临的共同的课题。

王：如果说当时在中国精神经济还只是一种预言和理论，二十年后，这种经济转变的趋势已经十分明显地成为现实，造成这种变化的根本原因和动力是什么？

李：造成这种变化的根本原因和动力在于人的需求结构与经济结构的错位。一方面是传统经济增长方式的巨大惯性继续驱使着物质经济加快扩张，另一方面是人类需求等级的提升导致了社会有效需求偏移。经济与需求之间的南辕北辙使全球经济出现了前所未有的新景观。非物质需求正成为影响和决定市场的主导因素。

随着精神经济时代的到来，物质生产力极大的提高和物质财富的极大丰富以后，人们对财富的认识发生了很大的变化，财富的概念与千百年以来的传统认识已经有了很大的不同。举一个具有普遍性的例子：说中国是世界的制造基地，中国和其他国家的贸易摩擦纠纷之多其他国家无法比拟，为什么呢？中国现在就是在做世界的工厂，采用着“没头没尾”的模式，“没头”是说没有自己的品牌设计，“没尾”是说没有销售的渠道。所以现在中国最常做的事情就是拿别人的牌子，买别人的专利，用别人的技术加工产品，之后出口。也许同一样物品国际上卖一万元而中国在出口时只能卖一百元，一万元中可能有品牌的因素，如果品牌占到产品价值的主要部分，那么品牌的价值又是从何而来的呢？

精神经济理论认为，人类所有的产品都是物质资源和精神内容的统一。产品中精神内容含量的差异导致了产品性质的差异，当精神内容所占的比例较大时或者超过一定比例时，人们称之为精神产品。在精神经济学看来，财富是被人类精神赋予的物质自然，人类的生产过程不但是运用生产工具对物质材料的加工过程，而且是运用智力对物质载体注入精神内容的过程。人类的生产过程不但是物质生产过程和价值增值过程（资本产生剩余价值的过程），也是精神内容的价值转化和价值增值过程。所以，精神经济是一种新的财富观和经济观。

王：这一切现象表明，人类经济正在日益精神化。对精神产品的消费成为人类追求，并成为生活消费的主流。那么对于精神产品的消费需求又体现在哪些方面呢？

李：我们可以进一步将这些需求归纳为几点：

一是对安全的需要。与此相适应的是保险业、医疗保健、体育健身、希望社会稳定与和平、对环境的关心。

二是对爱与归属的需要。住房、通讯和网络。

三是对尊重的需要。比如名牌的追逐，名声主义，广告业等。象“超女现象”和“超女经济”就是因为追逐名声而形成的巨大市场商机。

四是自我实现的需要。这主要体现在五个方面，一是尚美。比如对时装、化妆、美容、健美和艺术的需求。二是好奇。比如旅游、科学研究、探险。三是对舒适和便捷追求，具体体现在装饰、轿车、快餐。四是冒险，体育。还有就是自我发展。比如教育消费、文化消费、数码文化、信息产品等。

王：进入新世纪以来，英国等一些国家提出创意产业和文化产业，您能从精神经济学的角度解释一下创意产业、文化产业和精神经济的关系吗？

李：自19世纪后半叶开始，发达国家的经济增长的主要源泉是科学技术，由此导致人类物质产品的生产能力的空前提高，也造成了产能过剩的现象，精神经济理论称这种物质经济的产能过剩为“李嘉图陷阱”，它已经困扰着各国经济发展。近年来，有关“文化产业”、“休闲产业”、“版权产业”和“内容产业”的讨论逐渐成为产业界和学术界的热点话题。这些产业共同的特征就是，其产品或服务更多地依赖人的经验、技能、创造力和知识，对这些产品或服务的消费更多地表现为人的“精神消费”。我国将“休闲产业”、“版权产业”和“内容产业”都归入“文化产业”。新西兰、英国、新加坡以及我国香港特别行政区等国家和地区，称之为“创意产业”。在现实生活中，人们会把财富分为精神财富与物质财富。精神产品的精神内容，如书里的情节，图画里的审美趣味，软件里的程序，这些都可以称为创意，创意在所有的精神产品中是最为核心的内容，创意用精神经济的术语说即为纯精神产品。创意要让人看到，必须与物质载体相结合，这个过程就是文化的产业化的过程，也就是我们所说的文化产业。创意和品牌本身作为精神内容，可以被应用和融入到文化产品或者非文化产品（普通物质产品）中，提升产品的价值，这种创意扩散的过程中的经济活动形成了创意产业，也就是产业的文化化。文化的产业化和产业的文化化是精神经济的两大特征和发展趋势。

王：当代科学技术进步极大地推动了经济的增长，您认为文化产业的发展和科学技术进步之间是什么样的关系，其发展趋势如何？

李：随着高新技术向文化产业领域的广泛渗透，传统文化产业发生了重大转变。精神内容和科技的结合，将会催生一批新兴的产业，其最具代表性，并有可能成为主导产业的是“数码文化产业”。而这一产业对人类的生产、生活与娱乐方式产生了革命性的影响。从形式上看它是将图像、文字、声音、影像等以数字技术加以整合形成的增值产品和服务。但是其本质是对内容、技术、人才资源整合形成的全新的产业化运作方式，是对文化资本、经济资本、知识资本等有形的和无形的要素的整合。数码文化内容的再生性、文化传播形式的直接性和广泛性，使得数码文化产业在产品和服务的开发、生产、营销等方面能够创造很多的商机。数码文化产业作为一个完整的产业链，包括从创意、内容制作、技术支持、市场推广、市场交易、内容复制与传输等各个方面，不仅刷新了传统文化产业的内容，更实现了新的产业运营模式。

王：能否就您在理论方面的研究和实践探索经验，谈一谈我国当前发展文化产业面临哪些机遇和挑战？

李：中国经济的快速发展现实态势和产业经济结构调整动力，对文化产业的发展提出了内在的需求。我国文化产业的供给和需求之间存在着总量和结构性的双重缺口，难以满足人民群众不断增长的文化需求。为了提升我国文化产业的竞争力，国家明确鼓励和支持民营资本进入文化产业，并在股权比例和相关领域等方面对民营企业进一步放宽，随着体制改革的不断深入，传媒、文化旅游、会展、影视、网络文化和演出等文化产业将进一步开放，国际资本的进入，为我们学习国际经验与商业模式，以及掌握先进的技术提供了大好的机会，文化产业面临着良好的发展机遇。

另一方面，由于加入世界贸易组织后文化领域的逐步开放，国外文化产品和服务不断涌入中国市场，这在有利于充分调动全社会积极参与文化建设的同时，也使得文化市场竞争越来越激烈。经过近二十年的发展，中国的文化产业在舆论和声势上都已初具规模，但离真正的产业还有相当的距离。行业分工、行业标准、行业中介组织等等都还没有发育成熟。国有的文化单位，一部分如广电、出版等，资产比较雄厚，效益也比较好，日子过得不错，再加上这些领域的国家垄断和行政保护、行业保护，来自外部的挑战压力不大，因而改革的内在动力不足。还有一部分文化单位如文艺院团，资产很小，包袱很重，改革的成本很高。民营文化企业在经营理念、经营规模和文化产品创新力方面也还不能与国外跨国企业集团相抗衡。

王：您目前担任文化产业集团的董事长，能否就你领导文化产业集团的实践经验谈一谈文化企业经营中应当注意哪些问题？

李：2002年末，为推进江苏文化大省建设，加速文化产业发展，江苏省委省政府决定组建全国首家省级政府直接投资的大型文化产业集团，我奉命担任党委书记、董事长。经过近三年的努力，我和我的同事们从无到有，艰苦创业，使企业逐步发展成为拥有2亿资产，发展前景良好的江苏省重点企业集团之一。以我个人的切身体会，我觉得中国文化企业的发展，需要注意把握好以下几个方面：

第一，是要按现代企业制度组建和运行。

第二，管理团队的建设和人才的培养。

第三，是要坚持精品意识。品牌是文化企业的最重要的资源，文化企业要通过生产和提供文化精品，赢得市场，通过运作大项目、大制作，来积累国际经验，参与国际竞争，全面提升企业品牌。

第四，是正确把握国际文化产业的发展方向，科学规划企业发展战略，为企业未来发展进行战略性的投资。

第五，作为国有文化企业，需要通过股权合作和项目合作的方式，吸纳社会资本投资文化产业。

书海风起云涌　智者勇立潮头

——湖南出版投资控股集团董事长、总经理朱建纲访谈录

李紫枫

编者按：湖南出版投资控股集团有限公司是湖南省政府授权的投资经营机构，其经营管理原省新闻出版局所属企事业单位占有（用）的全部国有资产，并承担国有资产保值增值的责任。目前，集团拥有24家子（分）公司，形成了纸、磁、光、电多媒体共同发展，图书、报纸、期刊、音像、电子、网络等门类齐全的传媒产业体系。集团组建于2000年，当年销售收入35亿元。2004年集团整体转制，为省属国有大型一类企业。同年，集团总资产和总销售双双突破50亿元。2005年，集团总资产60亿元，销售收入达59.6亿元。

本文是本刊记者李紫枫（文中简称"李"）对湖南出版投资控股集团董事长、总经理朱建纲先生的访谈。作为"出版湘军"的领军人物，同时还任北京大学、中南大学、湖南大学的兼职教授，朱建纲董事长将文化产业的理论和实践兼而论之，谦逊而锋芒自显，儒雅而睿智逼人，他的独到见解和精辟论述，就在适中的语速和严谨的措词中体现出来。

李：朱董事长，您好。最近几年，"出版湘军"的名号在业界越叫越响，您能不能介绍一下这个名号是怎么得来的？

朱：我们有句这样的宣传语："湖南人能吃辣椒会出书"，是把湖南的辣椒文化、湖湘文化与出版产业结合起来。另一句宣传语叫做："出版多劲旅，无湘不成军"！这就把中国清代著名的湘军和湖南现代出版结合起来了。当年的"湘军"是以骁勇善战而名震四海的，我们希望借这样的口号把湖南出版产业推向全国、推向世界。他说，把"湘军"和"出版"联系起来，并不是我们的发明，上个世纪80年代的时候，出现

了很多地方出版队伍，当时最有名的是“川军”和“湘军”两支。经过多年的风雨，“川军”落后了，“湘军”却越叫越响。

李：那么，您认为“湘军”走红出版业的原因是什么？

朱：其实，从地域和出版资源来说，湖南并不具备太多的优势。湖南的出版产业之所以能够发展迅速，成绩斐然，有这样关键的几条：第一，缘于非常厚重的湖湘文化底蕴。湖湘文化历史久远，底蕴深厚，所以在这块土地上从事文化产业有着得天独厚的条件，因为文化产业与文化背景、文化传统是一脉相承的；第二，缘于湖湘文化培育了湖南人敢为人先的文化品质。所以，湖南的文化人在产业的发展中也做出了一些敢为人先的事情，走在了前面，从而占得了先机。比方说，湖南出版人在上个世纪的70年代末期，就提出了地方出版要“立足本省，面向全国，走向世界”的理念，把整个的出版视野和运作空间放在了全球。在这种敢为人先的精神引导下，我们出版了《走向世界》丛书、《凤凰》丛书等系列图书，在当时的中国出版界和海外华人中产生了很大影响；第三，湖南地方政府对文化产业发展给予了大力的支持，为我们的文化产业的发展奠定了一个良好的政治、政策环境，推动了文化产业的发展。比如，在2004年底、2005年夏的时候，电力供应非常紧张，省领导亲自关怀这个事情，保证了我们的印刷厂能正常运转。

李：可以预见，新的一年，我国出版产业将在深化改革中走向更快的发展，目前集团的改革取得了哪些成就？

朱：发展是目的，改革是动力。小平同志告诫我们：“发展是硬道理”、“落后就要挨打”。在我国经济高速增长的新的环境下，出版业在政治、经济、文化生活中扮演着愈来愈重要的角色，出版业也面临着自身发展与社会进步合拍的压力。湖南地处中部，在地域、资源、信息等方面与发达地区比较有着诸多劣势，出版产业应该在省委、省政府建设“文化强省”的整体战略中，负重前行，争取较快的发展速度和较优的发展质量。我们已经清醒地认识到，当出版产业的行政保护不再，地区封锁打破，境外资本登陆，一场市场环境下的搏杀、产业布局的重新洗牌将为期不远。因此，在面临机遇与挑战的重要历史时期，共同承载着关乎集团前途命运的历史重任，我们在改革和发展问题上，不敢有丝毫的犹豫和懈怠！

2004年转制后，集团总部率先实行了三项制度改革。我们按照新的机构设置和岗位设置，在短短一个月内迅速完成了竞争上岗和全员聘用，部室调整为8个，工作人员精简为43人，初步实现从员工管理到岗位管理的转变，形成人员能进能出、干部能上能下、收入能增能减的新型用人机制和分配机制。

2005年，集团全面启动新一轮改革，重点加强了改革方案的制定和完善工作。4月，《湖南出版投资控股集团关于进一步深化改革的意见》报经省委宣传部批准后，我们相继出台了《经营管理班子成员任用制度改革实施办法》、《员工管理制度改革实施办法》、《员工薪酬制度改革实施办法》等10多个改革配套文件，加强了对子（分）公司改革的指导和督促。目前，湖南人民出版社、湖南少儿出版社、湖南新华印刷集团等单位基本完成了竞争上岗等新一轮改革任务，湖南新闻图片画报社顺利实现了整合分流，其他各子（分）公司的改革也正在有条不紊地进行之中。

李：听说，集团在2005年的机构改革中，有一些具有高级职称的员工也落聘了，这是为什么？这一举动对集团发展有没有什么影响？

朱：我们首先要回答一个问题：什么是人才？这个问题看似简单，实际上并非如此。因为，如果撇开企业特质和专业需求，用社会一般标准来界定“人才”是不合适的。不同区域、不同企业、不同部门，都是“人才”的界定因素。一个天文学博士到了一个化工企业，是很难享受到“人才”待遇的。同样，一个化学博士到了一个钳工岗位，也不见得是个多么难得的人才。是否为“人才”的基本前提，应当考虑他在企业的生存能力，是否与企业需求和发展方向相匹配。

在我们正在进行的出版社改革中，有些编审、副编审在竞聘上岗中落选了，心里很不服气，认为是不重视人才的原因使然。这种责难既说明他们没有正确认识落聘的真正原因，也反映出他们对于“人才”认识的偏颇。相比于社会评价标准，企业评价标准才是企业评价、选择人才的更切实、更科学的路径。因此，要制定企业人才的客观评价标准，前提之一就是不能盲目地按照社会一般标准进行判断，而是根据企业自身标准、岗位不同特质来制定人才评价体系。如果说影响呢，当然是有的。从目前集团的发展状况看，主要是正面的影响，人事变动并没有妨碍集团前进的步伐。这与我们的措施有很大关系。落聘的人并不是下岗，而是待岗或者转岗。转岗的人经过我们做工作，可以在新的岗位上努力工作；待岗的人我们也保证他衣食无忧，类似那个社会最低保障的做法。所以，我们的改革都是平稳过渡，集团上上下下面对改革的心态都比较好。

李：说起人才的问题，我感到您是非常敢做敢当的。在人才队伍建设方面，您是不是已经酝酿了很久？

朱：我提出过一个“品牌立人”的观点。出版事业要靠人才搭建，人才又需要事业平台支撑。出版产业是朝阳产业，如火如荼的产业发展和改革，一方面需要大批人才献身其中，另一方面又为人才的脱颖而出创造了条件。出版业具有鲜明的时代特征、产业特征和创新特征。它以产业运作方式紧随时代脚步，以内容创新成果击打心灵节拍，是有识之士创业、奉献、修身、成长的坚实平台。

在转型经济的时代大背景下，我们在人才队伍建设方面确实有一些考虑。针对优秀人才的晋升途径单一的问题，我们正准备在行政管理级别之外，开辟一条专业化发展的新路子。提出了人才成长的两个向度，即管理向度和专业向度。人才有不同的特点，企业也有不同的需求。人才都朝着经营者的向度去发展，就只有一个向度发展。这样对员工成长不利，也会造成企业人力资源的极大浪费。因此，我们一方面大胆启用年轻有为的干部走上管理岗位，又切合集团产业特点，适时地提出若干专业向度职位。适合于做管理的，往管理层面走；适合搞专业的，往专业方向走。并且，让专业人才在专业道路上获得应有的地位和待遇，能够不断地获得发展，让他们在专业的道路上走得无怨无悔。比如，我们准备在编辑岗位实行导师制和首席编辑制，在一线操作岗位中设置首席营销师、高级技工。尽管在实践层面上还没有真正做到位，但这种思路为人才的成长开辟了新的空间。

我们还可以看到，由于人事制度的改革，引进人才更容易了，留住人才却更难了。为此，在薪酬制度改革中，我们在惯常的柴米油盐等“生存性福利”之外，提出了“发展性福利”的概念。顾名思义，“发展性福利”就是指有利于员工不断提升素养的福利。其中，学习进修就是其中重要的一个项目。包括岗外学习、委培学习、国外进修以及到国外的优秀企业去实习、见习，都是员工的“福利”。当然，这当中也有道德风险，需要相关制度来保障其有效推进。

李：我们知道，您除了提出“品牌立人”，在 2001 年还提出了“品牌立社”的观点，您是怎么看待品牌建设的呢？

朱：品牌是市场的产物。从农耕经济到商品经济到市场经济，每一种经济形态的更迭，都是商品生产、交易模式、经济体制从渐变到突变的过程。作为生产主体和消费主体的人，在这个过程中扮演的角色是不可替代的。把售卖作为生产目的的生产主体，期望在其产品上刻下深深的烙印，这不仅是在对产品的完美追求和个性追求中体现创造价值，也是对市场需求的回应和满足。从消费主体的角度来看，无论是生活必需品还是精神文化消费品的选择，都有一个从感知到理性的认识过程。特别是在商品极大丰富的卖方市场环境下，消费者的感觉更多的是在生产者的能动作用中逐渐形成的。生产者不断反复的能动作用旨在提升品质，树立形象，在市场中形成叠加效应，从而在生产者和消费者的互动中确立市场品牌。奔驰、宝马、海尔、松下、《读者》、《知音》、肯德基、麦当劳、好莱坞、迪斯尼等，莫不如是。

目前，图书产品多品种、多批次、少批量的特点，给人时常造成这样的窘境：编辑如深巷中的高厨，妙手烹佳肴，食客却不闻其香。我国是年出书20万种的泱泱大国，书的海洋中既有浪花朵朵，也常有大潮来袭。浪花朵朵，妩媚耀眼，但很难将其择分高下；只有大潮袭来，震天撼地，才能让人铭记在心。市场就如海洋，不能卷起品牌大潮，怎么能震撼读者心灵呢？图书市场风起云涌，只有挟品牌为器者方能傲立潮头。诚然，经过几年的品牌建设，我们已经有了初步的体会和收获。虽然，因体制和机制方面的天然缺陷，打造品牌的氛围还未真正形成，但一个朴素的道理已经渐入人心：图书出版必须走品牌之路，以品牌赢得市场，以品牌赢得读者，以品牌壮大自己。同样，报刊、电子音像、印刷、贸易等产业，科技、酒店产业，都必须走品牌之路。形成品牌理念、建设“名牌”产品，将是迎接市场挑战、不断发展壮大的必由之路。

李：2006年是“十一五”的开篇之年，请问集团在“十一五”期间有怎样的发展思路？

朱：当前出版业发展正处于机遇与挑战并存的关键时期，挑战日趋严峻，机遇稍纵即逝，为确保集团在未来五年朝着健康、稳步、快速的方向发展，增强工作的预见性和前瞻性，我们已酝酿出台了《湖南出版投资控股集团2006—2010年发展战略规划》。

就集团改革来说，由于出版业属于意识形态领域，改革的任务相当复杂和艰巨。尽管我们已经取得改革的阶段性成果，但也应当看到，陈旧的观念、单一的产权、僵化的机制仍然在发挥作用，在一定程度上制约和阻碍着产业的顺利发展，必须通过改革予以解决和完善。因此，我们要继续坚持既积极又稳妥的原则，不断推动改革向纵深发展，为集团产业实现跨越式发展进一步扫清障碍。

在产业发展方面，我们将继续大力实施“一主两翼”发展战略，以纸媒体（图书、报刊）出版为主业，以网络及其他新介质媒体和包括酒店、高科技产业在内的其他产业为“两翼”，以盘活存量资产和优化资源配置为手段，继续巩固和扩大传统产业优势，积极培育和拓展“两翼”新的产业集群，努力开辟新的经济增长点，打造集知识资源的采集、整理、加工、印制、传播、销售、物资供应等为一体的完整产业链，构建全面渗透、立体交叉、梯级发展、面向未来的现代传媒产业体系。

李：您刚才提到，“以网络为主的新介质媒体”将作为集团产业发展的重要一“翼”。请问，集团在网络出版方面有什么具体的构想？

朱：“十一五”期间，我们将从集团的产业发展实际出发，科学把握发展节奏，在适当的时机切入网络出版领域：

一是整合集团图书资源、报刊资源、连锁经营、物流配送等各方资源，搭建图书出版发行及新闻发布网络平台，构建独特的运营模式，快速扩充内容资源，以全新的经营理念，有效的营销手段，突破目前网络出版业务发展瓶颈，迅速切入相关细分市场，形成资源和资本的双重支撑。

二是充分发掘、利用前期培育的作者和目标读者，借助集团作为国内大型出版集团的行业优势，整合相关社会资源，全力打造网络出版及电子商务的知名品牌。

三是网站运营一段时间后，充分发挥已积累的资源优势，促进业务向两极延伸，尤其注重拓展 SP、视频、网络广告、影视一类新型业务，寻求新的利润增长点，完善集团产业链，形成集团数字经济发展新格局。

李：感谢您在百忙之中接受我们的采访，使我受益匪浅。祝愿湖南出版投资控股集团在 2006 年有新突破，更上一层楼。

专题报道：区域文化产业

文化产业：助推区域经济发展

张红晋

文化产业作为21世纪最具发展潜力的产业之一，其在区域经济增长和区域产业结构调整中发挥着越来越重要的作用。随着我国文化体制改革的深化发展，文化产业与区域经济的和谐发展已经成为备受社会关注的热点话题。

整体状况和发展趋势

今年是“十一五”规划启动的第一年，各地区都把大力发展文化产业作为调整产业结构的一项重要举措。那么，“十一五”期间文化产业的发展会有哪些新的趋势？

国家发改委经济体制与管理研究所研究员、文化产业研究中心主任齐勇锋认为，从经济总量来看，文化产业将会进入快车道，文化产业发展出现高于GDP的发展态势。齐勇锋进一步解释，作出这样的预测，一是由于文化体制改革的深化，会解放文化生产力。二是我国基础设施这几年在不断完善。

2005年，我国取消农业税。农民收入出现大幅度增长，2005年农民收入涨幅达到11%。前几年，我国GDP出现了高增长态势，中央提出建设社会主义新农村，农村市场的文化消费无疑会呈现增长态势。基础设施建设方面，2005年我国高速公路要达到8万公里，铁路增长1 700公里。通讯领域也发展迅速，去年我国手机和功能电话已经突破8万台。交通通讯基础设施的改善为文化产业的发展奠定了基础。

此外，各地区的公众文化建设也进一步改善。我国公共文化服务体系一直属于比较薄弱的环节，特别是农村。近些年来，财政部、国家发展改革委员会和文化部及广电总局实施了一系列改善农村公共文化服务体系的重大项目，包括新兴工程、广播电视村、图书馆文化馆等等。过去，县级乡镇一级有的缺少图书馆、文化馆，有些有馆却有名无实。针对这种情况，齐主任说，据他了解，今明两年，全国县级馆全部可以建起来，村村都可以达到97%。公共文化建设为文化消费提供了强有力支持，反过来也可以大大促进文化产业的发展。

除去以上原因，文化产业能够快速发展还来源于产业环境本身的调整变化。

由于产业结构的调整，2005年我国报业出现了整体下滑，有一些专家和行业的人士甚至认为报业可能到寒冬，今后可能会出现长期下降的局面。齐主任认为，通过这两年中央一系列政策的出台，放宽了市场准入，从八月份发布的外资进入文化产业的意见及其他部委发布的文件看，已经放宽市场准入的这一块，即娱乐文化产业、音乐、演出、影视和新兴媒体像互联网等，可能会出现高速增长的局面。近些年，广播电视，数字化电视由于体制原因，增长趋势一直比较平缓。但齐勇峰主任认为，可能在近一两年会出现爆炸式的增长。体制性的因素可能是很大的制约因素。传统媒体现在还不允许公司进入，这些因素可能对传统媒体带来影响。而娱乐产业、新兴媒体、会展、广告业、古玩经营等则会出现高速增长。去年，国务院公布36条关于发展的意见中对非公经济市场准入放宽，因此，非公有制经济将会有比较大的增长，出现国有为主导，国有和非国有共同发展的新格局。值得注意的是，由于市场准入的放宽，尽管国有企业出现平缓增长，但民营企业却一直保持着高速增长的局面。

在产业环境变化的基础之上，最后决定文化产业能否健康发展的还要看其自身能否增强自主创新能力。因此，创新发展模式也是近年来各方面关注的重点。由于我国文化产业刚刚起步，如何把体制转变和增长方式的转变融为一体，互为依托，把粗放式的增长变为节约型的发展模式，应该成为各地区政策决策者和企业经营者长期考虑的问题。创新发展模式，应该成为文化产业发展的内在推动力和新的亮点。在这方面，随着改革的深化，近些年来一些地区已经成功地探索出了适合自身的发展模式。例如云南，就不断推出云南印象、香格里拉的精品项目。

分工与合作：打造文化产业新版图

经过近几年的发展，文化产业的区域性分工正在逐步形成。与我国的经济发展相适应，文化产业的发展格局应该是一种东西互补、南北合作的模式。随着分工和合作模式的形成，区域之间文化产业发展差距有可能进一步拉大。在制定“十一五”规划这个过程中，各地在逐步明确自己的产品定位：例如上海已经明确提出要做创意经济，北京要把北京建设成创意文化中心，这两个地方文化产业发展的定位已经比较明确。

而我国其他各地在发展文化产业过程中要定位，就必须要根据自己的资源条件和能力进行合理的产业布局。例如云南省，定位很明确，最初以文化旅游业为主打产业，这几年已经形成自身的特色，依托文化旅游业所带来的人流进而发展其他方面。近年来，云南省“像抓烟草工业一样抓文化产业”，利用自然地理条件和民族文化资源，打造出《云南印象》、《丽水金沙》、西部文化产业博览会等文化产业项目和品牌。中共云南省委副书记丹增表示，因为基础条件等诸多方面的不同，西部文化产业发展不能一味照抄照搬发达地区的发展模式，而是要立足于文化资源的开发利用，走特色发展之路。丹增提出，政府促动、项目牵动、品牌带动、会展驱动、人才推动，是西部文化产业发展切实可行的路径选择。云南发展文化产业的成功经验，对西部经济欠发达地区具有借鉴意义。

在十一五期间，新的区域分工和区域合作的格局应该会逐步明朗。齐勇锋主任认为，在这过程中，将会形成持续性的文化资源开发热潮，在十一五期间是持续的，遗产保护将会得到更多的重视，例如文化部已经开始实施的民间遗产文化的保护工程。

文化产业要想形成新的竞争与合作版图，就必须提高自身的国际化水平。这包括两个方面：一是加快中国文化产品“走出去”的步伐；二是随着改革的深化，在一大批企业与国际资本市场结合，登陆国际资本市场的条件下，文化产业可以借此机会获得快速发展。齐勇锋进一步指出，中共中央发布的14号文件中，提出在目前已经进行文化体制改革试点的地区，要进行综合试点，有一些地方要进行文化体制改革试点。要铺开，不具备条件，要创造条件，也是照顾到目前这种区域差距，区域发展的差距。所以在十一五期间区域文化发展差距会进一步扩大，这种差距有可能在十二五以后不缩小，尽管西部发展很快，但是跟东部的差距还在拉大。齐勇锋说，我国文化的国际化水平将会逐步提高，这个提高体现在两个方面，一个就是中国文化产品，特别是精品，走出去的步伐会大大加快；二是随着改革深化，一大批企业跟国际资本市场结合，登陆国际资本市场，要充分利用工具加快发展文化产业。

就目前我国区域文化产业发展的情况来看，大到长三角、泛珠三角、环渤海，都有自己的文化产业发展战略，次一级的北京、上海、云南都属于文化产业大省，小到石景山区、中小城市也都需要切合实际的文化产业规划。

在我国区域文化产业的整合过程中，最引入注目也是规模最大的，应该说是“大珠三角”地区，包括广州、深圳、珠海、佛山、江门、中山、东莞、惠州、肇庆等14个城市，加上香港、澳门，合为大珠三角。城市群是文化最重要的承载地。都市文化产业的健康发展，需要各城市合理分工协调，达到资源共享、共兴共荣的目的。香港是世界四大印刷中心和三大华文出版设计中心之一，在2003年就有5000家文化产业公司从事出版、印刷和设计，产值达337亿港元。在广州，文化产业总收入在2000年就已达到150亿元。综合音像、影视、报刊、娱乐、旅游等文化产业，我们可以发现，大珠三角城市群既是中国最大的经济带，也是中国最大的文化产业中心。

值得注意的是，大珠三角地区能够建立这样的产业平台，依赖于其良好的产业环境。高速路、铁路、航空港、海港等交通便利，信息港、通信网畅通无阻，区域内外的连接性和开放性尽显无遗。而短时间内汇集大量人群的文化需求，则形成文化消费市场的巨大空间，刺激文化市场的迅速扩大。

去年，大珠三角各城市相继举办了一系列文化节和国际会议：“亚洲文化节”在佛山举行、“博鳌亚洲论坛亚洲国际文化产业会议”在中山举行、“广东国际旅游文化节”在广州开幕，甚至粤北偏远的山区小城也举办了“连州国际摄影展”。第二届中国（深圳）国际文化产业博览交易会（简称“文博会”）也已于2006年5月18日到21日在深圳会议展览中心举行。首届文博会在文化、广播电影电视、新闻出版等领域，初步打造了集文化产品博览、文化产业要素交易和文化产业信息交流于一体的综合平台，奠定了我国唯一国家级、国际化、综合性文化展会的基础。第二届文博会将进一步提高国际化、市场化、专业化程度，特别是强化展会交易功能，使之成为资源最丰富、种类最齐全、规模最宏大的中国文化产品和服务的出口交易平台。

各城市发展文化产业的决心和力度是有目共睹的。但是我们也应该注意到，各城市发展文化事业既要有个性，又要注意将自己放在区域发展的背景下考虑，从而做到资源的合理配置。利用发展中的“泛珠三角”经济协作区的丰富资源和广阔市场空间，再以大珠三角文化产业为核心，整合泛珠地区其他文化资源。目前，虽然说大珠三角的概念已经提出好几年，但仍然存在条块分割，要做到资源共享就必须做到合作发展。譬如方兴未艾的动漫业。目前，大珠三角的许多城市都提出了要发展动漫产业，在各城市兴建的动漫产业园也有很多个，但事实上真正有

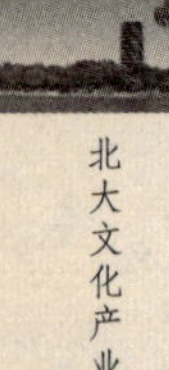

所作为的只有香港、深圳两个城市。各地只有通过合作，实现优势互补、资源共享，才能做到提高效率、降低成本、创造品牌、培育人才，全面提升区域文化，达至粤港澳共赢的局面。

除了大珠三角地区以外，中西部地区文化产业的发展也有其引人瞩目的地方。首届中国西部文化产业博览会于去年12月8日至11日在昆明国际会展中心举行。该文博会是国家级的文化产业盛会，是西部地区文化产业的整体亮相，也是中外文化产业项目合作、展览展示、产品交流和信息交流的平台。文博会的宗旨是“融合文化资源、会聚文化产品、搭建交流平台”，立足云南，联合西部，面向全国，连接世界，对于促进西部文化资源的有序开发，构建文化产业项目交流和文化项目交易，推动文化对外开放，发挥展会对经济的巨大促进作用，推动西部地区文化事业全面繁荣和文化产业快速发展，加快西部地区经济社会发展步伐和构建和谐社会的进程都具有十分重要的现实意义。

去年，在上海举行的郑州文化产业研修班上，胡惠林教授提出了“中原文化产业的战略性崛起，将重新改写中国文化产业的版图”的重要观点。胡教授分析，河南地处中原腹地，地下蕴藏的巨大文化资源以及深厚文化底蕴的积累，一旦转化成文化生产力和文化资本以后，那么它会在现有的中国文化产业版图上异军突起。这种突起将会使现在以东部沿海发达省份为主的文化产业发展格局发生一个重大变化。这种变化对于形成我们国家文化产业的综合势力将起到一种巨大的建构作用，同时也将影响中国东西南北四个方位文化版图的变化。

创意经济：引领今日香港与未来上海

Wine

2005年被称为上海的“创意年”：上海国际创意产业周、全球创意产业研讨会，一系列国际性创意活动将全球的目光聚焦上海方兴未艾的创意产业。上海是中国的轻工业和制造业重镇，大量位于市区内的工厂在新经济的环境下面临改造，与今日中国各地大拆大建的硬件更换不同的是，上海市内的工厂与仓库改建是旧瓶装新酒，是一次根本意义上的软件更新。上海市在中国内地城市中第一个提出并启动了创意工业。到目前，上海已经有36家创意产业园区。

2003年，香港特别行政区政府首次对香港创意产业的现况进行研究及简介，发布香港创意产业基线研究的报告，研究报告表明2001年创意产业为本地经济带来超过460亿港币，占本地生产总值3.8%。2002年有17万人在逾3万间机构中工作。香港的创意产业不仅收到了良好的经济效益，而且成为内地城市争先效仿的范本。相比而言，上海在这方面比起香港虽然起步较晚，发展却很快。

创意沃土上成长的香港设计

很难想象，这块仅有1100平方公里的土地上，蕴藏着如此之大的能量与创造力。应该说，香港本身就是一个非凡的创意园区。除了香港电影的辉煌与“购物天堂”的盛誉之外，极具特色的“香港设计”已经逐渐成为这座城市的另一品牌。2004年5月，香港特别行政区政府启动2.5亿港元成立基金，推出“设计智优计划”，并成立“创意及设计中心”，广纳各方人才。

●香港设计师：识时务，勤劳动

平面设计师区德诚的工作室在铜锣湾的闹市区。在他租用的这不大的一室一厅里，他设置了书店、展厅、工作室和卧室四种功能。区德诚是香港青年设计师的佼佼者，曾两次出任东京字体设计指导俱乐部的年度评委，算是亚洲知名的设计师。2002年独立开业以来，他的主要作品都是在这小作坊里完成的，虽不大，但一件是一件。从他那里出来，我走在街上，体会到什么是大隐隐于市，自得其乐。那是去年的事。

这样的工作室全港不超过30家。香港设计师的工作室一般规模不大，一般是2至3个人的合伙工作室，8到9个人已经算很大规模的设计工作室，工作室必须经过注册并要每年进行年检，相当于内地的有限责任公司或者合伙人。香港设计师多有自知之明，知道自己不是艺术家，从事的仅是服务业。正因为这样，香港设计的质量好，且水平稳定。设计师这个职业在香港的收入也比内地好很多。以产品设计为例，一个产品的设计草图一般价格在1800港元左右，一个项目至少需要3张草图；若是海外的单，则价格更高。在内地，一张草图一般只需要200元到300元人民币。如此的价格差异，从一个侧面体现出设计师在不同地方受到尊重的程度。

香港本土的市场非常小，香港城市小，设计师们常常碰面，之间交流也很多，做的都是很国际化、很贴近市场需求的东西，不存在所谓的流派。如果有分别的话，只能说是针对的市场不同。但是不管是哪一类设计师，他们都会注意逐渐形成自己在市场认可下的个人风格。

●设计营商：香港人的设计生意经

香港现代设计有40年历史，一直受英国教育的影响，表现出国际化、中西文化交融的特色。与内地相比，香港设计师实在是不多，因为市场太小。内地市场虽大，但知识产权保护的力度有限，所以一直以来香港的许多产品都是外销。一年一届的香港设计营商周是一举多得的妙计，吸引境外投资，让客户选择设计师，让公众了解设计，并致力将香港打造成亚洲创意中心。这些为香港设计师塑造良好的有养分的生态环境。

香港的时装设计起源于上世纪70年代中期。在此之前，香港的时装业基本上停留在替国外品牌加工出口上面。上世纪70年代中期，香港理工学院开设了第一个时装设计课程，这也可以看作是香港时装设计诞生的标志。到80年代，香港的第一批时装设计师，如张路路、马伟明、杨远振等已经开始经营自己的时装品牌。1984年，马伟明、邓达智等香港设计师在应邀到欧洲搞时装展览时互相认识，发现大家都有振兴香港时装设计业的共识，于是回到香港后便自发成立了香港时装设计师协会，由杨棋彬担任协会主席，当时他们有一个非常实在的希望，就是让香港人可以认同自己的时装。香港时装品牌名声日显，像堡狮龙、班尼路、阿桑娜、佛罗伦等服装品牌，都是“香港造”。而杨远振、马伟明、邓达智等设计师已经在国际时装舞台上有了一席之地，香港时装业也正从外单加工逐渐走向自有品牌、独立设计的国际前台。

若单讲时装设计的水平，香港是暂时难以与世界一流品牌比肩的，但香港时装品牌今天的水准及地位已接近外国大品牌的二线水平。比如本土的一些时装品牌完全有与 CK、DKNY 等二线品牌抗争的实力。虽然香港时装设计尚没有在国际上形成较强的影响力，但是香港人却是把“香港时装设计”看作一个重要品牌悉心经营的，香港的时装设计师有着非常良性的成长环境。如香港贸发局举办的“香港青年时装设计家创作表演赛”，这个为发掘本土时装新秀而设的比赛，至今已有 27 年历史。

今天，香港设计师的国际视野、知识版权保护意识及原创的设计精神，已在内地形成一股“香港势力”。其中，知识版权保护意识是香港设计行业得以健康发展的一大重要因素，也是制约内地设计业蓬勃发展的最大障碍。

就工业设计来说，工业设计在内地好像是一个孕育了 10 多年的行业，虽预言即将大有发展，但到如今内地的产品及工业设计发展现状非常不尽如人意。香港目前从事工业设计的大概 3000 多人，包括在教育、个人设计工作室以及制造企业从事和设计相关的设计师、市场和营销等工作。香港工业设计的优势在于，香港是区域设计中心，世界各地产品汇集，体现全球各地设计师不同的风格和理念，多种文化的冲突和融合容易创生新的概念、潮流和趋势。在同业竞争方面，香港设计师面临的是全球市场，各自的客源来自世界各地，加之设计行业的客户忠诚度相对比较高，使得香港这个行业的竞争并不大。

在香港，各个层面，包括政府、商界、教育界乃至民众整体，设计的意义与重要性都越见增长，在内地情况则不容乐观，设计始终是制造的附庸，因为设计投资的结果往往是“血本无归”，今天还是自己的成功的独家产品，很可能几夜之间仿制品已全城泛滥。对这种无形价值的忽视，以及对知识版权保护力度的薄弱，使中国内地长期定位于“制造”，就连香港设计师也普遍认为，“香港设计、内地制造”的局面将在未来一段时间内继续存在。

●创意工业：城市机器的新动力

香港是名副其实的创意沃土，其一大优势在于国际交汇。由于特殊的历史背景，首先它拥有广阔的国际视野和国际交流平台，而香港设计师享有的支援服务位居世界前列；另外香港政府对于创意产业非常重视，出台的相关奖励、鼓励政策有力地推动了本土不同设计领域的发展。如果追溯历史，香港现代设计仅有 40 年历史（中国内地 20 年），在短短时间内香港设计已取得骄人成绩——或屡获奖项，或在商业上十分成功，或打破传统，一切都在说明，设计不但对服务业、工业和制造业有所裨益，它更是香港迈向知识型经济的重要元素。

香港是一个逼迫大家勤奋工作、努力用脑的地方，而且“用脑者”条件优越。理由很简单，当好像没有什么可借以大大利用的时候，还有脑子。所以在这块不大的土地上，能表现出非常优质的城市管理、组织，以及活跃浓郁的创意氛围。

香港大学的香港创意指标研究课题组，在进行香港创意产业研究的基础上，则进一步提出了推动香港“创意经济”的四大资本形态，即结构/制度资本、人力资本、社会资本和文化资本。这四大资本中的某一些如文化多样性，如果拆分开来的话，从金融角度看，并没有表现出资本的活跃特性。但是，从创意的角度看，资本的四种形式是相互补充的，也是一个相互依托的系统。

而且，由四大资本形态推动创意活动不仅仅具有明显的经济意义，而且具有广泛的社会意义，它能够使普通民众更多地分享社会的财富和各种福利成果，提高了社会的平等和谐程度。一个国家和一个城市，能够拥有多少创意资本，他们之间的支持和配合达到什么程度，直接决定了创意的活力和经济效果，决定了这个国家和城市的发展后劲。可以说：“创意致远，资本制胜”这两个理念，在创意经济的更高层面上，实现了相互的渗透和结合，达到了高度的统一，也对一个政府的决策人发展经济的思路和战略，提出了新的要求。

香港为了成功实现经济转型，越来越重视对创意行业的支持，并力争使香港成为亚洲的创意中心。高度发展的经济体系越来越重视创意工业的贡献和作用。创意工业不单直接推动香港经济发展，也为其他行业及经济活动注入创意元素，有助提升香港各行业的增值能力，巩固香港的国际贸易及金融中心地位。可见，冰冻三尺，确非一日之寒。香港设计，作为露出海面的冰山之一角，正是得益于创意工业这巨大冰山。

创意产业园区：上海经济新引擎

2005 年 12 月 1 日，上海举行了国际创意产业活动周。以“创意产业，引领未来”为主题，昭示上海进一步促进创意产业发展的决心。上海市的目标是，争取到 2007 年全市形成 70～80 个创意产业园区，建筑面积总量达 100 万～150 万平方米，吸引 3000～4000 家各种创意类企业集聚；争取到 2010 年，上海创意产业增加值达到全市 GDP 的 10%以上。远景目标，是用 10～15 年时间，把上海建成亚洲最有影响的创意产业中心之一，用 20～25 年时间，使其成为全球最有影响的创意产业中心之一。在上海滩上准备大展拳脚的创意产业园，已经成为上海经济继续走高的新引擎。

●*新思路，新模式，新问题*

上海在 2003 年前后提出“发展都市工业”，即将各个区中老化的大企业转化为没有烟囱的轻工企业，最好是搞智慧型企业。各个区政府不约而同地想到了创意工业。另外，当年在治理苏州河水污染时，很多工厂被强迫搬迁，剩下一些厂房，因为是国有产权无法变卖，又因为苏州河边不允许造房，于是台湾人和一些国内艺术家就趁机而入，进行改造使用。这给了上海政府很大启发：将苏州河变成一个创意产业区。目前上海的创意产业得到一定的发展，区域分布主要在黄浦区（集中在苏州河地区）、闸北区（闸北区创意工业园区，专攻多媒体）、长宁区、卢湾区绍兴路（这里主要为国际广告公司和一些设计者，另外还有一些零散的设计公司）。

然而，尴尬之处在于这个提的很响的计划效果却并不好。原因有两个，第一个是上海现在并不流行创意工业，今日上海的趋势在于创意消费。上海的新人类、时尚男女——包括上海的白领，他们相对有钱，创意消费主要是想要引导符合这些人的个性消费方法。第二个是因为，从国外进来的各式各样的设计师——比如平面设计师、工艺品设计师等，他们的设计和本土相关产业接口接得不好。实际上是上海本身和创意产业接口的制造业不行，虽然有好的设计，但印刷、包装和网络在技术上没有达到相应的水准，也缺乏相应的设计管理环节。

上海大学广告学院教授张祖健在接受记者采访时说，“如果你来上海开事务所，你在长三角好的印刷企业、好的包装企业中都要有自己的关系户。发展创意产业，政府希望能够形成整合，设计师可以请进来，但是企业——包括企业产生的合同和订单，是主抓创意产业的部门不能直接控制的。上海市主管创意产业有三条线，第一是科委，第二是经贸委，主要抓苏州河六大创意工作室。还有一条线是各区经贸委——包括长宁区、闸北区、卢湾区、浦东新区和徐汇区。创意的头可开，后面的产业平台难以整合，因为产业平台的整合不是这几个部门就能做到的。比如经贸委是以贸易为主，企业则是由各个主管局管着，所以现在创意产业由于政府间的体制、管理系统没有整合而受到了一定限制，要解决

后才能进一步发展。另外，很多国际品牌在中国的设计任务几乎不交给中国的机构做，都是给国外做，或是拿到香港去做。如果那些消费品能拿到上海市场上，给中国本土的设计师来做，那上海的创意工业就很强了。中国的设计师也能做一些事情，但是拿到的单子太小，在上海是拿不到单子的。但这并不是说中国的创意产业无法发展，其实那些大的国际广告公司基本上不养设计人员。所以上海的跨国广告公司的设计部，几乎都取消，或者弱化。奥美的一个负责人就曾经跟我说过希望中国广告人能够多一点独立制作人，开设计事务所，或工作室。但是我们很多公司就想搞个小而全，从制作到经营无所不包，那么和大的国际公司打交道就会有些障碍。”

●回溯，上海的必然选择

说到创意工业，解放前上海就朦朦胧胧的有。如何使上海这座城市在中西文化交汇过程中保持自己的主体意识？上海所有的生活方式，包括当时的广告产业，主要就是引导当时的上海城市文化——怎样在各个文化当中生存，建立自己的生存方式。解放前的广告产业，比较明显的是以西方的品牌和消费方式，结合中国人的消费生活，形成一种中国的消费者模型。

张祖健说，“对于上海还要关注的一点是，现在全国各地贫富差距在拉大，而贫富差距拉大后的文化反应和冲突表现得很厉害，上海也有贫富差距和文化冲突，但是并不强烈。上海从富人的家庭一直到最艰苦的贫困家庭，都认为上大学、学艺术才是最好的出路。上海本身积累的这种文化机制，使得在改革开放中很自然地被选为比较合适的文化孵化场。”从经济体制开放上来看，上海并不算早，1992 年浦东新区的开发才算正式开放，但是它的城市文化却比广州、比北京更适合做孵化器，于是便引来很多西方品牌和广告公司，他们急于通过对上海城市生活的商业意识的改造——主要是消费生活模式的改造，打造一个中国可以接受的商品文化，然后向全国的市场推广。

20 世纪 90 年代末，上海面临一场经济结构和运行模式的调整，大量传统制造业退出市场，国有体制改革带来了产业结构的变革。在这个变革当中，产业何去何从，企业何去何从，都面临着新的选择。大量国有资产和老厂房的利用也是摆在政府和企业面前非常现实的一个问题。在这样一种经济变革当中，一种高附加值，而且有利于城市和产业竞争的新产业——创意产业，最适合上海这样人才比较集聚，各方面商务成本比较高，原材料和能源比较缺乏的城市。它可以将新型的高附加值产业与保护历史老工业建筑以及盘活这些老工厂、老仓库相结合，是与这座城市的综合发展相适应的最完美方式。这就是当初上海发展创意产业的促因和动机。当然也是上海在生活达到一定程度后对文化的需求，还是折射需求的市场对创意产业的需求的必然趋势。

●产业聚集区，旧瓶装新酒

上海的工业区主要集中在比较中心的位置，这些地方地价很高，他们又将如何抵御地产开发带来的冲击？“中心城区的工业厂房的租价相比商务用房、住宅用房是低廉的，但是由于缺乏专业或行业的运作能力，只能做简单的房屋出租，这样很不适应设计企业的入住和为他们提供专业的服务。我们就引进了一些从事设计管理的企业和投资公司来营造一种创意产业聚集地的富于创意的环境。通过他们对房屋的一次性投入和改善，建立服务的平台，让更多设计企业在这种空间中找到他们的归属。这样能使国有企业工厂得到租金的最佳回报，因为它一次性租出去，可以全年受益，而且租期较长，避免了管理的不专业性。”上海创意产业中心秘书长何增强在接受记者采访时说，“那些从事设计管理和投资的企业利用招商的专业渠道和环境的布置和再现，也找到了从较低的工业租房达到较高的商业房租的利润空间。最后又让入住企业和设计师找到了比 office 低一倍或两倍的价格和在 office 里无法再现的空间。这样就得到了三个有利于——入住企业空间的最佳化和房租的低廉化，让从事管理的企业得到了差价空间，让国有企业的存量资产得到了盘活。这就是我们创意产业聚集区运作的模式。”

现在城市综合竞争力是经济的竞争力，是创意经济而不是制造经济竞争力的竞争。但目前中国的创意产业还是在为经济（包括工业、制造业）服务的一种产业。发展创意产业不是所有国家或地区都适合这种提法，它是经济发展到一定程度，人们生活达到一定满足的产物。最近世界上对创意产业的提法是人均收入达到 5000 美元以上的地区最适合发展创意经济。因为人们在满足需求的情况下，就会有一种欣赏、观赏或者其他功能类的需求。所以说创意经济是在经济发展前提下，将各个行业和产业的创意、创新和设计分离出来，作为一种产业来发展的趋势。何增强认为，“城市的发展跟创意产业的发展一定是紧密相关的，当这座城市的经济发展到一定程度的时候，创意产业是最活跃的。目前世界上一些比较发达的国家和地区，像美国的纽约、英国的伦敦、日本的东京都比较适合做创意产业和创意市场。上海的城市化和工业化还没有完成，因此上海的创意产业主要还是围绕制造业和现代服务业，主要是要提高城市的综合竞争能力以及工业产品在市场上的竞争力。”

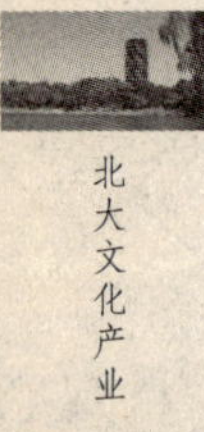

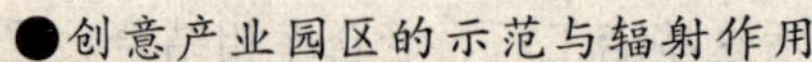

●创意产业园区的示范与辐射作用

上海是一个人才集聚的城市，它对江浙将会提供有利的辐射作用。因为上海目前的创意产业还停留在为制造业提供设计的阶段，上海创意产业的发展一定会为商务成本比较低的江浙的工艺制造商提供日新月异的创意产品。同时，文化是没有区域的，创意产业的发展一定会辐射到具备形成创意市场和创意企业的城市和地区。目前，杭州已经在和上海进行这方面的交流，在杭州的运河边也已经出现了创意型企业。可以设想，随着这些城市的工业化调整，也将会有一些不同模式的创意企业的诞生和创意市场的建立。

那么，上海的这种创意产业园区的发展模式与国内其他工业城市相比是否也能适用呢？“创意产业是文化、技术和经济的一种结合，每座城市文化的底蕴、市场和大众的需求不一样。上海是一个国内外人才最集聚的地方，这种市场积攒的需求和信息的高速反馈使创意产业非常活跃。如果在一些比较边远的西部省会，没有这么多从事创意产业的企业，同时生活水平又比较低，对产业的需求会比较少，就不能完全去模仿这样的做法。而且我们运用创意产业搞聚集区的做法，只不过是上海推进创意产业发展过程当中一种示范的作用，不是创意产业的全部和本身，下一步我们在推进整个上海产业结构调整和培育创意产业过程中，还将构建一个公共服务和教育平台，再帮助一些传统企业进行转型，创造无数创意企业，造就无数更大的创意市场。”何增强说，“当然，创意产业聚集区的建设只是建立创意载体过程中的一个举措，下一步我们将会利用政府导向和中介机构，这些中介是培训的、中介的、咨询的和风险投资的。它们可以帮助一些从未从事过创意产业的企业，将它从传统的制造业引向创意企业，这也是世界上一种比较先进的模式。”

对于在上海的很多香港、台湾人来说，上海是一个1 700万人口的特大型城市和国际都市，无论从人口还是地域而言，会比香港、台湾更大，创意市场也会更大。并且相对而言，创意产业的发展在上海是一个非常短的时期，同样的创意企业在上海发展一定有更大的空间，同时也有更大的市场。

杭州与西安：文化产业中的现代派与古典派

郭晓军

2005 年 9 月，全国人大常委会副委员长蒋正华在出席陕西曲江论坛时指出，文化是每个国家和民族在发展过程中沉淀、累积下来的精神财富，文化因为世界的丰富多彩而多元化，而民族化，而异彩纷呈。城市则是生产力不断发展、经济积聚的产物。两者有很多共同点。文化对于塑造著名城市发挥重要作用，经济是现代城市的力量，景色是现代城市的形象，文化则是现代城市的灵魂，只有文化内涵丰富、发展潜力强大的城市才是魅力无穷、活力无限的城市。同时，也只有这样的城市才能保持和发展积淀深厚的文化内涵，生产和开拓丰富多彩的文化产品，形成和壮大适应市场的文化产业。

西安和杭州，中国历史上重要的两座文化名城，一个是十一朝古都，一个是八朝古都，在步入新世纪的途中，两个城市打出了一张相同的牌，那就是文化产业。古城西安，以 3000 多年的历史作为招牌，将文化产业发展，作为世界了解西安的窗口，而杭州，在以现代服务业和现代制造业“两轮驱动”的经济发展战略指导下，杭州市把大文化产业列为现代服务业的重要内容，制订了政策措施和规划，明确要求大文化产业发展速度高于全市 GDP 增幅，使大文化产业成为杭州经济发展的重要增长点和支柱产业之一，完全可以说，杭州与西安两市的文化产业，一个是现代派，一个是古典派。

规划篇：西安的“古”与杭州的“大”

文化产业在杭州与其他城市不同，杭州人在文化产业的前面加了个

“大”字。因为，在杭州市委、市政府看来，科技服务、教育、卫生、文化娱乐、新闻出版、广播电视等行业都属于大文化产业的范畴。因此，杭州市是目前我国唯一制定了大文化产业发展规划的大城市。

2005年3月份，杭州市委、市政府出台《关于进一步推进杭州大文化产业发展的若干意见》，提出，在未来五年，杭州市将优先发展文化旅游业、现代传媒业和数字娱乐业三个门类，力争在“长三角”地区乃至全国范围内占优势地位。到2010年，杭州市以科技服务、教育、卫生、文化娱乐、新闻出版、广播电视等行业组成的大文化产业增加值占GDP的比重9%以上，基本确立具有一定国际知名度的“文化名城”地位。

其中，文化旅游业将充分开发休闲度假产品、传统观光产品、会展商务产品、时尚旅游产品等；着力整合包装西溪湿地、天目山等十大旅游休闲基地；培育旅游休闲品牌产品，提升旅游业作为现代服务业的地位。数字娱乐业主要是指动画和互动游戏。结合“动漫之都”的目标，计划在3～5年内培育完善数字娱乐产业链，建好杭州高新开发区国家动画产业基地、中国美术学院国家动画教学研究基地；争取每年推出3～5部原创电视（影）动画剧，30款以上手机游戏，不少于20部漫画书籍，每年举办1～2次大型动漫展示活动。现代传媒业把推动传媒艺术与网络技术结合起来，大力发展交互式媒体；推动有线电视网、计算机网、电信网三网融合；推进社区信息化和数字家庭建设；大力发展手机报纸、车载电视等新型传媒。

同时，杭州将大力扶持社会力量兴办文化。充分发挥杭州市民营经济的优势，支持社会力量以股份制、合伙制和独资等多种形式，参与或兴办影视制作、放映、演艺、娱乐，书报刊印刷、发行，会展，广告，体育，中介服务和教育、卫生事业，培育一批重点文化企业和“高、尖、特、新”中小型民营文化企业。同时，鼓励社会力量兴办公益性文化事业，加大对民办非企业文化单位扶持。

完善各项文化产业经济政策。在财政方面，保持财政投入明显增长，建立文化产业发展专项资金，以补助、贴息、奖励等方式支持产业发展，同时印发《杭州市政府采购公益文化产品和服务试行办法》，对公益文化产品以政府购买的方式加以扶持；在税收方面，对社会力量捐赠公益性文化事业、新办文化企业、高新技术文化产业等将有相应的优惠政策。具体到动漫产业上，杭州市政府于年初在其官方网站发布了《杭州动漫游戏五年规划》，从2006年到2010年，杭州市将围绕打造中国“动漫之都”的战略目标，用5年左右时间，初步培育和完善动漫游戏产业链，以杭州高新开发区动画产业园和杭州数字娱乐产业园等产业基地为核心形成产业聚集，吸引大批动漫游戏企业加盟；构建动漫游戏产业公共服务平台及动漫游戏教育培训、科研、产业孵化、产品展示、信息交流、体验等中心；积极引导杭州电视、广播、网络、出版物等传播载体与动漫游戏产业有机结合，促进杭州动漫游戏消费市场快速发展。

规划指出，到2010年，动画作品制作时间在2005年的1.5万分钟的基础上翻了一番，达到3万分钟；动漫游戏产业产值年均增长率前三年达到60%，后两年达到50%；到2010年，实现动漫游戏产业产值18亿元，带动相关产业收入180亿元。

拥有全国最多的文物资源以及作为我国重要影视制作和文化演出的重要城市，西安市的文化产业发展可谓得天独厚。世界了解西安，就是通过秦始皇兵马俑和西安的古城墙，以及弥漫在西安城上空挥之不去的古色古香的历史韵味，可以说，文化产业成为西安市立足的最大的资本。

2006年2月15日，在西安市十三届人大六次会议的头一天，西安市市长孙清云在《西安市国民经济和社会发展第十一个五年规划纲要（草案）》的说明中指出，文化产业成为十一五期间西安市着力发展的六大产业之一，西安市将实施“文化名市”方略，整合文化资源，调整布局、优化结构，培育多元化市场主体，积极发展多样化市场运营模式，打造品牌，做大做强文化产业。到2010年，全市文化产业增加值达到150亿元，占生产总值比重达到5.8%。

在文化产业的发展目标上，更具体的是《2004—2010年西安市文化产业发展规划》，据西安市委宣传部副部长、市文化体制改革办公室主任郑育林介绍，该规划确定了西安市文化产业发展的总体目标，即从现在开始到2010年，西安市文化产业增长速度要略高于全市GDP的增长速度，即确保年增长15%以上，每年实现增加值100多亿到200亿，要使文化产业成为西安国民经济新的增长点和重要支柱产业，把西安建成中国文化产业重要基地和西部文化产业中心城市。

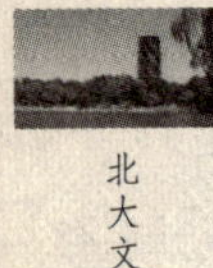

具体而言，在未来5年的文化产业发展上，西安市将逐步建成“一带二区三园”，即加快建设西安城市中心区文、商、旅文化产业聚集带，临潼兵马俑华清池旅游文化产业重点区，曲江—大雁塔旅游文化产业重点区，书院门传统文化产业示范园区，高新区现代文化产业园区和北郊西安体育中心休闲健身娱乐产业开发园区，从中孵化并培育一批新的文化企业，构建西安文化产业新格局。

改革篇：杭州的政府采购与西安的秦腔改革

对于杭州市的大文化产业发展来讲，2005年绝对是一个具有里程碑意义的年份。这一年，杭州就制定出台了《关于进一步推进杭州大文化产业发展的若干意见》、《杭州市大文化产业发展规划》、《杭州市政府采购公益性文化产品和服务试行办法》等政策意见，并召开大文化产业发展会议，全面部署大文化领域的改革和发展。

据了解，2005年，杭州市包括文化、体育、教育、卫生在内的大文化产业增加值占到全市GDP的8%以上。不过，杭州的文化产业的强劲早已不是新鲜事了。2000年12月21日通过的《浙江省建设文化大省纲要》明确提出，浙江省“十五”期间文化产业发展的主要目标是：文化产业形成规模，文化竞争实力显著增强。文化产业要成为文化事业发展的强大支撑，成为文化大省的重要标志。2001年，杭州市委召开八届七次全委扩大会议，明确要求以推进文化体制改革为动力，以发展文化产业为突破口，大力发展具有鲜明时代特征、地方特色、大众特性的社会主义文化，把杭州建设成为浙江都市文化的龙头、精神文明的首善之区、长江三角洲乃至我国东南部的重要文化中心之一。

之后，杭州市财政对文化事业的投入以年均19%的速度增长，2005年上半年杭州市财政总收入增长率为10.9%。该市5年共安排文化事业资金60058万元（不含卫生、教育），最近又新增了每年3000万元的文化产业发展专项资金。

在文化管理体制改革方面，杭州市以实行文化市场综合执法为契机，归并整合文化、广电、新闻出版等3局行政管理职能，设立了市文化广电新闻出版局，同时归并整合3个部门文化市场管理执法职能，成立文化市场行政执法总队，消除多头执法的弊端。这在全国单列市中是第一家。

作为文化资源如此丰富的古城杭州，如何既满足市民对日益增长的文化需求，同时又能提升文化单位的积极性，作为浙江省文化体制改革的试点城市，2005年杭州市在全国率先试行公益文化产品政府采购制。政府采购的文化产品是杭州市属文化单位生产的群众喜闻乐见、寓教于乐的大众文化产品，包括图书、戏剧、影视剧、音乐会等，以免费或者低价的方式提供给群众。

杭州市委宣传部文化处处长胡慧芬在接受记者采访时说：“政府采购公益性文化产品，使群众能低成本地得到优质文化艺术享受。文艺院团要想得到政府采购资金，就必须提高文艺产品的质量。政府充当‘采购商'，不像以前那样'养人不养事'，而要'养事不养人'，用政府投资来引导文艺院团出好作品，并服务于广大群众。"

政府采购不仅让市民乐开了怀，而杭州的文艺院团也在"政府采购"中尝到了甜头。杭州滑稽剧院的"双百场"演出，在社区和农村演绎老百姓的真实生活，十分叫座，创下演出单场观众上万人的纪录。杭州越剧院创作的儿童童话音乐剧《寒号鸟》在国内、省内多次获奖，但是由于经济等原因缺少与小观众见面的机会。今年，《寒号鸟》作为政府采购的项目之一，将在100所小学和幼儿园演出。

据介绍，不仅国有文艺院团参与政府采购竞争的热情高涨，许多民营单位也跃跃欲试，像黄龙越剧团这样完全市场化运作的团体也想获得机会。杭州市将在总结经验的基础上，逐步实行政府采购竞标制度，让不同所有制的文艺院团在同一起跑线上竞争，让人民群众的精神文化生活更加绚烂多彩。

相比于杭州次第展开的轰轰烈烈的体制改革，西安市尽管是全国文化体制改革综合试点城市之一，但是它的改革步伐及力度尚落后于杭州，许多改革措施还处于规划论证阶段。不过，西安市对秦腔剧院的改革却是其中的亮点。

2005年4月，西安市文化局4日召开扩大会议，决定将原市文化局直属的四个剧团易俗社、秦腔一团、秦腔二团（西安市青年秦腔艺术团）、五一剧团合并，组建"大秦腔剧院"。

西安市目前共有9家"国"字号文艺团体，在全国单列市中是最多的。西安市仅国有秦腔剧团就有7家，布局不合理，长期以来导致政府资金投入分散，人才流失严重，演出市场不断萎缩。鉴于这种情况，西安市决定以秦腔剧团的体制改革为突破口，打造新的秦腔大剧院，为今后的文艺团体体制改革积累经验。

新任西安秦腔剧院院长杨守成说，目前，西安进行的文化体制改革模式在全国都是独一无二的。大秦腔剧院组成后，将不再直属市文化局，而是将原四个团的财务、固定资产、债权等整体划归西安市曲江管委会，文化局对其管理由"办文化"变为"管文化"，只进行行业指导，在艺术品位上把关。但秦腔剧院同时保留国有事业单位的身份，而不是像上海越剧团、北京儿童艺术团那样转变为股份制企业。这是因为秦腔是陕西的"省粹"，也是西北民族文化的传承者，但在市场经济环境下，面对文化市场的多元化相对处于弱势地位，政府在改革后仍会给予扶持。

从文化体制改革的整体思路而言，西安市委宣传部副部长、市文化

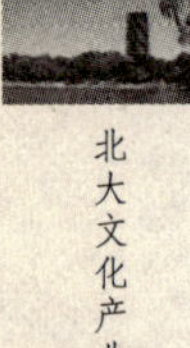

体制改革办公室主任郑育林在接受记者采访时说，进行文化体制改革，首先要做好公益性文化事业与文化产业的划分；其次要加快制定对西安各类文化企业进行支持、扶持的配套政策体系，促进形成名牌企业和名牌产品，促进优势行业文化产业的规模化、集团化；要制定相关政策，有效推动社会办文化产业的进程；集中力量加快发展西安的文化旅游、广播影视、新闻出版、信息网络、演出市场、文物艺术品博览、娱乐、会展等类企业，形成优势产业群；逐步构建西安文化企业的产品创新体系，不断创造出新的富有竞争力的文化产品和文化品牌；对已有的优势文化资源和文化旅游企业从特色文化产业的角度进行重新整合，给文化旅游业注入鲜活动力。

据西安的媒体报道，作为全国文化体制改革综合试点城市之一，2005年，西安市确定了市属宣传文化系统28个事业单位为改革试点单位，并针对实际，抓住关键，出台了相关配套政策以解决突出的矛盾和问题，为改革的整体实施奠定了坚实的基础，部分单位的体制改革业已取得了实效。如市新华书店、市电影公司由事业转制为企业，在体制改革过程中，从经营模式到人事用工制度，从干部任用到收入分配等各个方面进行了全方位的改革，经营效益明显提高。

特色篇：西安的盛世大唐与杭州的LOFT

若比文物的多少，西安无疑是中国首富。尽管杭州也算八朝古都，但在这方面自然不能与西安相提并论。

因此，西安市发展文化产业最大的卖点与资本，无疑就是3000多年的历史和地上、地下数不清的文物。陕西省委副书记、西安市委书记袁纯清撰文指出，作为一个具有3100多年建城史的历史古都是东方文化的源头之一，西安市按照科学发展观的要求，提出国际化、市场化、人文化、生态化的城市发展理念，确立了把西安建设成为具有历史文化特色国际性现代化大城市的目标定位。

袁纯清说，21世纪是文化的世纪，西安发展特色文化产业，在保护历史古迹的同时，使在地下的文化走上来，走出来，活起来，使之成为可读、可感的文化产品。近年来西安市依托古遗址建成了大雁塔北广场、大唐芙蓉园等新的人文景观，为走进历史，感受人文，体验生活，打造西安特色的文化品牌提供了成功的范式。

目前，西安市正在实施的唐仿城的复兴计划，就要使古城墙的墙和路为一体，恢复古街区的一个系统保护工程。还有大唐不夜城的改造，还有周秦汉唐的保护和产业化工程，将对西安名城的保护和城市的发展，打造城市的文化品牌，提升城市的形象，起到积极的作用。

西安土地上经历过的大唐盛世再现，大唐文化是全球华人都能共同感知的文化。西安的文化魅力在去年5月份台湾亲民党主席宋楚瑜访问大陆时达到顶峰。

宋楚瑜为首的亲民党大陆之行的头一站就是西安，一下飞机，宋楚瑜一行便参观了大唐芙蓉园。在这次接待中，大唐芙蓉园尽显唐代风韵：唐代的园林、唐代的歌舞、还有唐乐、唐宴，这些形式都饱含着深厚的文化韵味和历史内涵。在御宴宫里，独具特色的仿唐宴让宋楚瑜赞不绝口，感受到了盛唐皇家的美食文化。晚上，宋楚瑜一行人在大唐芙蓉园凤鸣九天剧院观看了大型梦幻诗乐舞剧《梦回大唐》。在轻松愉快的气氛中，宋楚瑜与陪同的领导人一边欣赏舞剧，一边亲切交谈。演员们的精湛技艺和精彩表演赢得了全场数十次雷鸣般的掌声。宋楚瑜对于《梦回大唐》给予了极高的评价，认为如此壮美宏大的舞剧，再现了大唐的盛世景象，是一场宏大的视听盛宴。

继北京大山子798工厂、上海苏州河仓库之后，杭州杭印路49号——古运河边的旧厂房，成为中国艺术家们的又一个“乌托邦”。

文化创意产业，不仅是属于北京和上海，1000多年历史的古运河和河边上个世纪的老厂房，触动了杭州人发展文化创意产业的灵感。杭州市欲把LOFT打造成继“杭州女装”之后又一品牌的提法，将LOFT提升到一个前所未有的高度。

LOFT，字面意思是仓库、阁楼，但当它在20世纪40年代，第一次作为一种居住生活方式在美国纽约出现后，LOFT这种工业化和后现代主义完美碰撞的艺术，就逐渐演化成为了一种时尚的居住与工作方式，在全球广为流行。

杭印路49号LOFT位于运河沿线，它是自然形成的杭州文化创意产业的发源地。目前已聚集了近20家艺术和设计公司，改建旧厂房面积近1万平方米，具有了一定的规模和影响。它改建的旧厂房直接反映了运河沿线地区轻纺等工业的发展、成长、衰退历史。

根据杭州市的相关规划，杭州不仅要保留这一LOFT，同时还计划扩大LOFT的容量。目前，杭州市拱墅区已初步编制了《杭州LOFT规划设计》，主要是利用现有杭州蓝孔雀化纤集团公司、杭一棉、长征化工厂及大河造船厂等相对比较完整的旧厂房、旧仓库，规划布局“一点一线”的LOFT。所谓“一点”，就是指杭印路49号及周边地区，拟保留1万平方米的旧厂房；所谓“一线”，就是指拱宸桥桥西运河沿线地区，拟保留2万平方米到3万平方米的旧厂房。

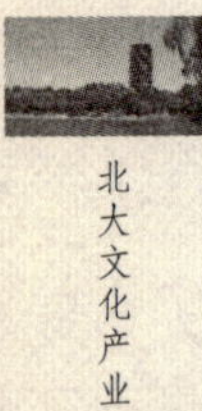

区域文化产业迅速发展　专家建言造就文化产业新人才

冯秋瑜

中国社科院已发布的2006年中国文化蓝皮书预测，2006年，我国文化产业将从体制改革、统一和规范市场、技术进步、区域协调等方面获得突破性的进展。经过了“十五”期间文化产业概念的普及以及文化体制改革的启动，2006年将是文化体制改革在全国推开的第一年，体制改革的效应将开始全面释放，将有可能形成“以公有制为主体、多种所有制共同发展的文化产业格局”和“以民族文化为主体、吸收外来有益文化的文化市场格局”。据了解，十五期间，我国区域文化产业发展迅速，人才培养方面也是百花齐放，然而仍有许多问题需要解决。面对文化产业大发展的新形势，有关专家建言：要千方百计，造就符合文化产业发展需要的新人才。

我国区域文化产业呼唤高层次人才

山东：着力打造十大文化产业 六大类课程锁定复合型人才

山东省首届“国际文化产业博览会”已于今年6月16日至18日在济南举办。今年2月13日，组委会宣布，山东将着力打造“十大文化产业”，推进全省文化产业基地园区集群和区域建设，构建文化产业发展新格局。这十大文化产业包括：数字电视、动漫游戏、新闻出版、影视剧创作、发行分销、文化演艺、旅游休闲、广告会展、字画古玩和工艺品业。顺应这一形势，山东省的文化人才教育也走在全国的前列。首批开设文化产业管理专业的山东大学文化产业管理专业去年7月被《中国大学评价》评为同类专业的第一名。

山东大学文化产业管理专业以培养“复合型”的策划、经营、管理人才为目标。山东省文化产业研究基地首席专家、山东大学历史文化学院院长、博士生导师王育济教授认为，从目前的社会需求来看，对于文化产业的人才来说，“复合性”是最为重要的。山东省广播电视局局长刘长允就曾经表示，广电系统目前不缺具体的编导制作人员，缺的是既懂文化又懂观众的市场，既有宽广的人文视野又有精深的产业理念的，复合型的策划、管理人才。王育济说，任何一个文化产业的具体部门都需要复合型人才。复合型人才的共性是，要具有纵贯古今的文化视野，具有策划经营的文化理念，同时具有现代产业意识和经营思路。

山东大学文化产业管理专业的课程设置就是比较具有交叉性的。王育济介绍了他们的课程设置，大致可分为六类：（一）文化基础与文化资源类课程，如文化资源概论、文化传播学、艺术基础、美学概论、宗教文化、中外文学艺术比较、中国传统艺术、应用民俗学等；（二）一般管理类及文化产业管理类课程，如文化产业概论、管理学概论、公共管理学、文化经济学、文化投资学、文化产业管理；（三）文化产业项目策划、文化产业经营管理的案例教学等；（四）政策法规类课程，如经济法学、文化法规基础、人文自然遗产与保护、知识产权与文化产业、中外文化体制与产业政策比较、文化法规案例分析等；（五）语言类课程，如专业外语、西方文化原著选讲等；（六）信息技术应用与管理类课程，如信息技术与文化产业、网络管理等。交叉性的课程设置，正是顺应了业界对于复合型人才的需要。

云南：用抓烟草的力度抓文化 强调人才的实践性

今年1月7日，在北大举办的第三届中国文化产业新年论坛上，云南省委副书记丹增作了主题发言，并与北大文化产业研究所签订了战略合作协议，以培养云南未来“从文化走向产业化过程中的经营者”。他预测，2006年，云南文化产业产值有可能达到GDP的6%，从而成为继烟草、水电、矿产、旅游和生物制品之后的第六大支柱产业。据了解，云南省已经确定了“十一五”期间文化产业产值占到GDP8%～10%的目标。

云南的文化人才教育也走在全国前列。以“文史见长”的云南大学，是“文化产业管理”这一新设专业的首批承担者之一。相对于山东大学，他们则更强调实践型的培养模式。云南大学文化研究所所长、博士生导师施惟达表示，云南大学在培养文化产业管理专业的学生时，借鉴了MBA模式，在系统学习原理的基础上，通过大量的案例教学和实习，让学生充分参与到分析问题和解决问题的过程中来，使学生毕业后，既能从事文化资源与文化产业管理方面的理论研究，又能在文化宣传系统、文化管理部门和文化产业，如广播电视、报业出版、网络游戏、文化旅游、演艺、文化贸易与投资、文博、广告等行业的综合管理层中，从事相关的实际工作。施惟达说，文化产业是高技术与高文化高度联姻的产业，对专门人才知识与能力结构的构成有着特殊的要求。高校能否培养出能适应多种产业融合需求的文化经纪人才、文化资本营运人才、系统数字艺术软件开发人才和媒体产业经营管理人才等，将成为夺取文化产业未来制高点的决胜因素。

浙江：创建文化人才工程 力推文化"带头人"

1月13日，2006年浙江服饰文化节在杭州开幕。日益发展的文化产业使浙江人更加感受到了人才的重要。据了解，去年8月举行的浙江省委十一届八次全体（扩大）会议上，已审议并通过了《中共浙江省委关于加快建设文化大省的决定》。在《决定》里，"文化人才工程"被确定为重点实施的文化建设工程。

浙江大学人文学院国际文化学系教授毛丹认为，高素质文化人才是一个地区的文化名片和文化形象。是否拥有一批在国内外具有影响力的文化人才，是衡量浙江文化大省建设成效的一个重要标志。繁荣的文化事业，发达的文化产业，都需要文化人才去建设。毛教授介绍说，浙江省决定用10年的时间，造就300个左右文化"带头人"，主要涉及文化反思、创制、传播这几个专门工作领域实施文化人才工程，可以为文化大省提供强有力的人才支撑。

据了解，"文化人才工程"是指建立和完善人才培养、选拔、使用、管理机制，营造有利于人才脱颖而出的环境，在文化领域造就一批国内外具有重要影响的文化名人，为社科理论、新闻、出版、文学艺术、文化经营管理五大领域培养带头人，为文化大省建设提供人才保证。浙江省委党校社会学文化学教研部主任陈立旭认为，文化工作是一种创造性工作，需要充分发挥人才的创造精神。要以大气大度开明开放的胸襟，努力营造有助于激发文化人才创造精神、使他们能够尽情发挥自己聪明才智、大胆创业的宽松和谐的社会氛围。此外，还要拓宽人才培养渠道，创新培养方式，通过高校和实践培养两种途径，选拔培养各类文化人才，建立一种让人才脱颖而出的机制，形成良好的用人导向。

上海：实施专业水平认证 大力延揽文化人才

上海市人事局、中共上海市委宣传部等部门近日联合发布了《上海市重点领域人才开发目录》，其中文化产业招揽人才计划位居前列。同时出台的《加快发展现代服务业纲要》提出：到2010年，上海市文化服务业增加值将达到500亿元人民币。据介绍，上海日前制定了关于文化产业的“三年规划”。从2005年到2007年，上海文化产业总值将达到2200亿元，增加值将达到600亿元，其中文化服务业的规模将达到1100亿元，增加值逾400亿元。

根据《上海市文化人才开发专项目录》，上海将在今后3至5年内在海内外招揽30多类文化人才。该目录指出，上海急需社科、图情、文博、出版、文艺、新闻、网络等七大类人才，共计34小类专门人才。其中，文物拍卖方面人才、网络出版人才、编创人才、媒体管理人才、网络新闻管理人才、动漫创意和动漫制作人才都极为紧缺。

另据了解，“文化人才专业水平认证”去年7月已在上海亮相。包括“上海市文物经营专业技术水平认证”、“上海市社区文化管理专业技术水平认证”和“上海市艺术表演专业技术水平认证”在内的三个文化人才认证项目向社会发布。上海市文化人才认证中心已确定了包括传媒广告、媒体高级管理、文化职业经理人、出版发行企业经理人等20余个开发项目。今后，上海的文化工作者将有更多提升专业能力的深造途径。

我国文化产业人才培养现状：百花齐放仍不足

“十五”期间，随着文化产业的发展，我国各地的文化产业人才培养也得到了迅速的发展。不仅是山东、上海等地，其他的许多省市也纷纷办起“文博会”，高唱文化大戏。国家文化产业人才培训基地副主任张强介绍说，截止到2005年底，全国共有50余所高校设立了文化产业管理方向的学科，加上文化技术类的院校，文化产业培训机构已有上万所。此外，文化部还先后在北大、上海交大设立了国家创新与研究发展基地。因此可以说，目前我国文化产业的学历教育已经达到了一个相当的规模。用张主任的话来说是“以学历教育为主的日韩模式，以定向培训为主的印度模式和以实用人才为主的欧美模式应有尽有，各种人才培养的模式百花齐放”。尽管如此，目前我国文化产业的人才培养仍然存在很大的问题。

张强认为，长期以来，我国的“文化”和“产业”脱钩，重视“文化”的培养，而轻视文化的产业化，造成了人才培养模式的单一化。就连文化产业最基本一门课：文化产业概论，在设立文化产业管理方向的学科的50多所高校里，都找不到很合适的教师。很多教师是从哲学等文化基础学科转过来的。而除了师资问题外，文化产业所需要的复合型人才难寻，是又一个重要的问题。

张强说，文化产业的人才具有很强的复合性。首先，他要懂得一定的专业技术，因为文化产业是和当前这种高科技的技术手段分不开的。其次，还要有很丰厚的文化底蕴和艺术技巧。“文化产业的工作人员是和一些高端人群进行交流，比如文化管理部门的官员等等，而要和他们有共同语言，就必须要有很深厚的文化功底。”此外，还要懂经营和管理，因为文化产业是一个经济学的范畴。张强说，这样的人才确确实实十分的难得。需要政府、社会和企业齐出动，最大限度地给文化产业人才创造良好的条件。

专家建言文化产业人才培养：政府、企业、社会齐出动

建言政府：体制变革是根本 调动人才积极性

到今年12月份，出版业将要全面对外资开放。中国社会科学院文化研究中心副主任张晓明认为，文化产业的发展必须是在文化体制改革的规模之下才有可能的，因为只有改变生产关系才能解放文化生产力。湖南新教材有限公司总经理罗争玉认为，文化产业的人才培养，不仅是院校的问题，也是企业的问题，更是政府的问题。只有体制的彻底改革，才能从根本上调动人才的积极性，塑造人才，留住人才，应对外资的竞争。

罗争玉介绍说，现在有关部门批了80家文化产业集团，“事业”已经转为“企业”了，但是实际上并没有彻底分开，或者说在实行双轨式运作：“企业法人”和“事业法人”共同存在。包括出版、报业等等都在实行“事业型企业化”运转，享受事业和企业的双重好处。然而这对于文化产业的发展是不利的。可问题在于，不光文化单位的领导不愿彻底转，就连文化单位的群众也不愿意彻底转。因为他们觉得“事业化”挺好，收入和社会保障好，退休比企业好，在企业退休拿1000块钱，在事业单位退休就能拿到2000元，差距非常大，所以谁都不愿意转企。利益格局的调整涉及每一个人。所以，目前出版业的改革即使方向明确，实际上却处于半停滞状态。在这种情况下，想要留住人才是很难的。无论是文化产业的人才，还是任何一种人才，职业道德是最重要的，而体制的不完善，将无法带来健康的职业道德的实现，这是一个源头的根本问题。

建言企业：量化人力资源管理 鼓励人才得进步

政府的政策实现了，还有一个文化企业本身的执行问题。只有执行得法，管理有效，才能最大限度地调动人才的积极性，这也是一个源头问题。而“人力资源管理这一块是理工科的，道德的威力是有限度的”。

公共管理博士时勘说。时博士希望能够提到真正对实践有建设性的意见。文化产业部门内部的人力资源管理如果能够得到量化，也是培育人才的一个重要的组成部分。时博士认为，人事管理是以满足组织需求为依托，以评价人事规划的形式来承担组织的经济责任。所以人力资源管理是非常重要的一门学问。没有科学的人力资源管理方法，再好的人才也得不到充分的使用。

建言企业：提升文化产业人才素质 先提高人力资源专业知识

企业本身对于人才的培养也很重要。而现在很多企业都不愿意花钱培养人才。这其中原因何在？国家文化产业人才培训基地副主任张强认为，一些企业和单位为了确保自己的经济效益而拒收实习生和经验不足者，这是大家去应聘的时候可能面临的一个问题。文化产业的企业当中这种现象更为突出，其实这种现象十分有害，有人伐木无人栽树，谁都不去培养人才，人才从哪来呢？企业应该勇敢地承担起培养人才的责任。只有在各方面力量的共同努力下，我国的文化产业人才培养才会迈上一个新台阶。

人力资源开发权威专家肖鸣政说，企业的人才培养需要树立战略意识。通过人才来培育市场，通过产业来开发人才——建立这个良性互动的开发机制。那么，文化产业开发战略应该是什么呢？肖教授认为，依据文化产业本身的特点，市场的需求，当前的不足以及未来的挑战和威胁，文化产业应该自主培养五种人才：策划人才、生产人才、经营人才、销售人才和服务人才。

以出版社为例，策划编辑属于策划人才，生产人才可以看成是编辑加工，金融人才指的是高层，销售人才当然就是销售部这些，解决书出来了怎么营销的问题。服务人才包括出版社内部以及面向客户的，向社会服务的这些人才，比如说教材要告诉人家怎么用，以及对落后地区师资培训的问题等等。只有这样，教材才发行得比较广。

在人才的开发上，肖教授认为，要学会“引进专业人才，借用紧缺人才，培养个性人才，鼓励岗位成才”。因为这样，可以构建人才资源开发的体系。而在文化产业人才的核心竞争力上，文化产业人才所需要的是创造性、政治性、复合型和高素质性。在人才的使用上，可以通过自我申报，工作轮换，公共设计，管理导向，组织文化，考试选拔，素质测评，薪酬管理，人员培训等方面来加强人才的利用效率。

建言社会：形成品牌得信誉 探讨培训新模式

文化部部长助理丁伟表示，缺少文化产业的各类人才，已经成为制约中国文化产业发展的一个“瓶颈”问题。随着政策的破冰，这一问题在去年得到了一种新的解决办法：民营资本进入了文化产业人才的培养领域。2005 年 4 月 26 日，文化部建立的第一个“国家文化产业人才培训基地”在民营学校“北京卓达经济管理研修学院”揭牌，促进了政府行政力量与社会民间资本优势互补。

看来，只有政府、高校和社会共同努力，才能更好地推动文化人才的进步。而这种新模式不但需要政府加强对人才基地的指导作用，还要充分发挥社会培训力量的作用。政府不指导，社会培训力量办学就会盲目，缺乏对市场的整体认识和信息的反馈。社会培训力量也要加强自律，通过合作兼并等各种形式扩大规模提升档次，迅速形成品牌，提高社会信誉度。

打造齐鲁文化品牌　寻求文化突围之路

赵京桥

2006年6月16日到18日，山东（国际）文化产业博览会在济南召开。文博会是中国唯一的国家级文化产业展会，根据山东省政府安排，它进行了知识产权交易、版权交易、音像制品交易、技术转让、传媒广告经营合作等文化产业洽谈，同时还举办了高层次文化论坛，深入探讨山东文化产业发展的核心问题。

在云南、湖南等省份借助文化产业带动本地经济的背景下，山东也开始了谋求文化突围之路。但是相当一批文化界、经济界人士认为，山东文化产业面临瓶颈，要想真正做到文化立省，还要从多方面进行努力。

文化产业缺乏龙头

2002年，济南市有关领导向济南日报社的领导交代了一项任务，做一份泉水节的策划方案，认真准备好在济南举办泉水节。

遗憾的是，由于降雨量少、地下水使用量大等因素，“天下第一泉”趵突泉遭遇停喷，筹划中的“泉水节”因此搁浅。由于政府部门加大保泉力度，济南泉水自2003年9月6日恢复喷涌，迄今已超过了两年。这是20世纪70年代中期以来，泉水持续喷涌最长的时期，因此筹措已久的“泉水节”再次被提上议事议程。

济南是山东省会城市，城市南依泰山，北临黄河，是中国历史文化名城和首批中国优秀旅游城市，旅游资源十分丰富。济南素有“泉城”美誉，拥有“天下第一泉”的趵突泉，同时，全市还遍布着700多处天然泉涌，构成济南市“家家泉水，户户杨柳”的独特泉水景观。

济南将旅游业作为未来支柱产业具有得天独厚的条件和无限光明的前景，这既是济南经济和社会发展的客观要求，也更符合可持续发展的大趋势。通过举办“泉水节”，可以将济南的泉水从单纯的景观推向立体的产业，可以进一步提升“泉水”对全国乃至全世界游客的吸引力，可以以此带动济南自然文化资源向纵深发展。

但是遗憾的是，时至今日，“泉水节”依然没有能够面世。

对此问题，济南市副市长王天义表示，由于“准备不充分”，原定今年举办泉水节没能实现，但他坚定地说，“济南早晚要办泉水节”，并希望市民能够对该怎样办泉水节献计献策。

“泉水是济南的灵魂，是济南旅游资源中最大品牌和底牌”，但济南对泉文化的理解和提炼，以及对泉水产业的挖掘和开发显然做得还不够。

在山东，每年有潍坊国际风筝节、寿光国际蔬菜节、菏泽牡丹花会、曲阜国际孔子文化节、中国泰山国际登山节、山东省艺术节、山东电影节、烟台京剧节、临朐红叶节、济宁农民文化艺术节、蓬莱文化节、淄博国际陶瓷博览会、聊城江北水城节、济南国际旅游交易会、魅力四射烟台果蔬会、房干生态旅游节等数十个大型节会，但是这些节会都是各自为阵，没有一个“龙头”来带动整个山东的节会经济。

潍坊是闻名遐迩的世界风筝之都，国际风筝联合会总部就设在潍坊，潍坊具有悠久的风筝文化，世界上第一支风筝诞生在潍坊。从1984年开始，每年的4月1日，山东潍坊都要举办“国际风筝节”。

1988年4月1日，第五届潍坊国际风筝会主席团召开会议，选举中国潍坊为世界风筝都，并把评选出的世界风筝十绝收藏在山东省潍坊风筝博物馆内，作为永久性的纪念。国际风筝联合会的总部就设在潍坊风筝博物馆内。每年风筝节及期间的几届风筝邀请赛均在潍北海滩上进行。

潍坊风筝以其扎、糊、画俱佳而闻名，具有十分悠久的历史。风筝的主要产地为杨家埠村。这里制作的风筝造型生动逼真、飞翔平稳，加之人们把木版年画移植到风筝上，使风筝色彩艳丽、明快，充满了浓郁的乡土气息和地方特色。20世纪50年代潍坊的风筝飞向海外，曾在21个国家和地区的上空飞翔。1958年，在广州春秋交易会上，潍坊的200只折叠式老鹰风筝被外商抢购一空。从此，潍坊风筝遨游世界各地。1960年，胡敬珠“龙头蜈蚣”在墨西哥空中升起，万人空巷争看中国风筝。

从这一点可以看出，中国传统文化有着强大的感染力，这种感染力必然会带来经济的促动力。据了解，潍坊举办风筝节期间，除观看风筝的比赛表演、交流风筝制作技艺外，他们还举办了各类经济贸易洽谈会和民俗文艺活动。

连续举办的13届国际风筝节共为潍坊引进外资超过3亿美元。

对此问题，山东师范大学一位文化研究专家表示，“从潍坊风筝节的发展历程可以看出，文化带动经济的作用十分明显。但是潍坊毕竟只是一个地级市，经济发展较为靠后，文化影响力也很弱，试想一下，有多少游客会只是因为一个风筝节就千里迢迢跑到潍坊去呢？所以，如何把山东的节会从整体上进行包装，是一个亟待山东文化、旅游部门考虑的问题。只有抬起龙头，把有特色又有影响力的节会整合到一起，才能做到整条龙的飞舞。”

大批文化资源处于闲置中

清朝乾隆年间，山东籍官员刘公瑾受派去外省做主考官，当地秀才以当地风貌出上联刁难他：多山多水多才子。刘公瑾微微一笑，以山东老家风物应对：一山一水一圣人。刘公瑾所自豪的，正是山东发展文化产业所独具的优势。

泰山是中华历史文化名山，攀登泰山，就如穿梭在中华历史文化的时空隧道中，每走一步，都有历史，每攀一级，都有文化。

再看黄河，自天上而来，在山东奔流到海。这是孕育中华文明的母亲河，相信每一个未曾目睹黄河容颜的人，都不会错过欣赏黄河雄姿的机会。

到曲阜看孔府孔庙孔林，更如拨开香草，穿过花溪，追溯中华文化的源泉。这里诞生了影响中国千年历史文化的孔子，更让中国为世界留下了一笔宝贵的遗产。

的确，“一山一水一圣人”没有任何一个省份堪与伦比。山东仅有这些就足以笑傲历史文化之林，但是山东不仅仅有这些。

一部《水浒传》在中国几个朝代的更迭中从未落幕，而《水浒传》的发源地就在山东。如今，水泊仍在，梁山也在，只是缺少了当年的刀光剑影，失去了当年的人声鼎沸，静静地矗立在空旷的天地间。

淄博是蒲松龄的故乡，一部《聊斋志异》曾让多少人如醉如痴。但是如今，这里同样一片静谧，除了遍地的陶瓷瓦片，再也难觅鬼魅的灵异文化踪迹。

孟子、孙子、管仲、鲁班、王羲之、诸葛亮——一大批在历史天空中熠熠生辉的文化巨匠诞生于山东，崛起于山东；铁道游击队的故乡枣庄，平原游击队的故乡微山湖，南通江南北接京华的大运河——这一切都是为中国人所熟知的著名地点。但是这一个又一个文化资源大部分处于闲置状态，他们应当发挥的作用没有得到恰当的释放。

据记者调查了解，2003 年 3 月北京连五洲集团买断曲阜市国家级森林公园石门山风景区 70 年经营权，买断济南长清区 3A 级景区五峰山和莲台山景区 50 年经营权。8 月，又买断了梁山风景区经营权 50 年、买断微山湖风景区经营权 50 年、买断曲阜市九仙山景区经营权 50 年。

连五洲集团曾向梁山县政府承诺，3 年内在梁山投资 6 亿元，由梁济运河把黄河水引入梁山泊，3 年内先形成 2000 亩水面，最终打造 1.5 万亩的水面，重现昔日“水泊梁山”盛景。

连五洲集团向微山县政府的承诺是，5 年投资 6 亿元，用于微山湖景区的开发和包装，在全国叫响微山湖旅游品牌。

据连五洲集团当时的公开宣传，买断山东 6 处景区，只是连五洲集团宏伟的“百景计划”中的一部分。连五洲集团将用 6 年的时间投资 50 亿元，收购和联合全国 100 家景区，最终形成一个覆盖全国的实景旅游网络。

这一切曾让山东人精神为之一振，连五洲似乎让人看到了山东文化产业崛起的明天。但买断后的一切却与承诺大相径庭。五峰山旅游区管委会保卫部部长张永国在接受某媒体采访时说，连五洲集团拿到经营权后，第一步就是立即掌握旅游区的财务和检票，每天都将门票收入划入自己的账户。在五峰山的所有投资，加起来不到 20 万元。而在其经营期间，连五洲集团仅从门票上就获得了 60 多万元的收益，再加上旅游区内商业承包户缴纳的承包费以及经营景区内宾馆的收入，总共获利 80 多万元。五峰山旅游区管委会职工马晋军透露，连五洲集团经营期间，仅仅是在五峰山景区的入口处建了一座水泥牌坊，更换了一段不足 50 米的护栏。但却把五峰山旅游区内 11 座别墅的部分床位、沙发以低价变卖，连原本要用来装修房屋的搅拌机也卖了。

梁山风景区一位姓林的职工告诉记者，连五洲集团接管梁山风景区已经一年多了，但承诺的 6 亿元投资连个影子都没见到。梁山景区门票收益一年大约 400 万元左右，除去职工工资及上交梁山县政府的 60 万元租赁费外，剩余约 100 万元。但这期间，连五洲集团在梁山风景区内仅投资建设了莲台寺，对外宣称投资 100 余万元，实际不到 30 万元。

一场“浩浩荡荡”的投资最终以闹剧收场，如今，所有的景点仍在举步维艰度着“各自为阵”的小日子。

发展文化产业山东独具优势

文化产业对国民经济的贡献不可低估。

5 年前，国际上就有一种共识，文化不但是综合国力的组成部分，更是综合国力的核心力量之一。

1997 年，韩国遭遇亚洲金融危机，外汇储备落到低谷，众多大财团解体，三分之一的银行关门。然而，不到 5 年，韩国经济就再度崛起。在其他产业沉寂如河中睡鱼的时候，谁是跃跳龙门的鲤鱼，激活了韩国经济之水？是文化产业。从滚滚而来的影视“韩流”，从风靡亚洲各国的韩制“天堂”游戏，都能感受到这一点。现在，韩国把文化产业定义为经济发展的核心因素，把“文化立国”定为基本国策。

文化还是“情感产品”，具有占领对方心灵、拉近心理距离的作用，能够带动其它产业的发展。据报道，韩国化妆品原来在中国并不畅销，但随着韩剧在中国的热播，韩国商品逐渐为中国消费者所认同，韩国化妆品已成为中国消费者的热门选择。

文化产业对就业的促进作用不可小觑。据统计，文化产业在 GDP 中所占比重每增加一个百分点，就能增加就业 100 万人。放眼中外，文化产业的发展已汇成浩荡大潮，方兴未艾。美国文化产业作为其国民经济三大支柱产业之一，占 GDP 的比重达 20%以上，已取代航空航天业成为第一大出口行业。日本文化产业的市场规模已赶上汽车行业。

在我国，各省市纷纷制定“文化强省”、“文化立省”、”文化立市”等等文化产业发展战略……一时间千帆竞发，百舸争流。以浙江省为例，2004 年文化产业增加值占 GDP 的 7.4%；2003 年广东省文化产业增加值占 GDP 的 7%。

对于山东来说，文化产业发展犹如逆水行舟，不进则退。“鲁”字号文化产业航船，只有乘风破浪，奋起直追，才有出路。

应该说，山东各级政府早已经开始了文化产业化的试探步伐。在鲁文化的发祥地济宁，他们大打孔子牌，每年举办国际孔子文化节，全球联动祭孔盛典；济南乘文博会东风，把 2006 年作为文化产业快速发展年；青岛全力建设“两个文化产业群”，即以文化艺术、新闻出版、广播电影电视为代表的核心文化产业群，和以休闲娱乐、广告会展为代表的外围文化产业群；聊城正在打造“江北水城”，追求一城春水，一城灵气，更是一城文化……

业内人士指出，山东区域文化独具特色，各有优势，但是发展山东文化产业，仅靠发挥区域优势还不够，必须整合各地资源，形成异彩纷呈的文化产业特色区块，才能彰显齐鲁文化魅力。

“设想一下，如果山东组合打造一个‘文化月’，从济南‘泉水节’

开始，接着‘泰山登山节’，然后上水泊梁山，再到曲阜参加‘国际孔子文化节’，之后到青岛畅饮一番‘青岛啤酒’，到潍坊放一把‘杨家埠风筝’，如此连贯起来，该能创造多少文化奇迹？相信每一个人，都会因此产生漫步文化之旅的冲动。”山东国际旅行社一位从事旅游多年的经理这样对记者表示。

的确，发展文化产业，山东具有很大的优势。东部有滨海文化产业区，海纳百川，有容乃大，这里以开放、包容著称；中部有以山、泉及儒家文化为代表的鲁中文化产业区，这里有泰山、孔子，这是中华传统文化的精髓所在；西部有运河、黄河文化产业区，千里大运河，曾经的中国南北大动脉，滔滔黄河，中国的母亲河，流淌着绵延几千年的历史文化血脉。

“如果能够把这些文化资源优势转化为产业优势，那么山东将不仅是一个文化大省，更是一个文化产业大省。”山东师范大学文学院一位教授表示。

开掘文化有可借鉴之路

山东打造文化产业有很好的可借鉴之路，青岛啤酒节就是一个很好的例子。

青岛国际啤酒节始创于 1991 年，每年在青岛的黄金旅游季节 8 月的第二个周末开幕，为期 16 天。节日由国家有关部委和青岛市人民政府共同主办，是融旅游、文化、体育、经贸于一体的国家级大型节庆活动。啤酒节的主题口号是“青岛与世界干杯”经过十三届，青岛国际啤酒节已逐渐成为青岛这座美丽海滨城市的一张亮丽的城市名片，在国内外具有了相当的知名度和影响力。

节日由开幕式、啤酒品饮、文艺晚会、艺术巡游、文体娱乐、饮酒大赛、旅游休闲、经贸展览、闭幕式晚会等活动组成。节日期间，青岛的大街小巷装点一新，举城狂欢；占地近 500 亩、拥有近 30 项世界先进大型娱乐设施的国际啤酒城内更是酒香四溢、激情荡漾。节日每年都吸引超过 20 个世界知名啤酒厂商参节，也引来近 300 万海内外游客举杯相聚。

2005 年，第十五届青岛国际啤酒节首次与国外展商合作，举办国际啤酒饮料及酿造技术博览会，进一步拓展了经贸洽谈与交流功能。该次大会还进一步加强了与德国、韩国等啤酒厂家及相关企业的合作，引进了原汁原味的德国、韩国啤酒及与酒文化相关的艺术表演形式。同时，节日继续紧紧围绕“市民节”、“狂欢节”的定位，办成老百姓踊跃参与、国内外游客热烈推崇的东方最大的啤酒盛会。

此次啤酒节之后，青岛市接着打造了一条啤酒街，把每年一次的啤酒节“狂欢文化”、“畅饮文化”凝聚到了一条街上。在这一街道，每到晚上，全街酒店便进入了营业高峰，餐桌从店内一直摆到马路上，来晚了连位子都找不到。

早在2004年，青岛市政府就将啤酒节产业文化问题提高到了影响全市经济的高度。当年由市政府举办了青岛国际啤酒节产业化论坛，来自社科院、青岛大学、青岛啤酒节办公室及上海旅游高等学校的学者和专家分别围绕《建立PPP模式，促进啤酒节持续发展》、《以市场化、国际化推动青岛啤酒产业化》、《精心打造具有本土特色的青岛国际啤酒节》、《啤酒节与狂欢节》等主题，从啤酒节功能的复合性、啤酒节制度化、啤酒节举办具备的优势、办节中存在的问题以及办节的主体思路、外延产品的开发等等进行研讨。

2004年和2005年，记者曾两次到青岛采访国际啤酒节，每次都需要提前10天左右预定酒店宾馆。啤酒节的火爆程度由此可见一斑，由此带来的旅游、餐饮、住宿、投资等方面的效益不可估量。有人甚至认为，青岛的房地产近年来快速飙升，这与国际啤酒节给青岛带来的热效应不无关系。

啤酒节是舶来文化，青岛并不独具优势。只是因为青岛有个“青岛啤酒”，当地政府就倾注了全力进行发掘和开拓，使得这一节日走出了一个啤酒公司的狭小范围，成了全城狂欢的节日，更成了国内外游客向往青岛、追随青岛的最好由头。

显然，青岛政府成功运作国际啤酒节的经验值得山东各地文化产业运作部门借鉴。

文化产业要拓开思路

山东省已经把发展文化产业作为贯彻科学发展观、全面建设小康社会、构建和谐社会的重点工作来抓，众多地市开始了文化产业化的发展道路。

济南市副市长王天义告诉记者，济南下一步的发展设想是在黄河北岸发展一个新城，将黄河两岸彻底绿化美化改造，把穿城而过的黄河变成济南的内河，他说“这个规划，十年内应该能变成现实”；大明湖则通过截污，净化水质，扩大水面，拆掉围墙，改造成像“西湖一样的大明湖自然风景区”，还有在黄河北岸的鹊山建立一个鹊山龙湖，“把鹊山变成一个湖心岛”，“招商引资在东部建一个世界城”，同时还要完善现代化的购物、娱乐、接待设施，打造济南现代特色的文化旅游品牌。

王天义还说，为了进一步增强济南文化产品的国际竞争力，济南已

经开通对韩国、中国香港的航线，到日本的航线也很快就会开通，而济南国际机场是到泰山、曲阜最近的国际机场，来爬泰山的游客，到曲阜的游客能住在济南，也将会带给济南巨大的收益，从这一角度出发，济南、泰安、曲阜同属于一个山水圣人旅游圈，“游客不管泰山归谁管，他不管曲阜归谁管，他只关心怎么爬泰山，怎么去曲阜，坐哪个航线，住在哪个城市”，因此他认为旅游应该打破行政区划，区域间实现良好的互动合作。

正在筹备召开的文博会将充分发挥山东文化底蕴深厚优势，做大做强齐鲁文化品牌。

组委会有关负责人介绍，大会将通过主题论坛、文化展演、项目推介、产品交易、成果展览，展示山东文化特色、文化精髓和文化发展的最新成就，开发丰厚的文化历史资源，整合区域文化产业发展布局，形成齐鲁文化产业发展的新优势。按照省委、省政府实施经济国际化战略和进一步提高对外开放水平的决策部署，立足山东，面向沿黄、华东、环渤海、港澳台，辐射日韩，联动东南亚、欧美及世界其他国家，设立国际策展人，广泛开展国际性招商活动，使文博会成为实现山东文化产业参与国际国内分工合作的重要平台。

文博会将邀请国内外文化产业专业人士参与，探讨产业核心和焦点问题，帮助政府和企业掌握全球文化产业的先进理念、技术成果和发展趋势，培育市场主体，构建国际化、规范化的产业体系，推动山东省文化产业链的形成和延伸，为文化产业升级提供新的思路。

国有文化资产监管：困惑与出路

任 可

与始于 1994 年的国有企业改革相比，姗姗来迟的文化体制改革终于在 2006 年迈开大步。2006 年 1 月 12 日，国务院颁布了《关于深化文化体制改革的若干意见》（以下简称《意见》），预示经过两年的试点，2006 年文化体制改革将全面开局，文化企事业单位改革将成为文化体制改革的中心环节。

此前，文化、广电和新闻出版等系统分别于 2003 年在北京、上海、浙江、广东、重庆、沈阳、西安、深圳、丽江等 9 个省市的 35 个单位进行文化体制改革试点，转型中的中国文化体制改革正在经历极其敏感和复杂的变革，尤其是国有资产管理体制问题仍是当前文化体制改革的一大瓶颈。在本次颁布的《意见》中亦强调，“深化文化企业改革，要规范国有文化事业单位的转制。转制企业要在清产核资的基础上，合理确定产权归属。确认出资人身份，明确出资人权利，建立资产经营责任制。”

事实上，由于出资人没有真正到位，多年来文化资产几乎游离于监管之外，其管理可谓“混乱”。据不完全统计，仅中国的媒体资产就有近 1000 亿元，而时至今日，无论国资委还是财政部，没有一个部门可以准确描述这部分资产的轮廓，也没有一个统一部门监管这块庞大的资产，也未曾完整地统计过。

尽管非国有资本已经以各种形式大量进入文化产业，而国有文化单位的产权改革尚未完全展开，尤其是在新闻出版、广播电视等高度国有垄断的文化行业。文化部部长孙家正曾多次在公开场合表示，文化体制改革中，产权改革是最艰难、最重要的一环。有专家指出，市场产权缺位的文化企事业，产权不清，规则不明，其资产运营很难是市场化的选择，也终将影响市场的效率。

如何改变长期产权主体虚置、资产责任不明确的现状？如何实现出资人到位？如何在适应市场需求的同时，把握好舆论导向？如何调整布局结构，优化资源配置？国家发改委文化传媒产业中心主任齐勇锋认为，解决这一系列问题的根本出路是明确出资人，建立国有文化资产管理和运营新体制。

上海模式

事实上，在近几年的试点工作中，已有一些地区相继对文化企事业的国有资产管理体制进行了探索，模式不一。比如，重庆成立了文化国有资产经营公司，监督管理原来广电、报业、发行、出版四个集团，但并没有把公益性文化资产图书馆、博物馆、美术馆等纳入；宁波国资委也开始把文化企业国有资产纳入监管视野，但是由于文化资产运行的特殊规律，对这一资产的监管不同于一般经营性国资，有其特殊要求。其中上海模式因其一连串实质性深入动作颇为社会关注。据悉，2月8日李长春刚刚听取上海宣传部对上海深化文化体制改革的专题汇报，并得到充分肯定。

与全国其他地方相比，上海的整个国资管理体制都颇具特色。据上海市委宣传部国资办主任陈建峰介绍，早在1992年上海就成立了国资办，从财政局分离出来，现在的上海国资委即脱胎于此；彼时上海国资办对国有资产专司管理，包括经营性资产和行政事业性资产，文化资产即在其中。

2003年，在文化体制改革试点中，通过调整市属文化领域国有资产监管关系和统一监管主体，上海逐步建立“管人、管事、管资产”三位一体文化领域国有资产监管体系。

2004年4月，按照文化领域的特殊规律和国资监管普遍规律，上海成立了国有资产工作小组，以推进市文化领域国资监管工作，由市委宣传部分管副部长担任组长，市国资委副主任担任副组长，市国资委、市发改委、市财政局等有关政府部门的分管领导任成员。显然，上海政府对文化领域国资监管非常重视，以期“以国资改革推动文化体制改革”。

2004年6月，为了落实市委宣传部对上海市属宣传文化系统全部经营性和非经营性国有资产实施委托监管的职能，市编委专门批准设立市委宣传部国资办，作为国资监管的工作机构。2004年11月5日，市国资委正式委托市委宣传部作为上海文化领域国有资产委托监管主体，履行国有资产出资人的职责，将宣传系统全部国有资产纳入管理体系之中。也就是说，上海市属宣传文化系统的全部文化领域资产包括公益性文化资产和经营性文化资产全部隶属文资办监管。此后，上海逐步建立宣传系统国有资产产权管理架构。

2005年，上海市宣传部建立了董事室、监事室，与文资办合署办公，并由上海市宣传部委派的董事、监事进行管理。上海市宣传部向世纪出版股份有限公司委派了三名外部董事。同时落实了国资办与宣传部其他各个相关职能处室在履行国资监管职能中的分工和协调关系，形成了宣传部国资监管的决策机制和程序。另外，通过统一由宣传部进行对外投资项目的审批，来把握国有资产的投向和项目的可行性。

至此，上海确立了以宣传部为文化领域国资监管机构的运营模式，与国资委、财政局、发改委等部门的关系，在有关文件中被表述为相关“政府部门参与，遵守共同规则，实施单列操作”。

考核体系是纲

据了解，根据文化系统国有资产营运监管的特点和实际情况，2005年国资办拟定了国资监管的规范性文件，目前已颁布实施的共有13个，涉及了国资监管等各个方面。包括《上海市宣传文化系统资产评估管理暂行办法》、《市属宣传系统国资运营机构投资基金管理暂行办法》、《关于严格证券、期货品种管理的紧急通知》、《市属宣传系统国资运营机构领导人员和国资产权代表经营业绩考核暂行办法》、《关于进一步规范组建媒体经营公司试点工作的若干意见》、《市属宣传系统非经营性国有资产运行管理业绩考核暂行办法》、《关于做好2005年度市属宣传系统部分单位决算审计工作的意见》。其中值得一提的是其考核体系。

2005年，上海初步建立了上海市属宣传文化系统国资营运机构的责任考核体系，这在中国文化领域国资管理中尚属首次。在这一体系中，按照不同性质的单位国有资产营运和管理的不同要求，建立了共17家单位国资授权管理经营责任，国资办与这17家监管单位的营运管理主体签订了授权经营管理责任书，明确其事权、规范、程序和经济责任，以契约的形式将各责任主体应履行的国资营运与管理目标落实。其中，六家国有独资营运机构授权经营责任（上海文化广播影视集团、解放报业集团、文汇新民报业集团、世纪出版集团、文艺出版总社、上海精文投资有限公司），确立六家国有多元、国有控股和参股的营运机构国资产权代表并明确经营责任［新汇光盘集团、新华发行集团、上海东方网股份有限公司、上海印刷集团、精文置业（集团）有限公司、上海炫动卡通卫视传媒娱乐有限公司]，五家主要的非经营性事业单位授权管理责任（上海图书馆、上海博物馆、上海市科学院、中国福利会、上海大剧院艺术中心）。据了解，上海市属文化国有资产总资产达 400 多亿元，净资产不到 300 亿元，这 17 家单位国有资产净值达到市属宣传文化领域资产净值的 90%以上。

如何实现文化产业改革推动文化事业的发展，如何借此进一步提高全民素质，这三者之间如何互动？如何体现？这可能是文化体制改革中更深层的含义，也是业绩考核的目的之一。对此国资办副主任林刚向记者表示，"对业绩的考核，既有经济指标考核，又有社会责任指标考核，不同单位考核指标不同；社会责任指标，包括导向的把握、公共服务目标，比如公益广告、文化建设项目的落实"。

两个亮点

据林刚介绍，在上海文化领域国资监管运行模式中，有两个亮点。一是上海市宣传部和国资委有很多合作的概念，公共服务平台全部利用国资委的资源，具体管理由市委宣传部国资办实施。比如文化企业的产权登记、产权交易，均通过隶属于上海国资委的产权交易所进行。林刚由衷地认为，"文化体制改革的关键环节是产权制度的改革，这种模式对上海推动整个文化体制改革作用相当大"。

在此基础上，国资办从 2004 年 6 月至 2005 年底，实施操作的改制项目逐步推进：上海印刷集团和上海新华发行集团的国有多元改制、上海电影集团转制、上海世纪出版集团转制暨上海世纪出版股份有限公司组建、市属文艺院团管理体制改革、东方明珠股权分置改革、上海印刷集团进一步重组改制、上海新华发行集团的进一步发展、文艺出版总社转制方案的制定、规范组建媒体经营公司有关文件的落实、推进上海精文投资有限公司法人治理结构的改革、上影集团电影院线重组改制、东上海国际影视有限公司增资扩股及组建外宣集团等。对于这些以产权制度改革为核心的改制项目，"从产业整合的角度着手，进度不一样、重点不一样、方式模式不一样"。林刚精炼地概括道。

另一个亮点就是其中上海世纪出版股份有限公司的组建，这是中国出版领域的首家股份有限公司，首次真正实现了新闻出版总署期望的跨媒体、跨地区的优势资源组合，为中国出版业转制提供了另一条可借鉴之路，其全资国有多元股权模式对独特的文化领域的监管提供了一个特别版本，颇为坊间关注。

2003 年 6 月，上海世纪出版集团被确定为全国文化体制改革试点单位。集团从 2004 年开始酝酿转制，即由事业单位转为企业，2004 年

9月，集团转制方案正式批准，集团随即开展国内出版领域第一家股份制企业的筹建工作；2005 年 11 月 26 日，上海世纪出版股份有限公司正式挂牌成立。

上海世纪出版股份有限公司是经上海市人民政府核准设立的。6 家发起单位分别是上海世纪出版集团、上海大盛资产有限公司、上海精文投资有限公司、上海东方网股份有限公司、上海联和投资有限公司和浙江出版联合集团。值得注意的是，这 6 家发起单位均是国有企业，其中上海联和投资有限公司和上海大盛资产有限公司是上海国资委属下的资产运营平台，上海精文投资有限公司和上海东方网股份有限公司隶属上海宣传部的国资办。“我们试图通过体制安排，保证出版导向，既要符合现代企业制度，又要维护意识形态，既要遵循普遍规律，又要按照文化资产的特殊规律，如何把握这两者之间的关系，这是最敏感的。”林刚坦承。

据了解，上海世纪出版股份有限公司已经建立了专业委员会，包括编撰委员会、战略发展委员会、人事薪酬委员会等，并按照法人治理结构建立了董事会、监事会，通过宣传部委派董事、监事，在重大决策中发挥作用，表现党的意志，把握导向；同时，通过各专业委员会对企业发展提出具体建议方案，所有出版选题由编撰委员会表决，国资办有一票否决权。“这种模式既符合了现有国家法规的规定，又有利于保证党和政府对意识形态阵地的影响力，很受高层关注。”

据悉，目前上海世纪出版股份有限公司正在谋划与海外跨国出版集团合作，探索一条建立在合理的商业模式基础上“走出去”的发展之路，逐步向跨地区、跨行业、跨国界的，资本一体化、经营多元化、手段现代化的，以出版为主体的大型传媒集团转型。

另外一个值得一提的话题是，参股上海世纪出版股份有限公司的上海惟一的文化产业投资公司——上海精文投资有限公司。上海精文投资有限公司成立于 1995 年，1999 年归属于发改委管理，1999 年划入上海市宣传部，2004 年正式明确由国资办监管，国资部遂决定以该公司作为国家持股的出资人，发挥其投资公司的作用，积极涉足资本市场，拓宽融资渠道，以国资为引领参与文化产业建设。据了解，按照国资办的设想，未来将把上海精文投资有限公司打造为公共文化和新媒体的投入平台。目前该公司是发展新媒体产业的上海东方网股份有限公司、上海炫动卡通卫视传媒娱乐有限公司的第一大股东，并计划 2006 年将资本金追加到 20 亿元人民币。

尽管上海初步确立了文化领域国资监管机制，以及文化领域国有资

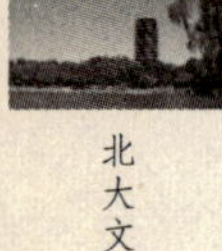

产监管范围的“全覆盖”和“监管主体与运行主体的分离”，在现实条件下，为中国文化领域国资监管体系和模式提供了有益探索和创新，陈建峰对此理性表白，“不过，就整个文化领域国资监管体制而言，目前这种模式也仍处于探索阶段，是过渡形式”。

文化产业：讲故事的艺术

——以云南、广东为例

涂鸣华

2005年，云南省文化产业的总产值是240亿元人民币，占全省地区总值的5%，到2006年预计要达到6%，成为烟草、水电、矿产、旅游、生物制药之后的第六大经济支柱。而广东早在2004年文化及相关产业增加值为1122.76亿元，占到了全省GDP的7%。两个地区的领导对文化产业都高度重视，广东号称要建设“文化大省”，而云南提出的目标则是建设民族文化大省。广东号称要建成世界印刷出版的中心，云南则提出要建设“东方的好莱坞”。

云南和广东一方面都是文化产业发展的先进地区，而另一方面经济、文化、地理等条件又差别极大，比较这两个地区的文化产业发展的不同策略就是一个很有意思的话题。

先从一个故事说起。

上个世纪60年代，一个才华横溢的年轻画家，在北京最好的图书馆，看遍了所有的艺术画册，却找不到自己未来的方向，在光线、色彩和线条中，他迷失了自己。他必须改变，必须寻找一些不同的风景，他坐了几天几夜的列车，来到了一个离故乡几千里的地方，那里是个云烟环绕的世外桃源，有斑斓的小鸟和无尽的森林。住着一些单纯的人们，这些人们穿着怪异但好看的衣服，热情而真诚，他们在歌声和舞蹈中度过了简单的岁月。年轻画家迷上这个地方，在这里他找到艺术的灵感，还遇到了一个初恋的姑娘。在那个不由自主的年代，爱情和森林都离年轻画家远去，若干年后，画家功成名就，崇拜他的人把画家的名字和最伟大的艺术家放在一起，但是画家内心却一直魂牵梦绕那个彩云和阳光的地方，在画家的笔下，所有女性都是初恋女子的模样，身材苗条，欢乐地舞蹈。

再说一个故事。

上个世纪80年代，一个在部队已经当到了团级干部的中年人，决定下海经商。他刚下海就呛了一大口，被人骗得无处就业，只好去南方一个新兴的城市打工，那个城市在大海的边上，城市人口的平均年龄全国最低，处处都是操着各种方言的梦想者。起步的时候，这个中年人靠着打工挣来的两万块钱注册了一个小公司，为了省钱，全家租住在一个十几平米的小房间里。公司靠给香港公司做代理有了起色，日子逐渐好了起来，但那个中年人并不甘心，他另起炉灶，开始了自主创新。若干年后，他的财富已经在世界上人口最多的国家排名前十位，他的公司在业界受到了普遍的尊敬，然而这个曾经的中年企业家却对他们的员工常说一句话："冬天来了怎么办？"

前一个故事会发生在哪里？而后一个故事呢？

相信很多人都不会选错，前一个故事发生在云南，主角是丁绍光，成功地打入国际主流艺术品交易市场的中国画家。后一个故事发生在广东，主角是任正非，华为公司的老总。这是两个不同类型的故事，今天还不断在上演着，它们和文化产业有什么关系呢？

云南省委副书记丹增说，"故事"是文化产业的源泉和素材。也就是说，这些故事构成了一个地区的整体记忆，也是旁观者对这个地区的一个整体认知，如果一个地区能够产生过一个好的故事，这个故事就能成为这个地区文化产业的核心竞争力之一。从我国现实情况看，文化产业主要包括文艺演出业、影视业、音像业、文化娱乐业、文化旅游业、艺术培训业和艺术品业等。这些行业有个与其他经济形式不同的特点，就是要吸引人的眼球，抓住人们的耳朵，让人愿意看，愿意去倾听，这就和讲一个精彩的故事一样，要有好的情节，能让人坐下来，仔细地品味。也有人把文化产业作了三个层次上的划分，第一个层次是"文化创作业"。这里包括一些传统的和现代的领域，从文化艺术作品的创作、销售、展示，到接受活动。第二个层次是"文化制作与传播业"。随着现代"记录"与"复制"技术的进步，文化产品的"可重复生产性"，和"可复制性"极大地发展起来，并发展为"文化工业"生产活动。第三个层次是以文化意义为基础的产业。这个概念所包含的产业包括所有具有文化标记的产品，无论是传统的还是现代的。从服装业，到具有现代商标的一切产品。在这里文化的概念延伸到了一切人类文化活动的遗存，其核心就是文化的创造，而制造精彩的故事和把故事讲得彩则是这些文化活动的重要内容。

党的十六大明确提出大力发展文化产业，而云南和广东的文化产业发展位居中国的前列。在产业层面的区别人们可以看得非常清楚，云南的经济实力在全国并不领先，制造业等第一产业并不发达，不少地区甚至还没有脱贫，而广东一直走在改革开放的前列，市场经济体制已经比较成熟，有着发达的制造业。所以在云南是文化拉动经济，而在广东则是经济拉动文化，如果说云南是处在经济跨越的阶段，那么广东则处于经济转型的阶段，迫切需要新的拉动。但在这些经济区别的背后，还有文化层面的不同，两个地区都已经形成了自己独特的故事资源，这些故事主题将成为这两个地区未来文化产业发展的独特资源。

云南的故事主题里有几个必然不会缺少的元素，例如独特的民族文化资源。云南地处边疆，有着 25 个少数民族，其中 15 个为云南省所独有，还有 13 个少数民族跨境而居。这些少数民族有着自己独特的文化形态，比如说多彩的服饰、热情的舞蹈、独特的戏剧以及与众不同的建筑形式。还有就是独特的自然和气候，在云南，热带、亚热带、寒带气候都有，而且还有喀斯特地貌、三江并流、雪山、草地等等。这使得云南有了一种浪漫和温柔的气质，关于云南的故事主题就被赋予了一种自然和谐的气质。希望逃离都市生活喧嚣的人们，需要一个地方来缓解久久紧张的神经，而云南就正好满足人们的这种想象。漂亮热情而单纯的姑娘，美丽的风景，没有污染的空气，这一切都塑造出一个关于“自然”的故事，正如美丽的“阿诗玛”姑娘，她一定能歌善舞，穿戴着自己民族的服装，在阳光下嬉水歌唱。

而广东的典型形象则是深圳市政府门前的“拓荒牛”形象，有一大批这样的年轻人怀着梦想离开自己的故乡，来到了一片陌生的土地。这片土地是中国改革开放的缩影，经过 20 多年的强劲发展，陆地面积只占全国 1.85％的广东，贡献了占全国 1/9 的经济总量、1/7 的财税收入、1/4 的外资总额、1/3 的对外贸易金额，生产总值增长了 85.7 倍，年均增长超过 13％，更重要的是，广东贡献了深圳速度、珠江模式、市场机制，贡献了改革开放意识和经验。当市场经济、全球化等名词已经成为人们共识的时候，再回首到改革开放之初，可以发现这个历程仿佛是在不知不觉之间。然而当如今人们享受改革开放带来的成果之时，回眸走过的这二十多年历程，发现原来一切都来之不易。广东人和众多来自外省的人们，突破了种种观念的限制，靠着自己的才能和勤劳，把一个经济上落后的边陲省份建成了“世界工厂”。

在这个历程中，打工妹、外来仔、港客等等都来到这个地方，努力成就着自己的希望和梦想。这其间有过多少的故事，也许有个好的结局，也许没有，但是这份努力和渴望却成为广东的未来文化产业发展的一个宝贵财富。

故事分为类型和背景两个部分，其中故事的类型部分从古到今大体都是固定的，同样的主题会在各个民族的历史中反复出现，以云南为例，基本类型就有现代人回归到传统和自然找回自我这样的题材。尽管会有很多的变种和枝节，但是总体上没有脱出这个范围。而广东的故事结构则是普通人给予他机会，最终通过奋斗获得成功。但是从背景来说，同样的故事类型，放到不同的历史和环境背景中，就会形成不同的风貌，这样故事类型给了故事一个基本的类型，而背景则使这个结构丰满和独特。

而这种结构从认知心理学的角度，又符合人们的审美习惯，人们在接触新事物的时候，习惯于用自己已有的认知框架去套用新接触的事物。比如说一个中国人听到穷小子就自然想到私定终生后花园，进京赶考中状元的老式读书成功故事，而听到有一个美丽的地方，自然会想到美丽姑娘，以及其后的浪漫传奇。而一个地区的文化经过多年的锤炼和口口相传，自然会形成独特的故事结构，最后形成人们的认知习惯。这对从事文化产业的人来说，就要扬长避短，发挥自己的特长而避免自己的短处，巩固人们已有的良好认知。

而形成良好认知的一个重要手段就是讲述一个人们可以理解的故事，来适应人们已有的认知系统。有个这样的例子，当《梁山泊与祝英台》初次出现在外国人面前时，这些金发碧眼的人们不知所云，但是一旦翻译成《中国的罗密欧与朱丽叶》，这些洋人立刻就明白了。人类的故事类型事实上是有限的，或悲或喜就是几种，而无论是哪个民族，基本上都有了所有的故事类型，这就是说，只要方式得法，各民族的独有故事都能够被其他的国家和人民所接受。我们只需要把背景稍微置换，把西双版纳换成美国的西部草原，将动人的傣族少女变成印第安姑娘，外国人也能够理解中国的“五朵金花”和“阿诗玛”。同样，如果把闯广东的精壮农民工变成去纽约打拼的乡下牛仔，把自行车换成满街的汽车，各国人们同样知道这是个关于个人成功的故事。也就是说人类历史中反复出现的故事类型，无论怎么变化，其核心都是如此，所以在我们对于好莱坞大片津津乐道的时候，国外的观众同样也可以对我们的故事兴趣盎然。

所以讲好了故事，就不会存在理解上的障碍，因为这是人类共同的母题。而导致这些老故事历久弥新的原因是故事背景的变化。好比一出爱情剧，台词会变、演员会变、背景也会变，然而爱情不会变。所以一个地方进行文化产业开发的时候，并不是要讲什么新的故事类型，而是要在故事的背景上下功夫。这些故事的背景就是各个民族独有的文化资源。最近党中央提出科技发展要走自主创新之路，而文化产业上同样也要珍惜自己的优势，云南、广东两地的故事资源都有着自己独特的价值和不可模仿性，所以在进行文化产业研发的时候，要发挥这些故事元素的特点，在影视、文学、戏剧中充分表现出来。同样是一个爱情故事，在广东讲就不可避免带着年轻人的活力，而在云南讲就会烙上原始森林的迤逦的风光。而要是在云南拍个都市言情剧，在广东做个淳朴爱情剧都会让人觉得不适应。

而目前国内进行文化产业开发的时候，常常是要把一些背景性的故事背景做成一致，比如说在一些有文化传统和独特风貌的旅游城市，住在大体陈设相同的旅馆里，吃着口味差不多的饭菜，看着在任何一个地方都能够收到的电视节目，买着样式基本雷同的工艺品等等，而文化产品则是大体相同的创意，仿佛同别人相同就是文化产业的进步。而把这些当作是文化产业的核心部分，似乎少了这些楼堂宾馆、卡拉 OK 就不是文化产业，外地人来就会不舒服，过不惯。而另外的一些发达地区，则希望通过不断地引进外地的人才来丰富自己的文化产业。作为一种发展经济的举措自然无可厚非，而且在短期内确实能够活跃文化市场，但是从长远来看，如果一个故事的背景是同样的，则这个故事讲多了就不会有吸引力。比如说广东的文化产业，靠着现在的雄厚资本能够吸引最杰出的人才，做出很多一流的产品，但是一旦在国内出现条件更好的地区，这些人才就会和“候鸟”一样地飞走，而留下一个文化产业的“空巢”在那里。文化产业有着明显的地域性特征，也许它的经营方式和理念会是走产业化、市场化、全球化的路子，但是文化的创意产品则还是属于某个地方的独有特征，如果一味地模仿其他的文化类型，最终的结果只会是步人后尘，别人吃肉而自己只有喝汤的份儿。

好的故事可以给文化产业带来无限的创意，其实不光是对文化产业，对整个地区的工业都会有很好的影响。比如说云南的烟草业很发达，这当然得力于那里的烟草，但是“阿诗玛”、“蝴蝶泉”的故事也给这些品牌带来不少的知名度。而人们关于云南少数民族善于歌舞的印象也来自于这些经典故事的述说。而同样，广东关于年轻和创业的故事依然在打动着一批批年轻人投身其中。这些认知已经成为了这两个省文化产业的一笔重要财富，它们也许还没有成为现实的生产力，但是已经埋藏在人们的心中，成为没有入账的 GDP，一旦有个合适的机会，就能

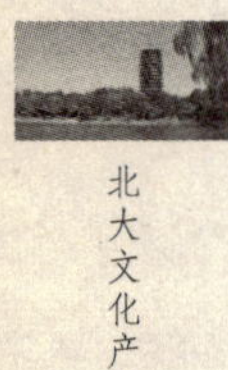

够转变为现实的生产力。

所以文化产业的发展，对于故事这样的核心因素要充分予以重视。目前我国的文化产业开发撞车现象非常严重，光就动漫来说，就在石家庄、上海、杭州、深圳、青岛、南京等地建立了若干的动漫创作基地。而印刷产业也是如此，广东、云南等地也都想建设印刷中心，至于说影视基地，更是遍地开花。在这些繁荣的表皮下，仔细追问一下，究竟要做些什么，如果没有内容，而只是将服务和销售终端整合在一起，就好比做了无数的大鱼缸，最后等着金鱼来投。

现在从事文化产业的学者常常会提到两个概念“内容为王”、“创意经济”，如果从理解一个故事角度就是说要把故事给说好，内容和创意就是这个故事的独特背景。所以在文化产业的发展来说，对于那些可以成为好的故事题材的文化资源要大力保护，一个地方只要还有好的故事可以发掘，这个地方的文化产业就大有希望。所以在文化产业的开发当中，对于独有内容的保护一定要加强。比如和国际接轨这个概念，就是处于一个销售渠道的下游，但是文化产业不是卖肥皂，它必须要有上游的活水才能带动整个的经济，这个活水就是好的故事，这个故事可以用歌曲、戏剧、舞蹈等各种形式来表达。比如说云南最近非常著名的舞蹈《云南映像》，其中的《序》、《日》、《月》、《林》、《火》、《山》、《羽》等说是七个表演板块，不如说是一部关于人与自然的故事，在舞台上还原了人类成长的历程。

对于“原生态”的地方文化资源，即便一时找不到同市场的契合点，也还是要加以保护，不能因为市场的诱惑，而一时加以过度开发，一个好的故事题材，如果用拙劣的手法来讲述，这个故事的光华就会消耗殆尽。比如说广东是个开拓者实现梦想的地方，这个故事最动人的地方是小人物如何靠勤劳走向成功，而在许多的影视作品中，却去表现大款们觥筹交错、宝马香车的成功人士生活，这本来是另外的故事类型，在广东这个地方，这个故事类型的核心还是“奋斗”，有群人敢为天下之先，它给出了一个地方，让人获得一种希望，也许希望最终会落空，但是希望一直会鼓励着人们。改革开放将近三十年，广东人一直走在前列，他们尝试了无数的第一次，广东的文化工作者应当抓住这个契机，发掘出其中好的故事。

清华大学新闻与传播学院常务副院长李希光教授将新闻写作比作是讲故事的艺术，认为新闻事业是从近代开始的，而讲故事则是从《荷马史诗》以来人类的永恒的艺术，好的新闻就是能够讲述一个吸引人的故事。文化产业是阿多诺上个世纪60年代才提出的，但是它的重要功能

——讲一个好故事，却是人类的基本要求之一，无论是农村的田间地头，还是都市的白领聚会，人们总是会反复地问一个问题，“有什么好的故事？”云南、广东都是有故事的地方，还会有很多好的故事在那里上演，所以那里的文化产业将大有可为。

“十一五规划”：京沪上演“双城记”

周文翰

2006年是全面实施“十一五规划”的开局年，从去年底到今年初，从中央到地方各地纷纷进行调研、召开两会，为未来五年发展策略定调，其中，北京、上海这两个国际最瞩目的中国城市自然是海内外关注的焦点。和以前一样，在两市的“十一五规划”中，占据最大篇幅的依旧是经济方面的内容，文化方面的内容虽言简意赅，但是却透露出以前没有过的强烈信息：在文化体制改革全面展开的今年，文化体制改革、文化创意产业发展成为两地官员和文化人热谈的话题。

如北京市市长王岐山在2006年1月15日北京市十二届人大四次会议上表示，“十一五”期间北京将制定支持文化创意产业发展的地方法规和优惠政策，重点发展影视业、出版业、演出业、艺术业经营业、动漫和网络游戏业等六大文化创意产业。同时，创意产业也被列入上海“十一五”发展规划，成为发展上海现代服务业的重要内容之一。上海市创意产业协会会长厉无畏高调勾勒上海创意产业的战略目标，提出用10年时间建成亚洲最有影响力的创意产业中心之一，用20年时间成为全球最有影响力的创意产业中心之一。

细细品味，北京、上海，隐隐然已经开始为创意之都展开竞争，北京稍占优势，而上海则后劲十足，这对百年来在文化上你追我赶的城市必将上演一出新的“双城记”。

从制造到创造

最早提出所谓“创意产业”概念的是英国的学术界，指“那些从个人的创造力、技能和天分中获取发展动力的企业，以及那些通过对知识产权的开发可创造潜在财富和就业机会的活动。它通常包括广告、建筑艺术、艺术和古董市场、手工艺品、时尚设计、电影与录像、交互式互动软件、音乐、表演艺术、出版业、软件及计算机服务、电视和广播等等。此外，还包括旅游、博物馆和美术馆、遗产和体育等”，国内学界也多用“文化产业”一词表达相近的意思。

1997 年，英国政府首次将文化产业列入国家重要产业，并设立了“创意产业特别工作组”，提倡与鼓励个人的原创力在经济中的贡献。尽管对创意产业的诠释不尽相同，它却迅速成为一个非常流行的概念。英国的《创意产业专题报告》显示，2001 年英国创意产业的产值约为 1125 亿英镑，占 GDP 的 5%，已超过任何制造业对 GDP 的贡献。2002 年，创意产业成为英国第二大产业（仅次于金融服务业），创意产业行业内约有 12.2 万家公司在“部际商业注册机构”注册，雇佣总人数为 190 万，成为该国雇佣就业人口的第一大产业。根据联合国 2004 年举行的贸易和发展会议统计，创意产业已经占世界 GDP 的 11%。据统计，目前全世界创意产业每天创造的产值高达 220 亿美元，每年正以 5%左右的速度递增，美国的递增速度达到 14%，英国达到 12%。有专家预测到 2010 年将达 4.1 万亿美元。

另一方面，伴随中国经济持续增长，民众生活水平相应提高，在基本物质需求得到满足后，和文化相关的需求已经非常强烈，国家新闻出版总署副署长柳斌杰在第三届中国文化产业新年论坛上引用数字指出：“最近 5 年，国民文化购买力大增，文化产品的消费增长已超过传统物质消费增长 16 个百分点，文化产业已成为经济增长的新亮点。”据测算，2004 年内地文化产业的总产值已经达到了 1.2 万亿元人民币，加上其相关服务，总产值已逾两万亿元人民币，文化市场消费规模，也有约两万亿元人民币。因此，不论在官在民，在利益还是文化，从中央到地方都开始重视文化创意产业的发展和文化事业，去年《中共中央国务院关于深化文化体制改革的若干意见》发布以来，各地就在进行地方十一五规划调研中对文化产业发展给予特别关注，文化体制改革推进、文化产业发展，成为最热门话题。

目前至少有 17 个省市已提出建立“文化大省”、“文化大市”发展目标。其中经济大省广东、开放大省浙江已定出具体指标，西部省份云南也提出要像“抓烟叶一样抓文化产业”。但是北京、上海的动作却最引人瞩目，因为两地的竞争，事关谁将成为未来中国的创意之都。

创意产业概念传入中国台湾、香港、内地后也曾引起文化界关注，但是北京、上海地方政府将其提升到发展战略高度，写入重要规划中，可以说还是第一次，引起各方面分析人士的格外关注。对北京、上海两市来说，发展创意产业不仅是一个口号，更有特殊意义。因为，它们都雄心勃勃要成为“世界城市”，面临城市发展和经济转型的压力，发展创意产业可谓既有面子又有里子。面子——北京、上海与纽约、伦敦相比，不仅在经济方面有差距，其中诸如名牌产品占有率、生活消费、生态环境建设、吸引外国人旅游和居住、全球性文化活动等方面还有待进一步提升，活跃的设计、艺术活动可以为国际化城市增色，提升城市形象；里子——这的确是城市经济转变的必需，其中有丰厚的经济利益。

正如上海创意产业协会会长厉无畏所言，一城市的人均 GDP 突破 5000 美元是一个关键时期，意味着已经实现了以发展工业经济为基本特征的第一次现代化，必须要进行产业结构调整和经济增长模式的转变。如上海市统计局正式发布的《2005 年上海市国民经济和社会发展统计公报》就显示，尽管整体经济保持平稳较快发展，但工业企业经济效益下滑已成为上海经济结构转型中的难题。受成本和市场因素的双重制约，六大重点发展产业中，汽车制造业、电子信息产品制造业、石化与精细化工业均出现了利润下降的现象。另一个信号是，第三产业增加值占 GDP 的比重为 50.2%，已经超过第二产业增加值。根据日前公布实施的上海市“十一五”规划纲要，上海将以增强城市国际竞争力为发展主线，加快生产型经济向服务型经济转变。

北京市一样面临产业升级、转型的问题，三年前还为引进现代汽车公司进京生产不惜血本，但饱受堵车、污染之苦的北京官员开始意识到经济结构和经济增长方式必须有所改变，决心走高端产业发展之路，文化创意产业作为其中重点闪亮登场。

北京、上海都达到这个临界点，传统产业已露疲态，发展空间缩小，而创意产业具有低消耗、高附加值、知识性和服务性特点，一方面是汇集众多人才、消费者的大都市拥有比较优势的产业，另一方面对转变经济增长方式，转变城市功能，实现第二三产业融合、产业结构升级亦可起催化作用，因此重新确定城市功能定位时，创意产业的地位自然升级。

事实上，北京、上海也是最有可能率先实现从“中国制造”到“中国设计”、“中国创造”跨越的经济体。几乎所有观察家都认为，北京、上海是最有可能成为未来亚太乃至国际创意产业中心的华人城市。2008 北京奥运会、2010 上海世博会，两个世界级盛会举行也为两地文化产业的发展提供了重大机遇。北京、上海瞄准的目标是纽约、伦敦，而不是香港、台北、新加坡。

北京占地为王 上海后劲十足

早在 1988 年，北京学界就有人提出发展文化产业的概念，不过当时还处于空谈阶段。到 2000 年 10 月，中共十五届五中全会，首度把文化产业概念写入官方文件。随后，文化体制改革也开始启动，传媒、出版、影视、娱乐等各个领域成立了 80 多个文化产业集团，去年中共中央和国务院联袂发布的《关于深化文化体制改革的若干意见》更是大力推进文化体制改革，让创意产业、文化产业也成为各地高官关注的话题。

上海官方更早注意到创意产业发展的问题，把它作为增加城市就业、提升产业竞争力和树立城市品牌形象的途径之一，2002 年以来频频推出相关推动政策。根据上海方面的统计，至 2004 年底，按研发设计、建筑设计、文化传媒、咨询策划和时尚消费等五大类划分标准，上海创意产业涉及 38 个种类、55 个小行业，增加值为 493.1 亿元，占当年全市 GDP 的 6.6%。上海市政府期望争取到 2010 年，上海创意产业增加值能达到全市 GDP 的 10%以上。

在《北京市"十一五"规划纲要（草案）》中，文化创意产业首次列为重点支柱产业，北京将发展文化演出、出版发行和版权贸易、影视节目制作和交易、动漫和网络游戏研发制作、文化会展以及古玩艺术品交易等六大产业，使之成为全国之最。王岐山强调："将制定支持文化创意产业发展的地方法规和优惠政策，打破行业垄断，鼓励资源重组。抓住奥运契机，打造世界一流旅游城市和国际会展之都。"

比较起来，目前两市采取的策略非常相似。

一是基地建设：北京正在建设石景山动漫基地、中关村创意产业先导基地、北京数字娱乐产业基地、德胜园工业设计创意产业基地、朝阳大山子艺术中心、亦庄国家新媒体产业基地、东城区文化产业园等六大创意产业基地。北京市通州区已经将文化创意产业列为会展经济建设重点。姚忠阳透露，"十一五"期间预计对后者的总投资将达到 100 亿元人民币，准备引进英国国家动漫中心、迪斯尼等世界知名旗舰企业 5～10 家，到 2010 年将实现产值 100 亿～120 亿元人民币。去年的 6 月份，北京市科委与西城区政府共同启动建设了 DRC 工业设计产业基地，在全国率先建立完整的设计资源协作体系。

上海已有 36 家创意产业集聚区先后挂牌，来自美国、日本、比利时、法国、新加坡、意大利等 30 多个国家和地区的 800 多家创意设计企业入驻，创意设计人员已达上万人。其中著名的张江"上海文化科技创意产业基地"着力发展动漫和游戏产业、影视制作产业、多媒体内容

产业，计划力争经过5～10年的发展，使该基地集聚200家左右的文化企业，文化产业总产值达到300亿～500亿元人民币。事实上，上海网络游戏动漫产业近几年发展十分迅速，上海盛大、“第九城市”、“久游网”等著名互动娱乐企业在上海运营的网络游戏的销售收入，已经占据全国70%的市场份额。在去年国家网络游戏所取得的24.7亿元产值中，入驻张江的盛大和九城占有了其中的70%以上，而今年预计这两家企业的产值可超40个亿。

二是财政和政策支持：2006年初，北京市财政局局长吴世雄透露北京市财政已安排5亿元专项资金，专项支持建设文化创意产业园区，除了资金上的支持外，创意产业的“进京门槛”也将逐步降低。北京还将通过完善法律法规政策，让入住政府规划的创意产业基地的企业能够获得政府的产业扶持和税收、人才引进、补贴、贷款等多方面优惠政策。

浦东新区政府出台文化科技创意企业认定办法，经过认定的企业可以享受高新技术企业的各项优惠政策。如张江“上海文化科技创意产业基地”今明两年每年投入6000万元专项资金补贴企业的研发，如果一个原创动画的样片制作费用是100万元，其中50万可从上海市文化科技创意产业基地获得资助。

三是推进研究和研讨：北京市政府部门正在加紧调研，准备确立北京创意产业发展的近期目标和长远规划，成立北京创意产业促进中心、建立北京创意产业发展基金、促进创意产业中介机构发展以及培养和吸引创意人才。北京市还计划推出自己的工业设计大奖，打造一个国内具有权威影响力的创新设计大奖。

目前上海已组建上海创意协会、上海创意中心、上海创意学院等，需要集聚文化创意人才，整合“创意文化”资源，共享创意产业信息，同商创意产业大计。“上海国际创意产业活动周”、“联合国全球创意产业研讨会”等一系列活动在沪的高调举行，更是为创意产业热推波助澜。

事实上，北京目前已经是全国文艺演出、新闻出版、广播影视、文化会展、古玩艺术品交易等行业的中心，统计数据表明，北京诸多文化行业在全国处于领先地位。如北京地区出版的图书占全国的近1/2，音像制品占1/3，期刊占1/4，报纸占1/5，电视剧出品（部）集数和电影产量占全国1/3以上，文化产业2005年主营业务营业额突破了900亿元，也是全国最高。

可是仔细分析，北京市还无法称之为“创意之都”，因为其产业成熟度、影响力都无法和纽约、伦敦相比，在个别方面与上海、深圳的差距也不大。在纽约，文化创意产业的从业人员占该城市全部工作人口总数的12％；在伦敦是14％；在东京更是高达15％。而北京、上海的创意产业从业人员在0.1％左右。不仅缺少创意人才，也缺少擅长将创意商品化的经营人才和营销人才。

发展创意产业的战略对比

创意产业作为新兴产业，不仅受到北京、上海市官员的高度关注，也是文化界热谈的话题。北京市的优势很大程度上是继承自计划经济时代获得的特权——首都，不仅是全国的政治中心，也是文化、教育、传媒中心，对全国具有强大的文化辐射力和影响力。这是北京做大创意文化产业的最主要优势。比如，在北京的重点高校、国家级艺术团体和演出中心、国家级文物遗产、科研教育人才数量都是最多的之外，拥有丰富的人才资源和后备力量。

上海在经济基础、人才储备等方面可以说仅次于北京，但是前景却相当看好。最主要的优势就是具有区域经济的支撑。上海和周边的长江三角洲地区是目前经济最具活力的地区，正在形成继纽约、多伦多与芝加哥、东京、巴黎与阿姆斯特丹、伦敦与曼彻斯特为核心城市的五大都市圈之后的世界第六大都市圈。如果未来能形成紧密的市场关系和相互融通服务体系，上海的创意产业能够为周边的企业、民众提供服务，将是一个源源不断的刺激力量。相比之下，北京周边的整体经济状况不如长江三角洲地区的城市。

在具体的发展策略上，北京、上海这样的政府强烈介入建设产业园、投资的方式似乎成为主流。其实，就是创意产业的形成有时候并非刻意，比如纽约就没有过所谓文化规划，政府对文化活动的支持也相当有限，但是得益意于纽约在经济、文化上的巨大吸引力，自然就成为一个国际性的创意中心，而伦敦则有自己的文化发展规划，政府也投入相当多的资金进行文化政策研究和支持文化事业发展。

对目前北京、上海两地来说，政府官员、文化界普遍期望政府的有力措施能发挥更大作用，但是根据创意产业精神性、文化性和娱乐性的特点，可以有针对性地进行一些基础工作，尤其是要注意以下几个方面：

文化体制改革问题。目前很多人抱怨文化院团缺乏创新，产业、行业分割等现象其实都源于老体制的僵化，如北京儿童艺术剧院改革之前几乎苦苦挣扎，之后引入社会投资，改变体制，接连排演出市场欢迎的儿童剧，去年的营业额已经超过3 000万，成绩相当可观。但是政府通过行政划拨方式组成大型国有和国有控股的文化企业和企业集团的行为，其效果却值得分析。

全球开放：在现今社会，国际城市发展不仅仅受到区域经济或一国经济发展的影响，而且更受到全球经济和文化网络的影响，总是在全球城市网络内定位自己，众多国际会议、国际活动和国际组织的存在成为城市信息交流的节点，集聚人才和思想，成为一个创意对话的空间。城市的开发度和文化上的多元也会刺激创意人才的思考。其中一个具体方法是面对全球城市竞争，可以设计自己城市独特的识别系统，树立国际交流的整体形象。这方面奥运会、世博会给北京和上海提供了最好的表现机会。

人文环境：创意城市有与之相符的人文环境，也就是一个多元、富有活力、能够引领时尚的社会文化结构，不仅有众多赢利性的文化活动、商业交易，也有众多公益性的文化活动，后者虽然无法直接产出经济利益，但对引导文化消费、培养审美能力有重要作用。

目前来说，各地政府都推出政策支持创意文化产业发展，但是相对政府的资金支持，创意产业发展的最终动力还在激发出民众的自发创造精神。规划比不上变化，中国过去二十多年的经济发展证明，只要制度环境许可，民间自发的活力远远超出规划者的想象。比如去年北京市文物局推出“十一五”时期文物、博物馆事业发展规划（征求意见稿），其中预计“全市文物艺术品拍卖和古玩艺术品交易市场的年成交额达到50亿元”，可是北京众多拍卖公司去年的年成交额已经超过90亿元了！

无论是北京的798艺术区还是上海的苏州河仓库，都是个别个人自发开始的，艺术家们——可以说部分地兼有商人角色——发现老工厂、旧仓库地理位置合适、租金便宜，又富有历史情趣，于是改造一番后入驻，逐渐形成群落，当美国《新闻周刊》大幅报道798的时候，政府才意识到其中蕴涵的文化和商业机会，这之后才开始介入其中，而这几乎也是中国经济许多方面的普遍现象。

热点聚焦

“后分众时代”的媒体江湖

王　晶

编者按： 分众和聚众传媒的合并，成为2006年中国广告业最引人注目的事件，也是中国文化产业中资本和市场相互影响的一个典型实例，本刊组织了关于分众和聚众以及他们的掌门人的多角度报道，希望让读者对这一合并事件有更多了解和思考。

三年恩怨一朝化解，分众和聚众传媒终于感到心力交瘁，从PK台上走了下来。以往光是争夺楼宇市场便打得不可开交的冤家，如今选择握手言和，两家在松了一口气之余，开始腾出多余精力征战新市场。

在接下来的计划表上，机场、高尔夫球场、酒店等高端场所能摆放液晶电视的位置，都将陆续收入“两众”的囊中。虽然如今主角“由二变一”，但原本争夺不休的广告终端会随着“合并”的姿态而继续壮大，更多的“视觉污染”也将迅速切入消费者的生活，不容人们争辩。

化敌为友的艰难时刻

根据双方达成的协议，分众传媒将向聚众传媒支付9400万美元的现金，以及价值2.31亿美元的新发行股票，而这一交易将于今年第一季度完成。

聚众传媒首席执行官虞锋随即向广告客户吐露心迹，聚众筹备的上市已到了关节点上，这次的选择也是“艰难的选择”，双方的目的是希望通过并购避免恶性竞争，希望客户理解并予以支持。

据了解，待分众承诺的现金及股票“落袋”后，虞锋将加入分众传媒董事会，担任联合董事长一职。由两家竞争到一家独大，国内户外电视广告网络运营市场格局再次充满变数。

回首当年创业的艰辛，江南春和虞锋仍历历在目。这两个在楼宇市场上“志同道合”的敌人，在三年多的日子里各自划定地盘独自征战。分众是守着上海觊觎北京，而聚众则把大本营放在北京却思忖着上海的市场。

所以，争地盘和抢销售人员成了家常便饭，这让各自在商务楼宇占有率的数字总是充满变数，两家的心结从此埋下。

此外，就抢楼、抢客户上面，两者也是各出其谋。据了解，楼宇成本占总成本的20%～30%是最为合适的，如果超过这个比例便很难盈利。但是，楼宇的资源都是有限的，两家的竞争造成了楼宇的广告位价格风生水起，分众聚众擦完了冷汗还要继续争斗，直到斗得筋疲力尽。

除了抢楼，还要抢客户。这两个竞争对手甚至会玩起价格战，而得益的永远都是客户。

显而易见的是，两者的利润空间不断被挤压，那两个精明的上海人同样看到了隐藏的风险。不但如此，两人更担心的是，如果聚众上市后，这种争夺战会愈演愈烈，双方的投资人，也为这样的“前景”捏一把汗。

就是在这么一种背景下，两者萌生了合并的念头。虽然在镁光灯下可以看到虞锋失望的眼神，但至少当强劲的对手成为伙伴的时候，表演的舞台也许更宽广。

楼宇广告的缘起

回到2003年，当年的广告市场仍沉迷于“大众”渠道的争夺时，楼宇广告便以窄众的概念吸引了不少企业主。

在复旦读了7年哲学的虞锋是从国外取的经，他说，“1999年我到美国出差，看到加拿大的Captive公司已经在做楼宇视频了。于是，我回国就考虑要找相关厂商一起做。”

后来，虞锋开始了最艰难的创业，圈楼、购买液晶屏，原本想立足一个城市，但后来发现只有全国拓展才能做大做强，于是他的野心也越来越大。

而江南春创立分众也是出于这个目的，据说由于当时的广告市场发生很大变化，江南春的公司面临着转型的选择。

而在最后敲定做楼宇广告之前，江南春在2002年大年初一一个人来到常去的汉源书屋，他把自己关了整整7天，然后得出两个结论，并运用到他以后的创业当中。这两个结论就是“应该用高科技手段提升传媒表现能力，应该细分市场将广告信息精确地传送到特定族群”。

但只有到了徐家汇太平洋百货电梯门前，上面的制作粗糙的粘贴广

告让等电梯的江南春突然开窍——“如果这换成电视机，那不正好符合两个结论要求?!”

江南春曾经说过，“在我看来这是百年难遇的盛世，充满着机会。”他的这番话充满着豪气，一如他当年的举措。他当时有5000万元人民币，他给自己的底线是留下2000万，但据他自己所说，如果到了要花那2000万的地步，他也会毫不犹豫。

而在3000万资金即将见底的5月，软银主动找到江南春谈融资。在同一栋写字楼办公的软银负责人，据说早已留意到同层的江南春，因为他来得早，走得也晚，勤奋的人总是最能得到老天的青睐，而这次，软银的4000万美元也犹如雪中送炭，分众的实力又更进一步加强。

对于楼宇广告的发展，虞锋也表示“当时也没想过会发展得这么快”。他分析认为，高楼大厦鳞次栉比，为楼宇视频媒体的成长提供了现实土壤；而且也有需求，大家等电梯时都很无聊，看液晶屏广告反而是最好的选择。

虽然虞锋认为“中国就孕育了这样一个成熟的市场”，但实际上有更多的观点倾向于，两家的竞争迅速使这个市场火了起来。

楼宇广告虚火

在这两个同样具有激情的创业者的努力下，2003年5月，分众赢得软银4000万美元投资，12月，聚众引入上海市信息投资股份有限公司2亿元人民币参股。此后分众又获得了维众、鼎晖、高盛等多家投行的投资，而聚众则吸引了全球最大的私募投资基金凯雷的青睐。到了2004年，虞锋引入凯雷1500万美元的风险投资，而2005年，凯雷又追加投资2000万美元，分众和聚众，可谓不愁钱花。

不过可以看到的是，这一拨又一拨的投资，无形中抬升了这个新生媒体的行业地位和大众的关注程度，同时，国际投行的大手笔也煽起了楼宇广告的虚热。

当年只有在写字楼、便利店等场所能接触到液晶电视的时候，黄先生还表示“很有新鲜感”。但当这种新媒体被眼球“撞击”的次数过多的时候，难免成了负担。

黄先生作为香港某药业集团的媒介主管，在1月11日聚众举办的客户答谢会上对记者坦言，他关注了这个新媒体整整两年，但到现在为止，仍然不会考虑从集团的媒介投放费用中分一块给楼宇广告。

这位经常往返于香港广州两地的媒介主管，一直在强调楼宇视频广告是风险投资商催生的产物，因为从各销售队伍反馈回来的信息，这个外表新鲜的载体只挣了名气却不会给他们的感冒药产品带来实际的广告效果，黄先生认为，这个媒体仍有待“长线观察”。

另外一位曾任职于中央电视台而如今是澳门的一家广告公司的戎经理也表示，楼宇视频强调的反复播放模式，在他看来是不利于受众接收信息的。他以过往的电视台经验告诉记者，这种机械重复的模式是一定需要优化的，不然将会导致受众的厌倦和排斥。

人们仍然记得早年江南春的商业逻辑——在大众消费向分众行销转型的时候，新的传播载体有利于这一转换。于是时年30岁的江南春得到了软银4000万美元的投资，楼宇视频广告开始进入人们的生活。

而三年过去了，人们开始重新审视这种新的传播载体。三年前楼宇视频广告开路在先，而接下来的还有大卖场、便利店等场所也在不断开拓中，叫好声已经在逐渐变弱，理性的广告主们开始冷静地思索这种强制灌输传播的效果所在。

聚众传媒的CEO虞锋曾说过，“一个人出了写字楼以后还会去哪些地方，哪些地方就有可能成为我们的目标。”这样的雄心壮志在合并之后有了更广阔的发挥空间，但是当消费者被这种“如影随形”的液晶电视包围的时候，江南春原有的商业逻辑是否将接受拷问？

广告效果缺乏支持

事实上，已经有例子表明人们在反感“两众”引以自豪的模式了。2005年底，重庆市一位姓王的住户称，他因为商住楼被挂上分众传媒的液晶电视而深感不满，并强烈反对这类视频广告的入侵。只是最后以失败告终，缺乏法律支持的住户继续被广告围攻。

无可否认的是，由江南春引发的楼宇视频广告模式，当年在审美疲劳的传媒界的确掀起一股热潮。但在热过以后，不少广告公司的负责人也表示，对广告效果如何并不能做到心中有数。

代理东风日产汽车广告推广的博报堂公司，其媒介方面的负责人私底下就坦言“不知道投放的效果如何”。她的理由是“因为在投放以后没有做监测和评估，所以对广告效果并不清楚”。

奥美南中国区副董事长梁荣志对此表示，因为楼宇视频广告在国内属于新生产物，监测的方法和方式并不成熟，所以造成了无论是第三方提供的数据还是企业自己作的调研，都不能真实准确地反映效果。但这种困惑也会随着监播技术的提升而有所改变，不过现在无论是企业还是广告公司，都应对这类媒体的广告效果保持警惕性。

而虞锋在接受记者采访的时候，就直言这个模式是中国特有的，由于没有国外的经验可借鉴，所以这两年都是在探索当中。而在合并完成后，接下来将会做的是提升服务质量，强调广告效果的数据化，传播效果的精确化等。

可见分众、聚众也意识到自己在“用数据说话”方面的不足，但由于这个新行业的特点，它需要广告主们有更多的耐心。

对于数据，如上提到的黄先生就告诉记者，他所处的是一家有几十年历史的香港公司，他们对“两众”提供的数据“基本不相信”，对第三方提供的数据报告“相信50%”，而公司觉得最可靠也最稳妥的，是从自己的销售团队销售网点得到的信息。

黄先生表示，他们的“保守”态度缘于积累了多年的经验，其实香港是个广告竞争非常充分的市场，而内地的广告主，显得非常“冒进”。

内容的“含金量”接受拷问

梁荣志告诉记者，自己其实是挺看好这类新媒体的。因为等电梯或者是乘坐电梯的时候，好广告还是能起到打发时间的作用。但问题在于现在的广告主由于费用有限，把适合投放在大众媒体上的广告也放在楼宇广告，没有故事性和娱乐性的广告，是难以得到消费者的宠幸的。

记者曾在某写字楼下对循环播放的广告类型作了统计。10分钟内播放了18种品牌的广告，某些还重复播放了三四次。但这些广告的共性是诉求非常单一，有些甚至是5秒的标版反复播放，喊几句广告词就完事，制作非常粗糙。

广告业相关人士告诉记者，如果能结合新品上市的契机专门制作针对白领人群的广告片，才能达到共鸣的效果。

广告界人士也提醒，合并之后的“两众”将把触角伸向更多的领域，包括高尔夫等高档场所，但如果在如此休闲的环境之下看到一些制作方面让人“倒胃口”的广告，对品牌的影响是非常不利的。

另外，分众、聚众不仅在广告内容上受到质问，在技术上，也被认为是“太过陈旧”。

2005年11月，上海玺诚文化传播有限公司（以下简称“玺诚”）称，不久前，他们获得了家乐福在全国54家分店的在店电视网络建设权，把分众传媒清扫出门。

玺诚COO兼CFO胡宇飞表示，玺诚采用宽带网络的形式来控制位于全国各地的在店电视网络。这里面的区别在于，玺诚是用总部的服务器将内容传送至各家大卖场的服务器上，然后再播放出去，而分众传媒是定期派人去各大卖场更换CF卡。

通过网络控制的方式，玺诚可以在每个电视终端上预设4个频道，这样播放的内容可以随时配合商家进行调整。而相比之下，分众的机器在灵活性上就稍逊一筹。

可见，“分众”的概念不应只在投放渠道方面，广告片的制作也应“分众”处理，而技术方面更是要“推陈出新”。

分众神话还能演绎多久

但是，当人们开始讨论楼宇广告传播网、酒店广告网等的得与失时，江南春在2006年又把目光瞄向了手机。据悉，江南春表示将在今年的一季度会推动手机视频广告，而虞锋也表示，往后的目标，是打造成综合性的传媒集团。

可见，无论是分众还是聚众，都在不断探索化解经营风险的方式。而且分众和聚众与楼宇签订的合同都是短期的，两者时刻都要面临租金上涨或被取代的问题，这些都为楼宇广告的安全和稳定，埋下了不确定的因素。

此外，在两家的垄断之外，还有其他的移动电视运营商，不仅在“两众”不去涉及的地铁圈好地之外，还对房地产的会所、健身房等“两众”未扫过的领域虎视眈眈。

但显然两者如今着急要做的事，就是分配好分众和聚众的“势力范围”。因为相似的业务重叠的竞争让这两者都深知整合的不易，但由于合并仓促尚未来得及细谈。而虞锋在答谢会上也以诚恳的态度表示，两个月后分众与聚众调整的细节必会出来，到时这两个品牌如何分工运作，将会有让人满意的答案。

江南春“奇”人“奇”事

苏　丹

浦东有一家高级足底按摩会馆，在专属客户的架子上，放着江南春的大脚盆，上面堂堂正正地写着他的名字。而且那脚盆的摆放高度，与人眼齐平，也就是说，那是一个最佳广告位。

随着合并事件告一段落，江南春理所当然地坐上了中国液晶电视广告界的头把交椅。

关于他的故事，坊间早有多个版本，如大学逃课，大三创业，花大把时间写情诗给女生，大学毕业后就不再谈恋爱等等。

风流才子何以成为财富新贵？也许从他的陈年往事中，才可以了解一个更完整的江南春。

自立更生概念

江南春读大学的时候已经勤工俭学了，一开始他给别人做家教，两个小时才 7 块钱，也给别人写点稿子赚赚稿费，基本可以维系生活。直到他当选学生会会长和夏雨诗社的社长前后，社交活动越来越频繁，才入不敷出，欠了别人 160 块钱。怎么办？那时候正好有家广告公司要通过学生会在华师大贴海报，300 元钱一个月招兼职学生，江南春想也没想，应聘去了。当时他只想干一个月，赚了钱还了债还能剩下 140 元，但没想到这一入行就离不开广告业了。

碰巧他那家公司的老板谈恋爱，没工夫搭理他，江南春就自己写剧本，自己当导演，自己拍广告，赚了 5 万块钱，生活相当潇洒，成为大学里第一个拥有 BP 机的学生。后来，江南春干脆自己当老板，开了家广告代理公司。

他利用自己独特的创意能力、沟通能力以及超强的学习能力，从1500块钱的第一个电视广告做起，然后承接了当时淮海路商厦的形象工程，一个20岁的小伙子每天在各个商厦之间穿来穿去，每次见到商厦的老板，他都对人家说："人家都做了，你做不做?"1992年底，江南春有了5万元的存款；1993年，江南春所在的广告公司在上海排名第31，一年400万的收入，江南春一个人贡献了150万；1994年，江南春开始带着4万块钱的移动电话在舞厅请女孩子跳舞；1995年，创立了自己的公司但还没有大学毕业的江南春已经有了50万元的存款，那时候，江南春还不到22岁。

弱点就是太谨慎

以前做AGENCY（广告代理）的时候江南春有个牌友会，经常组织朋友打牌。那个时候他的外号就叫"东方不败"，原因很简单，他打牌的时候谨慎到诚实的地步。如果他觉得手里的牌小，就一定不跟；假设当他跟牌的时候，那会保证自己手里的牌绝对的大，就算别人觉得自己再有博一博的机会，也压不倒他。所以让江南春说自己的弱点，想来想去他还是说太谨慎。

就像2003年做分众传媒时一样，江南春也没忘给自己留条后路，原本打算砸了2 000万进去后如果赚不到钱就全身而退，继续回去过他的小资生活。只不过幸运的是，风险投资的出现帮他把生意越做越大了。

反逻辑，为未来而战

江南春带领永怡传播在一统上海IT广告市场当中，最精彩的一场IT广告战役是"LG未来窗"，由这场战役可以看出江南春的一个成功"密码"是"逻辑的战略眼光"。

1998年，LG刚刚进入中国，永怡传播竞标LG的广告代理，竞标的时候，江南春将广告策划方案瞄准了"LG未来窗"这个产品。"当时大家都认为这个产品是平面显示器，根本不会有人来买。当时，LG也有很多普通级的产品，但我认为我们的备战一定要为未来而战。"最后，LG相信了永怡传播的广告方案，江南春开始将钱投放到"LG未来窗"这个产品上。第一年，永怡传播打了很多"LG未来窗"的广告，但是产品并没有见到有什么大的起色。到了第二年，江南春顶住压力为"LG未来窗"的广告又扔了很多钱，结果，产品销量一下子打开了缺口。"第一年，只卖了5万台；第二年就上升到66万台，第三年已经到了89万台，到了2000年，'LG未来窗'已经成了平面显示器的代言人。"

唯一的一次贪心

江南春做事情一直很谨慎，印象中只有一次投资失败。那是2002年的时候，江南春觉得做广告代理已经没有前途了，想把公司转型。那时候看陈天桥做网络游戏赚了那么多钱，他就很兴奋，也打算进入这个行业试试看，结果全军覆没，亏了500万。

当时他也很难受，但难受的不是因为亏了钱，而是这件事情打破了江南春不败的神话。由此他得出两个结论，一个是自己不熟的行业不要做，第二是不亲力亲为的不要做，“如果一个生意里面你不是直接的操盘手，那你必须占小股”。

认真准备和投入度

大一的时候，江南春自告奋勇竞选学生会主席，以他的资历，这是几乎不可能的事情。江南春知道，竞选学生会主席演讲稿最为重要。他先是凭着自己出色的文笔写了一篇演讲稿，还不放心，又找了系里的几个老师帮他修改润色。而后，江南春开始背，他预估到自己到时候一定会紧张，所以那几天背了上百遍，直到室友被烦得都不开门让他进屋，直到他的血液中都充满了演讲稿的文字。

演讲那天，江南春还做了另外一个准备工作，他挑选了系里最尖刻的高年级同学作为自己的后援团，好让竞争对手下不了台。果不然，江南春后面演讲的那位同学上去以后，后援团便提问，“你说江南春把你要讲的话已经讲完了，既然你说自己更加善于倾听，那还不如做江南春的那个M部部长呢”。

从大系组出线后，江南春便亲自跑到另一个组打探敌情，那里有他最强大的竞争对手，大专辩论赛的种子选手。结果跑去一问，对方已经被其他系联手PK掉了，那个时候江南春突然明白一个道理，这个世界上厉害的不是才华横溢的人，而是能统领更多人思想的人。

节约的亿万富翁

江南春身价高，但他从来不乱花钱。他说，一个月开支只需要1万元就足够了。“坐飞机，我从来都只坐经济舱。私人飞机更是不会考虑。”有一个小故事是：江南春约一个客户在北京五星级酒店楼下的咖啡屋谈生意，结果江南春在15分钟后才到。客户纳闷地问他，你就住在这楼上，为什么要花这么长时间？江南春笑说：“我住在这附近的一家三星级酒店里，还是与同事合住一个房间。”

心中的玫瑰，浪漫诗人

问江南春现在的他会羡慕谁，他毫不犹豫地描绘出一幅场景：大学校园里，一个男生搂着一个女生走着，或者大学食堂里，一对小情侣双双合吃一盆饭。

相比江南春在大学里的成绩，他所拥有倾慕者数目倒是更加可观。江南春说，那是因为他的诗——例如“用一支玫瑰堵住你燃烧的嘴唇”。

江南春曾经在一个假期写了十几首情书，裱成一张大海报，“献给新中国的女大学生，某某同学的一封情书”。他大大方方地走到人家宿舍门口，把海报贴在楼下，然后在远处欣赏女生发现后惊喜若狂的景象。“这个女生一生之中肯定在箱底存有我的海报，这将会成为她最深刻的记忆。”江南春津津乐道他的光辉伟绩，他说，那一刻的快感甚至比在纳斯达克揿一下铃都要来得强烈。

“我时常在操场漫步/在食堂吃饭/在课堂听中年教师讲授现代主义/在午睡时分想起若干新奇的事物/我会用整个下午留心前桌的女生/并郑重地为她写下评语/在傍晚我通常都会安排好勇气到学校舞场涉足一场爱情或者被轻易地拒绝/无论怎样/待到月黑风高之时/我一定独自回到寝室/轻轻松松写起小诗/生不带来/死不带去”

——选自江南春诗集《抒情时代》自序

江南春的快问快答

记者：请问你20岁时候的梦想是什么？

江南春：当一个诗人。

记者：30岁的时候有没有变化？

江南春：30岁时我想拥有一家持续的高成长的上市公司。

记者：退休以后有什么打算？

江南春：我有三个梦想，第一个上市公司的已经实现了，第二个是拍一部电影，第三个是能再为社会作些贡献和慈善。

记者：你认为聚众传媒虞锋的哪些优势是你不具备的？

江南春：虞总读过好多学校，他在各个领域里的关系网和公关能力都非常地强，有的直接为他找到了客户，这一点我很佩服。

就在今年1月9日前，聚众传媒与分众传媒公司还是两家势不两立的竞争对手。就像麦当劳与肯德基、耐克公司与阿迪达斯一样，在液晶电视广告渐渐铺满全国大型高级商务楼宇的这三年时间里，两位公司的老总虞锋和江南春也整整斗了三年，绞尽脑汁地挤压对方，彼此甚至近乎“妖魔化”。

而1月9日，两家公司突然传出消息——在仅仅两三轮的谈判后，分众传媒以3.25亿美元的价格取得聚众传媒100%的股权，宣布兼并聚众传媒，而虞锋也将加入分众传媒董事会，与江南春一并担任联合董事长一职。

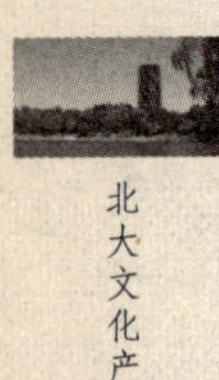

戏剧化的结局，让江南春和虞锋这两个老冤家，成为了最热门新闻人物。

想像中，江南春应该是曹操式人物，豪放而具有野心；

而虞锋则像刘备，细腻，智慧，不动声色……

虞锋和江南春：从冤家到兄弟的始末

出场人物介绍

研究这两个老对手的背景资料，你会发现他们有着惊人的一致性。

两个人都是在上海出生长大，老家都在江浙一带；

两个人都是读文科出身，后来弃文从商；

两个人的身价都已经过亿，但却怀有某天赚够钱了回大学当老师的想法；

两个人都是工作狂类型，每天只睡五六个小时；

当然，他们也都会主动和你打招呼，主动向你展开灿烂的笑容，社交礼仪已经非常之完美。

难怪江南春说："斗了这么多年，直到见面的时候我们才发现，原来我们都是一样的上海人。"

说来奇怪，在去年9月份之前，两人从来没有见过面。双方只能通过新闻照片了解互相的长相和脾气。唯一的那次擦肩而过也是在一次论坛上，江南春坐在嘉宾台上，远远地看到虞锋走进大门，向他行来。他心头一颤，"哦"。

刘备与曹操，称霸一方，各领风云。虞锋是学校里的好学生，江南春成绩差得要命。虞锋从小到大都很顺利，下海经商是觉得国企的日子太过平淡，而江南春去广告公司打工是因为当时手头缺钱，需要自力更生。虞锋已经是两个孩子的父亲，江南春则依旧是个钻石王老五；虞锋打Gucci的领带，而江南春则喜欢足底按摩这样的大众娱乐方式。

虞锋的年纪比江南春大，履历也丰富得多。早年毕业于复旦大学哲学系硕士生的他，先后进入政府及教育相关部门，担任过上海（中旅）集团下属公司总经理。上海元禾信息技术有限公司及后来的聚众传媒，都是他创业的成绩。虞锋还读过中欧的EMBA，擅长社交，所以朋友圈非常之大。

而江南春则刚好相反，他奉行"不熟悉的行业不做"原则，除了一次投资网络游戏失败之外，江南春十多年以来都在广告行业浸泡：从小业务员到总经理，从广告代理公司到分众传媒，虽然并没有像热爱诗歌那样喜欢广告，但江南春承认，自己就是一个广告天才，就得靠广告吃饭。

百米跑道上总有输赢，杀戮战场上总有胜者。如果不是2003年两人几乎同时发现了中国楼宇电视广告市场的高额利润空间，就凭相同的文人从商经历，说不定他们早已成为好友，把酒论英雄了。

然而事实不可扭转，从2003年春节开始，虞锋和江南春之间的火药味就已经弥漫开来了。

战场对决年代

1999年，虞锋在芝加哥的电梯里看到液晶显示器，创业火花产生。他当时便发觉，中国人比美国多，等电梯的时间更长，这种电梯旁的广告电视肯定有市场。到2003年2月，虞锋制订了先站稳北京然后南下上海的计划。

同样在2003年的春节，江南春在从传统广告业完成原始积累后，决定向楼宇视频广告市场迈进。他有一次在徐家汇太平洋百货电梯门上看到了广告海报，于是突发奇想，为什么不能把海报变成电视呢？接下来的近三年时间里，江南春只有一个目标——那便是让他的液晶电视广告机遍布各个城市的商务楼宇。

2003年春节过后，双方的火拼正式开始。

这个生意与传统广告不同的是，一本杂志市景不好了，可以这期减少发行量，下期再补回来。但楼宇广告则为“1和0”的游戏，做不到最大，广告客户就不认可，其他一切都是白费。于是，一场“圈楼运动”在虞锋和江南春之间迅速拉开。为了追逐数量，二人甚至孤注一掷，放弃稳步发展策略，开始在全国大规模扩张。

除了价格战之外，口水战也一并爆发：分众在央视市场研究的调查结果中拥有70%以上的市场份额，而聚众委托的AC尼尔森却认为，聚众与分众实为“平分天下”。

“那是一场烧钱的过程，烧的不仅是我10年积累的钱，烧的是10年的青春岁月。那时我经常冒冷汗，有一种前途未卜的感觉，非典和市场形势使一切都变得难以判断。”江南春回忆道。

而对虞锋来说，那个时候他也不好过。2003年下半年，聚众遇到了资金困难。由于没有足够大的覆盖面，广告商还没有认可这个媒体的广告效力，也就没有广告方面的收入。所以，现有的资金已经投进去了，新的资金还没有找到。虞锋记得当时聚众的流动现金只剩下了6万元。

经过两年的辛苦打拼，双方分别得到了投资商支持，并开始盈利。分众的江南春采取了直营和加盟两种方式来扩大自己的地盘，在覆盖率上得以胜出；而虞锋则选择了一条稳定的路线，坚持自己做直营。

美国时间的2005年7月14日也许是一个分水岭。纽约时间9：30，纳斯达克市场破天荒地迎来一位32岁的上海人，邀请他按响当天开市的铃声。他的出现，标志着纳斯达克迎来了分众传媒（FMCN. NASDAQ）的上市。

这个人就是江南春。

几分钟的仪式结束后，他走出交易所，伸出大拇指，露出笑容，并让随行的同事为他拍下这一时刻内心的感受。那一刻，江南春又给虞锋将了一军，继续两败俱伤地斗下去，还是坐下来谈一谈？

秘密和谈

从第一次见面到合并成交，江南春和虞锋前后只不过谈了两三次。冤家何以如此迅速地化解恩仇，成为兄弟？在采访中，记者了解到了一些内幕。

采访中，江南春和虞锋两人都否认这次合并成功是幕后推手的功劳，但外界分析来看，两家的风险投资公司起码起到了一个牵线搭桥的作用。早在2003年日本软银注资分众之后，软银就找过聚众谈过双方合并的事。“不过大家当时都觉得那时候的时机不是太好，我们也都不知道未来这个市场到底会发展得怎么样。”江南春说。

2005年9月份，也就是江南春从纳斯达克归来后的第二个月，聚众传媒也在紧锣密鼓地准备递交上市申请书了。当时由凯雷（聚众的投资公司）撮合，江南春和虞锋在香港见了第一次面，当时在场的还有其他投资公司。

“我们当时谈了一些关于整个行业的一些看法，大家都有一个感觉，继续斗下去没有什么好结果，而且我和江总都发现彼此沟通起来非常地融洽，并不是以前想得那么可怕。但那一次我们还并没有谈到关于合并的事情，我还在准备去美国上市，没有这个想法。”虞锋告诉记者。

那一次见面，被江南春称为“两个上海人之间的谈话”。

又是两个多月后，虞锋和江南春在上海见面了。“我们共同的一个朋友一直在中间替双方沟通，他清楚我们双方各自的需求是什么。12月份的时候，他为我们安排了波特曼酒店的一个商务间，双方又坐下来谈了一次。”虞锋继续回忆说。

这一次谈判，具有决定性意义。

江南春开诚布公地提出了合并的想法并给出了优厚的条件，同时他也很清楚虞锋的顾虑在哪里。“我知道聚众已经在准备上市了，如果虞总这辈子没去纳斯达克敲那一下锣的话，他肯定觉得特别可惜。可是我就劝他，其实那个一点儿都不好玩，那里没什么锣，就是一个电铃而已，你撤一下就要走人，你试过了就知道不好玩。”

我们做事情是为了两分钟的痛快，还是企业长远的发展考虑？——江南春直截了当地提出了这个问题。如果这是两个上海男人之间的对话，那么江南春算说对了。一来虞锋也是上海人，他做事情很少犯错，从不会因贪图一时之快而误了长远计划；二来虞锋是学哲学出身的，这一点让他更加理智。

那一夜，虞锋重新思考了很多问题。“我做决定基本上都是一个人，在想清楚以前我不会对别人说。我会把家里的电视开着很大声音，或者读一些无关痛痒的书籍，其实脑子里面都在想问题。”

“如果我去撤了纳斯达克的铃，拿了钱继续打下去，我个人的名誉很好听，但是企业的发展会受到很大的压力，两年以后谁也不知道这场争斗是个什么结果，会把人的心态做成什么样都不知道。回想这两年，我们花了大部分精力在做一些低级重复的事情，你抢我一个楼，我撬你另外一个大厦，非常无趣。都说上海人比较独立，做生意比较顾自己，我就觉得我们要学学浙江人，他们在一个行业里都是非常团结的，这样才能把生意做到最大。”在虞锋思考最终抉择的同时，江南春做出两手准备。不久后，双方进行了第四次会面，敲定了合作的大体方向。

“这两个礼拜对我个人来讲是个艰难的抉择，我失眠过，我的思想反复过，但是我还是做出了这个决定。说实话，我挺佩服自己的。能做一个上市公司的老总，能在镁光灯下接受大家的鲜花，人人都想。但我怎么讲，用理智克制了自己的欲望吧。”虞锋边说，边松开他的 Gucci 领带。看上去，他确实有些累了。

崛起！生活圈媒体

——江南春访谈

洪　宇

洪宇：能否谈谈频频收购的初衷？

江南春：归根结底是怎么保持一个业绩的增长——分众本身的楼宇业务今年又成长得非常快，我想它还有很大的成长空间。即使是楼宇电视，这个业务也仅仅是刚刚开始。

分众确实发展很快，这个业务从空间角度来说，还有很大的发展空间。以上海为例，2004 年底上海是 1200 多栋楼宇，现在已经上升到 3000 多栋，10 个月中，已经增长很快，而价格我们从 2005 年 1 月 1 日开始调价，到 7 月 1 日又调价，10 月 1 日又调价。当你的价格不断上涨，对公司来说，就意味着利润在不断增加。

第二，对公司来说，我们的千人成本对于月收入在 3000 以上的白领阶层，大概是当地电视台的十分之一，而这个十分之一，就是给我们利润更大的上涨空间。

千人成本（CPM，广告学中评估媒体价值一个很重要的衡量指数，就是你打动一个目标客户需要花的钱），越少越好。据 CTR 研究，我们的 CPM 成本是一个很有竞争力的数字，性价比很高的数字。放在供求关系上，广告一直饱满，连国庆节都饱满，尽管当时写字楼一般没有人，就是说需求非常旺盛。所以，我们认为，无论是楼宇的增长空间也好，还是 CPM 的空间也好，都有很大的上升潜力。

另外，今年楼宇我们会进一步细分。高尔夫联播网独立成立为中国高尔夫联播网频道，它非常高端。以宝马汽车为例，它可能觉得楼宇对他还不够 MATCH。把业务和频道更加细分化的时候，客户就会更愿意去投放广告，在价格上也可以创造出更多的收入，突然多了一个，就多出一份收入，但成本还是没变。比如，在上海是288000元/月，一条30秒广告，播放420次。高尔夫是198000元/月，独立出来。我觉得这种细分，包括机场巴士，最后都会成为细分化的频道，针对特定的人群，我是宝马、奔驰，我就找高尔夫频道，每个人致力于用分众化的传播平台精准地投放给他们的广告受众，从而使他们获得更高的回报。

洪宇：从初始的“新媒体”，到2005年被屡屡提及的一个新概念“生活圈媒体”，您是如何看待这个转变？是否是发展战略上的调整？

江南春：从战略上是打造一个生活圈媒体。分众在2003年被认为是“一个崛起的创新媒体”，2004年很多人说是中国最大的户外视频广告平台、广告网络运营商。我想，在2006年人们可能会用户外生活圈媒体群这个概念。

以前我看过我们的首席战略官陈岩，在前单位实力媒体2003年做过的一个非常庞大的研究报告，显示受众的生活形态和生活轨迹是有一定规律的，并曾断言，如果未来的媒体，能够切入消费者的生活中，会很大程度影响消费者，并潜移默化改变消费者对品牌的态度。

我觉得这与我的想法非常贴近。一个人在家里是电视，一出门是电梯海报，写字楼又看到楼宇电视广告，在超市和休闲娱乐场合又会看到我们，大卖场又看到大卖场联播，这样我们的综合影响力得到了大大提升。

公寓、写字楼都是人们每天都要经过的，逃也逃不掉的。我们的公寓楼上面就一直有缺口。我们曾在2003年时想，楼宇为什么不进公寓楼市场，我们认为这个轨迹点是很重要的。但经过很多研究后，我们放弃了这个想法，因为我们觉得整个公寓楼市场对液晶屏这个表现力是不太对的。

首先从人流量角度，公寓和写字楼是1比10的关系，他们价值完全是两个概念；第二是等候的时间有问题，而且公寓楼里也没有高峰段。我们粗略统计，楼宇电视平均是2.2分钟。你至少要上下两次，所以平均是5分钟，差20倍，这会导致广告效果很难保障。12分钟一个循环、15秒的广告，要看48天才能看完。

所以，我觉得公寓楼做液晶是不太会成功的。所以，很多我们的竞争对手大举进入这个市场，而我们始终犹豫不决。我们不是完全没有做公寓楼，有一些，比如上海的世贸滨江园；我们也有便利店和超市，但我们始终认为这些是终端媒体，不会是楼宇电视的一部分。便利店什么人都去，属于卖场的一部分，属于分众的卖场电视业务。广告主们之所以买楼宇电视，是因为他想买高阶层的人群。所以，我做这个东西的时候，独到地关注过广告的效果。现在公寓楼，我一直认为是电梯海报的市场，在很短的时间就能看明白。

我们要打造的是一个分众化的传媒平台，是一个展开的生活圈媒体群，围绕人们生活中的很多轨迹。其实，我们分众的概念并不是中端和高端，这是一个面对特定受众组群的概念，不以收入为标准，是一个生活圈子。

洪宇：在2006年是否还会考虑有大的动作？

江南春：收购还是兼并，现在还很难说，总之我们会打造一个更加立体化、分众化的平台。在不同的地点打造不同的受众群，更加无缝化。通过无缝隙的布网，实现广告的有效到达，广告的目的无非是用最低的成本打中你所有的目标消费群。

洪宇：其他的一些行业进军者也是一直不断动作，如火车、公交车、计程车、航空行业等等，他们在行业资源调配上可能比较有优势，您会怎么应对？

江南春：一个行业是大家一起做大的。我认为对分众来说，可能会集中精力去做几件事：一件是楼宇电视，这里面包含电梯海报和楼宇广告，因为现在出现了传统电视很难打中的消费群；另一件则是卖场广告，这一块主要是快速消费品市场，因为它更多的消费人群是分散的，打中的消费者以家庭中的主要采购者和决策者为主。

中高端白领、家庭消费者、快速消费品消费者，我们把不同类型的消费者基本已经覆盖，我们未必会进军火车、公交车等行业，因为这不是我们所看重的，至少不是我们刻意关心和一定要进军的行业。我觉得很多人可以去做，大家一起繁荣这个产业也很好，但我们也不排除用资本的手段去兼并、收购等。

如果真要从具体去做，那一定是打造最优质的行业，以及到最有价值的地方去开拓，而不是想把战线拉得无限长。

洪宇：现在较多移动电视联播网的优势在于新闻发布权，而分众在内容上一直是个空缺，将来有计划进一步再弥补？

江南春：我们从来没有想过要做内容，这个有点像出身不同，看法就不同。分众的出身是做广告的人，所以我一直致力于打造纯广告媒体。电梯口这样的位置适合做内容么？我觉得这个时间本来很短，5分钟、3分钟是电视，2分钟是广告，你有几条广告可以放呢？从商业模式上是否能够行得通是一个问题。第二，很片段的内容是否对用户有价值？第三，我觉得人们对广告有偏见，其实当广告和消费者有关系的时候，它本身就是有价值的，很多电视广告人家不要看，真正要看的100个人当中有17.76个人，因为这个广告和你没有什么关系。如果它每次都给你看最新的化妆品、手机和车型，他和百姓之间是有关系的，所以他是有效果的。

电视我觉得主要是来看内容的，所以他放广告的时候收视率就“哗”地掉下来。是不是有内容就产值特别好？

当你放新闻的时候，你的广告就没了，你的收入价值呢？你的商业模式就成问题了，利润就少了，商业模式就不成立了。

所以，我认为在内容上未必有优势。我觉得，至少从目前来看，去推动咨询是更好的，不要忘记，年终打折、促销信息才是更吸引人的。我们从来不致力于去影响别人的价值观，而是致力于去影响别人的消费观。

洪宇：许多人把2005年看成是中国本土广告的大限，但实际上并未出现令人不安的状况，您怎么看待目前中国广告的大格局？

江南春：中国已经是全球第四大的广告市场，在2008年将成为第二大市场，但中国的人均消费是亚洲的1/3，其实对广告行业来说，还有很大的增长空间。

这几年，中国广告发展速度是15%到20%的速度，在2008年预测会达到40%。在这个高成长背后，我们看到传统媒体受到挑战已经不可避免，新媒体已经成为一个不可抗衡的趋势。

中国在户外媒体市场是不断上升的，在2003、2004年的时候是基本不动，到2005年的时候出现了巨大滑坡。这个表面是因为由于医疗媒体和房地产的紧缩政策带来的滑坡，但事实上网络的出现，可能是最根本性的改变。传统电视一直在下降，2003年到2004年，分众化媒体趋势上升，户外媒体上升了27%。有两个产业明星，一个是网络，一个是ACPTV（户外媒体），成长率是119%，分众在去年增长了400%左右。

中国CEMM，如果人群20到44岁之间，月收入3000以上，他的媒体接受习惯和普通人比较，户外媒体是排名第一的。从广告主的态度也可以看到。这是一个大的背景。

记者：媒体整合的浪潮在近一年内也是一浪高过一浪，先有德高贝登并购，再有维亚康姆的入住，很显然，他们正在把分散的资源通过整合形成集聚效应。您是如何看待这种整合？

江南春：我觉得这个整合非常明显。分众也一直在做这样的工作，分众也要做商业楼宇的领头羊，要做独大的市场，慢慢市场就会出现集聚效应，强者恒强。

楼宇广告不存在泡沫

——虞锋访谈

王　晶

王晶：分众和聚众合并的初衷是什么？

虞锋：聚众现在的发展还是很快，如果没有合并，我相信2006年的利润率还是能很好地保持下去。但是如果聚众上市了，明年、后年的表现会怎样，我们心里并没有底。资本市场一直问我们几个问题，中国的广告市场好不好，这个行业有没有效果，我们都可以回答。但就是有一个问题，关于分众和聚众都上市后，这样竞争下去成本是不是会抬高，折扣是不是一定会下降，这些都是我和江南春都回答不了的问题。所以后来我们选择了合并，与其恶性竞争，不如联合起来。

王晶：我们留意到像美国这样的国家，楼宇视频广告似乎不被看好，大多数的写字楼都没有装上这种新载体。是否表明这种模式在国外是不被认可的？

虞锋：在美国也就纽约和芝加哥有比较多的高楼。而且美国人下班以后就早早回家，和中国的生活方式完全不一样，所以国内的这一套放在国外可能是不适合的。而自从分众聚众合并后，在美国的股市影响非常大，我们了解到合并聚众传媒后的首个交易日，分众传媒在纳斯达克的股价由每股37美元上涨至42.42美元，这也说明了资本市场非常认可这个行业。

王晶：那这是否说明了这是亚洲人比较适合的传播模式？据了解现在有一些国家，对这种模式非常感兴趣，那聚众是否有拓展亚洲地区的业务？此外，聚众对楼宇广告这类模式的前景如何看待？

虞锋：现在西班牙、印度等地方都有公司和我们洽谈品牌授权的问题。他们希望用“Target Media”开展当地的业务。其实现在亚洲的不少国家都非常关注中国这种新媒体的出现，而且亚洲地区人多高楼多，所以很适合这种传播模式。对于发展前景我是非常看好的，我也不认为这类模式存在泡沫。

拿什么拯救你，中国电影？

——来自CCTV年度经济人物候选人的报道

大乔　知有

2005年12月5日，CCTV年度经济人物候选人出炉。与往年不同的是，这个被誉为“中国经济界奥斯卡”的年度盛宴，2005年的候选人中，文化产业界的人物明显增加。经济人物的影响力，绝不仅仅停留在个人层面，这似乎也在告诉人们，文化产业已经异军突起确实成为中国经济中的一支生力军。而在25位候选人中，就有两位是电影业界的“大腕”。张宝全与王中军，在过去的一年中，他们对于中国电影梦想与现实的努力，是否预示着苍白已久的中国电影市场将走出低迷状态，寻找到了新的出路？

张宝全：十万家连锁数字影院的梦想

阿基米德说，给我一个支点，我能撬动整个地球。

地产商人张宝全演绎了现代版“杠杆说”：给我一个高清晰碟机技术标准，我能撬动中国影碟业和电影业。

比阿基米德幸运，张宝全得到了心目中的杠杆——高清晰碟机技术制作标准“EVD”成为国家标准，但究竟这根杠杆能否撬动并撬动多少被国外技术专利垄断的碟机市场和日薄西山的中国电影市场，目前看来，仍然是个未知数。

2005年，EVD这个不足6岁的国产技术标准，因张宝全介入引发的事件赚足了业界和媒体的眼球，张宝全也因为在投资EVD产业中体现出的创新以及自主知识产权意识当选央视年度经济人物候选人。但这一年，也是EVD在其产业化之路上遭遇空前内忧外患的一年。

蓝图：“麦当劳”式数字影院和自主知识产权的高清晰影碟机

如果一家电影院像麦当劳一样开到你的家门口，你会去看吗？

如果一个大片在北京最豪华的影院和最偏僻的农村同步上映，票价10元，中国的盗版还会那么疯狂吗？

如果10元票价能让影院投资有近50%的投资回报率，会有更多人投资影院吗？

毋庸置疑，这三个问题都会得到肯定的回答，而且如果这些“如果”成真，中国的电影业将会发生翻天覆地的改变。

这就是张宝全描绘的推广EVD技术后的电影产业蓝图——十万家连锁数字影院，遍布全国各地，尤其是二三线城市，票价低至10元，甚至5元，让普通老百姓甚至亿万农民都可以轻松地同步欣赏全球大片。

按照张宝全的估算，一个豪华107座EVD数字影厅，总投资80万元。按每天放映10场，每张10元，上座率45%计算，一年票房约175万元。去除80万元的投资、一年30万元的各项开销和10万元EVD拷贝盘费用，经营者首年即可盈利55万元，利润率高达45%。

这还只是蓝图的第一步——版权电影在数字影院公映，随后就进入VOD网络点播阶段，在全国各大城市建设无线发射站，使得消费者能通过EVD碟机，以“每部3元”的价格无线下载点播EVD电影。最后是家庭影碟的零售出租市场，目前，已经有100余部经过授权的EVD影碟面市，价格在10元左右，无论在价格还是质量上都具有很强的竞争力。此外还包括数字影院的放映设备和家用影碟机等硬件的销售。

这个蓝图所仰赖的就是新一代拥有自主知识产权的高清晰碟机技术标准EVD。1999年由信息产业部发起，十几家企业共同投资研究，并成立了专门的研发机构阜国数字技术公司，意在制定拥有自主知识产权的技术标准，免受国外企业限制，免交高额专利费。该技术的优势在于：强大的加密性，有效地防止盗版，吸引片源；低廉的制作成本，同样的画质成本只需原来的1/10；自主知识产权，生产碟机时免却了高额的专利费，且能获得国家政策支持。

今典集团董事长张宝全因此相当看好该技术的产业前景，2004年与阜国公司总裁郝杰会面确10分钟后，就决定斥巨资进军EVD产业，与阜国合资成立今典环球公司。阜国负责技术，并授予合资公司EVD技术的独享权；合资公司负责内容和渠道，包括购买片源、发行碟片、制作销售影碟机、推广数字电影等。其中阜国以技术和设备入股，占注册资本的13%，今典集团以货币入股，占注册资本的87%。

在过去不到两年的时间里，张宝全在EVD上已经投资了2.03亿

元，甚至“逼宫”信息产业部，推动EVD于2005年2月成为中国电子行业推荐性标准，为EVD产业发展打开了决定性的进展。

技术、标准、内容、硬件、渠道、蓝图，EVD产业的发展道路似乎万事俱备，但偏偏问题接踵而至，内忧、外患以及尚难逾越的瓶颈，使得“蓝图—现实”，遭遇了困境。

内忧：产业链断裂危机

目前，在EVD产业链上，今典环球一家独大，拥有阜国的技术标准和今典环球的内容提供及渠道分销。作为“一条绳上的蚂蚱”，本应唇亡齿寒，岂料却兄弟相煎。

先是去年11月3日，阜国数字授权在网络上开放EVD播放软件，使EVD出现盗版隐患，也失去了向好莱坞争取片源时的一个利器。

作为应对，张宝全投资加密技术的研究，为EVD盘片加上全新的AES加密算法，防止盗版。

当月，爆出更大的新闻，阜国数字与英国数字存储商NME签署股权交换协议，阜国数字获得NME公司850万美元的现金投资和40%的股份，作为交易条件，中方出让阜国数字69.09%股权给NME公司，而这一切，张宝全毫不知情。今典环球和今典集团都没有阜国的股份，因此无法阻扰阜国的换股计划。

这个股权交换协议，意味着今典环球可能丧失原来的技术独享优势，张宝全虽然控制了EVD产业利润最为丰厚的内容和渠道环节，却遗忘了产业的根基——技术，一旦没有技术，所有蓝图都将只是乌托邦。

对此，双方都声明自己在保护EVD产业。张宝全指称阜国与国外公司签署股权交换协议是“卖国”的行径，而郝杰则质问张宝全“到底是谁在套钱”，他称张宝全意在以今典环球为壳，实际通过今典集团来控制EVD产业。

如今，双方的争端已近白热化，张宝全将郝杰告上了民事法庭，称其可能涉嫌职务侵占。孰是孰非，难以决断，但不容置疑，这个先前被广泛看好的国产技术标准的产业化之路正面临产业链断裂的危机。

外患：海外“狼”步步逼近

内忧未止，外患逼近：在美国国际消费类电子大展上，EVD两大对手——蓝光DVD和HD—DVD均宣布将于3月上市。其最低500美元以下的零售价远远低于国产碟机企业此前预期的1000美元，EVD阵营担心了两年多的“狼”真的要来了。

这三个技术都属于200万以上像素的高清显示标准，蓝光DVD以索尼、松下等公司为首，HD—DVD以东芝、NEC等公司为首，技术和研发实力都很强大，比如一个比较明显的差距就是EVD只能存储110分钟的电影，而蓝光和HD—DVD的存储量为EVD的数倍。此外，索尼蓝光DVD标准阵营拥有1万多部片源，有内容优势；HD－DVD阵营在中国市场已经拥有夏新、长虹作为盟友，有渠道优势。

我国自主研发的EVD的优势则在于时间和价格，中国EVD研发比国外早4年、产业化早两年，因此市场性价比高，按即将上市的蓝光DVD最低500美元的售价计算，EVD碟机的价格大约只占其1/4，而且作为自主知识产权，免去了高额的DVD专利费，将吸引更多的厂商加盟EVD碟机生产。

虽然以目前蓝光DVD和HD－DVD碟机和碟片的定价，还难以在中国市场大规模推广，但“狼”的脚步显然越来越近了，而且如果EVD始终无法获得大量的片源，只能用EVD碟机观看DVD碟片的话，那么为了碟机和碟片的兼容，依然要缴纳高昂的DVD专利使用费，EVD也失去了国家推荐标准的意义，难以大规模推广。

瓶颈：片源紧缺

对于张宝全和他竭力倡导的EVD产业来说，内容是关键，片源紧缺成为内忧外患之外制约产业发展的瓶颈。

因为只有拥有足够的电影发行版权，才能发行碟片、播放数字电影、无线下载点播电影，并从中盈利；只有碟片质优价廉，电影叫好又叫座，才能推动EVD家用碟机和高清晰数字电影播放机等硬件的销售；才能更进一步地扩大连锁数字电影院和无线点播，而整个产业的良性发展也才能吸引电影制片商将版权交给掌握这个产业零售终端的分销商，最终推动整个产业的良性发展。

而目前，今典环球共推出了100多种EVD影碟，虽然价格普遍在10元左右，并不昂贵，但与众多的DVD影碟片源相比，在中国影碟市场上的比例连1%都不到，与EVD产业发展的需求相去甚远。

张宝全和他所竭力推动的EVD产业，一度为低迷的影碟业和电影业注入了希望，尤其是EVD被批准为国家标准之后。但是一项专利技术成为标准，并不意味着就扫清了其产业化道路上的绊脚石。如果没有绝对优于同类产品的技术，没有走向市场的产业条件，没有成熟健全的产业链，没有充足的上下游供给和输出，标准依然只是一项最终没有走向市场的专利技术。EVD产业虽然理论上看有着美妙的前景，但目前就面临着上述诸多问题，张宝全能否“拯救”中国的影碟业和电影业，蓝图能否成为现实，亟待扫清这些绊脚石。

王中军：开拓中国电影运作新模式

这是一个在部队大院长大的中年人，也是一个靠广告发家的成功商人，而今他却在引领着中国电影投资的新模式。

他被誉为中国电影业的“大腕”，2005 年 1 月，他参与投资的《功夫》和《天下无贼》两部电影的国内票房收入分别突破了 1.7 亿元和 1.2 亿元，这是中国电影有史以来少见的超过 1 亿元票房的作品。《可可西里》、《天下无贼》和《功夫》，再加上买断的香港电影《大事件》，2004 年他旗下的华谊兄弟 4 部影片的票房收入合计达到 3.2 亿元，占到全国华语票房收入的 33%。

王中军，华谊兄弟传媒集团创办者兼董事长，在中国电影百年纪念的岁月里，开创了中国电影及电视剧投资运作的新思路。

从广告商到影视大腕

1994 年正月，王中军赶在春节之前结束在美国的留学回到北京。这一年，他利用在美国打工积累下的 10 万美金，和弟弟成立了华谊兄弟广告公司，这也是华谊兄弟传媒集团的最早前身。

利用曾经学过美术的优势，王中军的广告公司先是出版了一本直递广告杂志，收些餐饮广告，合集成《吃在北京》之类的册子，然后邮寄给外国驻华机构、外资企业。随后王中军联合南方的一些广告公司，瞄准了中国银行的营业网点标准化设计。那一次王中军积累了几千万资金，随后承接了国家电力、中石化、华夏银行华夏卡等标准化设计项目。在涉足影视产业之前，华谊广告公司已经进入了中国十大广告公司行列。

对于如何涉足影视业，王中军认为那是出于寻求利润的偶然机遇。1998 年某天，王中军偶遇一位广告界老朋友，对方告诉王，现在拍电视剧很挣钱，王于是决定一试。在朋友的推荐下，王中军选择了《心理诊所》电视剧剧本，导演英达。拍摄完成之后，王中军用电视剧跟电视台换广告时段，这种合作方式马上为多家电视台接受。结果，王中军用这些时段换回了两倍的投资，收益率 100%。也就从那时起，王中军开始利用自己的优势，将中国影视业的投资形成了自己的特色。

随后的几年，华谊兄弟先后推出了《荆轲刺秦王》、《鬼子来了》、《刮痧》、《天地英雄》、《卡拉是条狗》、《一声叹息》、《没完没了》、《寻枪》、《功夫》、《手机》、《天下无贼》、《可可西里》等影片，成为中国最成功的民营电影公司之一。此外华谊兄弟围绕影视制作投资 50%股权并拥有运营权成立了“华谊兄弟太合文化经纪公司”，签约了女演员刘嘉玲、关之琳、王姬、苏瑾、范冰冰、李冰冰等 14 人，男演员刘威、吴若甫、夏雨等12人。旗下电影公司与冯小刚、滕华弢、路学长、陆川签约，合作建立4个导演工作室。

除了电影之外，华谊兄弟每年还有200集的电视剧面世，位居国内前三，华谊兄弟的经纪公司规模国内最大，华谊兄弟音乐公司国内前三。如今，王中军创立的公司目前位居中国500强第359位，娱乐传媒业的第一名。

目前华谊兄弟传媒集团旗下拥有华谊兄弟投资有限公司、华谊兄弟广告有限公司、华谊兄弟音乐有限公司、华谊兄弟影业投资有限公司、华谊兄弟文化经纪有限公司、西影华谊电影发行有限公司。

5%的投资和20%的利润

华谊兄弟的成功，在很大程度上来源于王中军在资本运作上的灵活性。

华谊兄弟是中国娱乐业较早进行私募的公司，在引进外来资本的同时，王中军的底线是自己一直牢牢控股。2000年6月，华谊兄弟太合影视投资公司成立，太合花了1300万元获得了华谊45%的股份；2004年，TOM集团以现金500万美元收购华谊兄弟27%的股权加以现金认购500万美元可换股债券收购华谊共35%的股份，此前，王中军先行将太合的全部股份回购；2005年底，一家海外私人财团加入，同样的手法，王中军先行回购TOM集团手中部分股份，王中军个人的股份比例不降反升到了77%。

王中军认为，这种多股东结构既能加强公司的资本实力，也能让公司运作起来更加规范，合作伙伴往往还能带来一些管理上的经验。

事实上，作为内地最大的电影制片公司，华谊兄弟每次制作影片时，都会引入其他财务投资者及策略合作者。虽然华谊兄弟主导了影视作品的方向，但投资额往往是5%左右，大大降低了投资风险，但其净利润率往往超过20%。

近几年，国产电影票房的三分之二集中在三四部影片上。国产影片10%挣钱，10%持平，80%亏损。易凯资本最新的《中国电影市场研究报告》显示，在2004年中国电影市场41亿元人民币的市场收益中，国内制片公司仅占12亿元。在15亿元的国内票房收入中，产量高达212部的国产影片和海外电影各占一半，而华谊兄弟和保利华亿两家民营制片商就占去国产影片票房的60%，其他近200部电影总票房不到3亿元。

2004年底，TOM集团收购华谊35%的股份后，时任TOM集团首席执行官的王兟曾表示，资金是每个企业发展中不可避免的问题。华谊

兄弟每年投资三至四部电影，虽然他们增长很快，也不可能每年投入3000万元，融资是必要的条件。影视行业非常现实，将来的发展对资金的需求越来越大。不过王炕也表示，以华谊兄弟目前的实力，离上市还有一段距离。毕竟与世界一流制片公司相比，华谊兄弟还有很大的差距。

其实，在内地民营影视投资公司，并不仅是华谊兄弟在资本运作方面频频出手。2005年2月，友利控股有限公司(0419.HK)收购北京保利华亿传媒文化有限公司50%的股权。保利华亿的总裁董平在接受采访时表示："保利华亿还不具备上市资格，但我们的生产又不能等待，所以我们必须融资。"

最近王中军更是将阿里巴巴公司董事长马云拉入华谊兄弟董事会，这个互联网风云人物，带来的绝不仅仅是数千万美元资金。王中军曾表示，"在企业管理上，马云教了我不少东西"。

如今蓬勃发展的中国电影吸引了投资界的广泛关注。在近日的一次电影高层与金融高层酒会中，一半的嘉宾是金融界人士，德国北德意志州银行、法国外贸银行、摩洛哥外贸银行股份、里昂证券、日本农林中央金库等国外金融机构和风险投资机构都派了驻北京首席代表参加此次酒会。

"与以往不同的是，这一次，是很多风险投资机构主动找到了组委会，要求参加这次活动。"一位与会组织者说。

但也有业内人士认为，现在的整合不过还在浅层次上。

中国电影遭遇国际化冲击

不过即便是在中国内地叱咤风云，王中军还是谨慎小心地在面对国际化步伐带来的冲击。

2004年11月，国家广电总局公布《中外合资、合作广播电视节目制作经营企业管理暂行规定》：2004年11月28日以后，外资媒体公司可以入股中国的广播电视节目制作经营企业。

根据《规定》，外资企业可以在中国境内合资、合作设立专门从事或兼营广播电视节目制作发行业务，而中方持股不得少于51%。其实在这个规定出台之前，大量的好莱坞电影已经移师到中国进行拍摄，他们看好的是中国的廉价成本。此前由米拉麦克斯公司投资拍摄的《杀死比尔》一段戏在北京拍摄，因为场地和人员的低成本，原本6000万美元的制作费用拍摄后并没有用完。而这样一个在好莱坞算是低成本的影片在全球却收回了3.3亿美元的票房收入。

"在美国租包一辆车，一天的费用就上千元人民币，而在中国200

元就能租到轿车，面包车更为便宜；在美国雇用群众演员一般都在几百元至千元，在中国只需几十元。”中国电影制片公司副总经理苗晓天曾表示。

如今越来越多的好莱坞电影选在中国取景。为了拍摄《碟中谍3》，汤姆·克鲁斯在上海的高架路和西塘边，度过了3天的快乐时光。今年下半年在北京、上海、横店、广西等多处取景拍摄的《面纱》，集合了爱德华·诺顿、娜奥米、黄秋生等明星，制作成本只有3400万美元左右，在美国这些经费只够拍靠卖录像带收回投资的小成本B级影片。

不过现在，国际传媒集团已经不满足于上述合作，而更加青睐资本合作。近期，时代华纳正在与中方合资组建新公司，中影集团也在与加拿大传媒成立动画合资公司，另外，中影集团还将与韩国合资成立电影制作公司。之前，美国时代华纳、维亚康姆集团也已在中国的影视传媒产业占得先机。先是中影集团、华纳兄弟、浙江横店集团三方合资成立中影华纳横店影视有限公司。接下来维亚康姆集团旗下的MTV全球音乐电视台同上海文广集团成立合资公司。此后，北京索尼影视国际电视公司和中国电影集团华龙电影数字制作有限公司共同组建中国首家中外影视制作合资公司——华索影视数字制作有限公司宣告成立。

正是由于海外电影公司的进入，国内民营电影公司纷纷和海外电影公司接触。华谊兄弟最早和美国哥伦比亚公司合作投资了一系列影片，其中就包括卖座的《功夫》。为了打开海外市场，很多电影中国都广泛地吸收外来文化元素。拍摄《无极》时，陈凯歌不仅请来了的偶像派韩国演员张东健、日本演员真田广之，更将服装设计交给日本设计师正子公也。张艺谋的诸多近期作品也都请来了日本、韩国的设计师。

2005年，中国投资拍摄了近300部电影，国内票房20亿元人民币，海外销售也达到16.4亿元。而在2003年还只有140部。美国电影协会总裁兼首席执行官丹·克利克曼曾在《财富》全球论坛上表示，2004年，美国电影在中国市场的票房收入是600万美元，远远低于其他国家和地区，中国有着巨大的商机。

尽管2005年，电影产值的增长预计将大大高于GDP的增长速度，但电影发行方面仍然没有改变由中国电影集团垄断发行进口影片、民营公司担当国产电影发行主力的格局。总体上来讲，中国还没有出现像好莱坞电影公司那样的具有电影投资融资能力、市场干预能力、国际市场拓展能力的大型电影发行公司。发行公司的规模和竞争力都明显不足。发行仍然是中国电影产业的最薄弱环节。

相比制作、发行，中国的影院市场可能是目前中国电影产业化发展

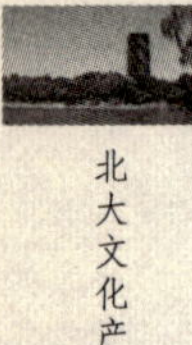

中更令人乐观、进展也最为迅速的环节。民营与海外资本参与影院建造的热情持续升温，现代化多厅影院不断增长，数字影院及院线建设不断加快。2006 年，院线重组将进入整合阶段。

近日，派格太合环球传媒公司与韩国 IMM 投资咨询公司拟倡议组建“亚洲娱乐基金”。该基金将引入韩国成熟的影视娱乐产业链管理体系，重点打造“亚洲出品、亚洲消费”的亚洲电影。其实，除了“亚洲娱乐基金”之外，早在去年年底，一份《中华电影产业投资基金招募计划书》已征得中影集团、中国导演协会、中国企业家杂志社等发起人的认可，并随即在娱乐圈中流传。该基金预计初期募集 5 亿元人民币。

“两份基金计划可能会合并。”同时参与了“中华电影基金”和“亚洲娱乐基金”计划的刘纲告诉记者。他分析说，两个基金的目标极为一致，区别只在于后者将直接引入韩国方面电影产业的资金和管理系统。

娱乐影评人文硕认为，与好莱坞的电影营销相比，中国目前的电影策划还是不成熟的。好莱坞的营销策划不是凭感觉和经验进行咨询，而是通过严密的市场调查和信息分析，设计出一个完备的营销方案。

而韩三平则认为，中国迫切需要一大批中国的导演、摄影师、演员等来保护中国的文化，当然最重要的还是中国的制片人。比如，我们的包装公司如何包装导演、演员就是一个问题。

2006 年，王中军要为了冯小刚的新片《夜宴》而忙碌了。据称，《夜宴》尚未“开席”，就已稳赚 1 亿元。

“华谊兄弟的目标是成为中国最好的娱乐公司。”王中军说。

产业论坛

和谐社会体系中的文化产业发展机遇

——第三届中国文化产业新年论坛综述

为了系统而全面地探讨文化产业在构建和谐社会中的职能、作用和实现方略，北京大学文化产业研究所和国家文化产业创新与发展研究基地，于 2006 年 1 月 7 日和 8 日成功地在北京大学举办了“第三届中国文化产业新年论坛”，论坛主席由我国著名的美学家、北京大学艺术学系主任（教授、博士生导师）、北京大学文化产业研究所所长、国家文化产业创新与发展研究基地主任、全国政协常委叶朗教授担任，出席论坛开幕仪式的嘉宾有国家新闻出版总署副署长柳斌杰同志，中共云南省委副书记丹增同志，新华社亚太总分社社长、新华社香港分社社长薛永兴同志，国家文化部文化产业司副司长谢锐同志，世界华商总会执行主席廖俊侨先生和德意志环球银行董事总经理、中国部主管翟俊先生等，北京大学副校长张国有教授、北京大学社会科学部部长程郁缀教授也出席了本届论坛的开幕仪式。

“首届中国文化产业高层新年论坛”于 2003 年 12 月 20 日在北京大学举行，主题为“多维视角下的文化产业”，“第二届中国文化产业高层新年论坛”于 2005 年 1 月 8 日和 9 日在北京大学举行，主题为“文化产业竞争力：政府、企业和学界的永恒主题”。在继承和发扬首届以及第二届中国文化产业新年论坛主题和宗旨的基础上，2006 年 1 月 7 日和 8 日召开的第三届中国文化产业新年论坛的主题为：“和谐社会与区域文化产业”。来自国家新闻出版总署、文化部、新华社和云南省委的高层政府官员，来自北京大学、清华大学、中国人民大学、北京师范大学、中央财经大学、中国社科院、北京社科院、上海社科院、上海交通大学、山东大学、南京航空航天大学、山西财经大学、南昌大学、北京电影学院和北京舞蹈学院等高校的学界精英，以及来自杭州宋城集团、西安大唐芙蓉园、深圳华侨城集团、美国网络电视集团、北京广电集团、厦门广电集团、湖南出版投资控股集团、江苏省文化产业集团等优秀文化产业企业的企业家代表济济一堂，共同为和谐社会与区域文化产业的发展进行了为期两天的高层次思想碰撞。来自文化产业领域的600多位精英参加了7日上午的开幕式，多达500多名代表参加了开幕式之后的各项分论坛。

围绕着文化产业在和谐社会与区域经济发展中的重要作用和实现方略，本届论坛共设立了六大子议题，这六大子议题分别是：文化产业与区域经济发展方略专题、全球竞争环境下的文化企业经营方略专题、文化产业与区域产业结构调整专题、文化旅游产业经营方略专题、新兴媒体与传统媒体的经营方略专题和文化产业人力资源开发专题。为了使得相关子议题的探讨更为深入而全面，本届论坛的每一个子议题均设置了长达三个小时的会议议程，在同一个子议题下同时邀请了六到八位演讲嘉宾从不同的角度进行了充分的探讨和交流，从而使得每个子议题都在与会代表的精辟分析和热烈讨论中获得了全面而深入的阐释。来自不同政府部门、教育科研机构和企业界的六百多位文化产业精英分别从不同的角度为本届论坛展示了一幅文化产业与和谐社会和区域经济发展的清晰图景。大量的思想和观点都是首次提出并得到了与会代表们和媒体记者们的热烈响应，这些思想和观点必将对推动我国文化产业在和谐社会与区域经济的互动发展过程中发挥出积极的促进作用。

本届论坛的成功举办获得了国内外众多新闻媒体的广泛关注，先后参与本届论坛直接报道的媒体达到了五十多家，其中包括了新华社、人民日报、中国文化报、中国教育报和中国经济导报等权威平面媒体三十多家，同时还包括了中央电视台、凤凰卫视、北京电视台、中国教育电视台、广西卫视和甘肃卫视等近十家权威电视媒体。此外，TOM网还对开幕式暨主论坛、全球竞争环境下的文化企业经营方略分论坛和文化旅游产业经营方略分论坛进行了图文直播，从而使得本届论坛的最新思想和观点最大限度地传播到了社会各大领域。

（摘自北大文化产业研究所网站）

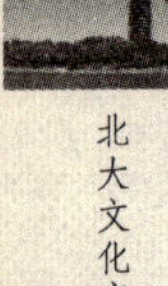

遗产旅游：国家政策、政府管理与市场角色

吴必虎

今天举办的论坛是全国文化产业的高层论坛，非常感谢本次论坛给我这个机会来和大家一起探讨文化产业中最主要的领域之一——遗产旅游。遗产旅游是一个庞大的文化产业，同时又是一个非常复杂的文化产业，当中涉及文物保护、环境解说和教育、城市规划、旅游发展等多方面因素。由于时间有限，我想仅从国家政策、政府管理、市场环境这三个方面宏观地谈一下中国遗产旅游的现状和存在的问题。

一、总体背景

中国是一个有着5 000年悠久历史的国家，历史给我们留下了许多珍贵的遗产，旅游之所以能够成为文化产业的一个重要组成部分，主要就是从文化遗产角度去观察的。从世界范围来看，遗产旅游是国际旅游的重点之一。而中国遗产在世界上的地位非常突出。

文化产业中的遗产，从狭义上理解，指的是被联合国教科文组织和世界遗产委员会确认的，具有突出意义和普遍价值的自然景观和文物古迹。从广义上理解，则几乎可以囊括所有的自然景观和文物古迹。就世界遗产来看，自1985年中国加入《保护世界自然和文化遗产公约》以来，中国（含澳门）共31项文化遗产被列入世界遗产名录，其中，文化遗产22处，自然遗产4处，文化自然双重遗产5处（UNESCO，2005）。这个数量在全球居于第三位，目前居于前两位的分别是西班牙和意大利，但是这两个国家遗产数量的增长空间不如中国大。从空间分布上来看，中国的世界遗产呈现四大组团格局，它们分别是北京组团、长江中下游组团、黄河中下游组团以及川西滇北组团。结合自然地理要

素，则会发现，世界遗产几乎都是沿黄河、长江流域分布。

就广泛涵义上的遗产来看，中国遗产数量则更为庞大。其中包括国家级风景名胜区、国家森林公园、国家地质公园以及重点文物保护单位、历史文化名城（名镇、名村）等，此外，还包括一些非物质遗产。据统计，截至2005年，我国共有国家自然保护区188处，国家风景名胜区177处，国家森林公园439处，国家历史文化名城101座，国家重点文物保护单位1 268处。对这些遗产，我们统称为国家遗产。国家遗产在旅游中起着非常重要的作用，今天我们所讨论的遗产旅游，指的正是以这些国家遗产为主要吸引物的旅游。

二、国家政策：保护与利用并举

从国家政策来看，总的趋向和价值观是强调可持续发展这一原则，换言之，也就是保护和利用并举。

遗产的保护方面，不同类型的国家遗产对应着不同的保护管理部门。目前我国国家遗产基本类型可以分为国家级（省）风景名胜区、国家历史文化名城、全国重点文物保护单位、国家地质公园等等，它们所对应的管理部门，有的在建设部，有的在国家林业局，有的在文化部，有的在国家文物局，还有的在国土资源部门。不同部门的管理体制存在较大差别，管理所涉及的法律条例也非常繁杂，每一种类型的国家遗产都有相应的国家政策、法律法规、条例进行管理，即国家遗产的类型和价值系统是各不相同的。

尽管如此，不同的管理部门通过法律、行政管理条例、或者其他的一些具体行政措施，体现出一种共同精神，那就是可持续发展的精神。这一点对国家遗产的保护非常重要。因为中国是一个处于飞速发展时期的发展中国家，在经济快速发展的过程中，发展与保护之间的矛盾不容回避。国家遗产如何可持续发展，成为我们文化产业当中非常重要、非常棘手的一个问题。如何选择国家遗产的利用方式才能实现可持续发展？我们认为，旅游正是解决这一问题的最好方式。无论是风景名胜区、森林公园、自然保护区、历史文化名城，还是文物保护单位，其最直接最主要的利用方式就是旅游。这里所说的利用方式，指的是能够带来直接经济效益的方式，具有直接经济效益的利用方式，往往也是最能引起不同层次政府、投资商、旅游者、市场、非政府组织（NGO）和研究者关注的。可以试想，上述场所如果没有旅游者（参观者、访问者）进入，将不成其为国家遗产。遗产的设立目的是为了人类的可持续利用，既包括未来者的利用，也包括当代人的利用。不管现在和未来，遗产利用的最主要的方式毫无疑问就是旅游。

三、政府管理的冲突

不同的政府部门被赋予了不同的管理职能，国家遗产保护和利用的过程中，不同部门之间存在管理冲突，利益主体关系尤为复杂，这当中包括中央政府和地方政府的关系；不同政府部门的关系，其中，不同政府又可分为不同的利益群、利益群内部、利益群之间的关系；政府和投资商、游客之间的关系等等。这是一个非常复杂的利益关系体系。这个体系的冲突和不和谐，主要表现在这样几方面：

第一，中央政府和地方政府的矛盾。国务院代表中央政府，具体负责管理的则是不同的国家部委。例如，建设部代表中央政府管理风景名胜区，他们所体现的价值观和地方政府的价值观是不尽一致的。经常可以听到建设部长在新年致辞或年终总结中提到一个重要的问题，那就是风景名胜区的开发、利用能不能搞特许经营？能不能经营权出让？经营权和所有权能不能分离？他们态度非常坚决，不能分离。而再来仔细观察一下，则会发现实际上省级及其以下的地方政府几乎都没有完全按照中央政府的要求来做，这就是因为地方政府和中央政府是不同的利益主体。地方政府希望从类似风景名胜区这样的国家遗产中得到经济效益，而中央政府是希望加强保护。

第二，保护型机构和利用型机构之间的矛盾，实际上是政府不同管理部门之间的矛盾。在中国，建设部门（这一点比较具有讽刺意义，建设部门着重“建设”亦即利用，实际上在这里它又成为“保护”的守护神）负责管理名胜风景区、国家文物局负责管理文物保护单位，林业部门负责管理自然保护区，这些部门可称为保护型机构，而典型的利用型机构则是国家旅游局、文化部、教育部等等。这两种不同类型的部门之间存在冲突。举个例子，国家旅游局推行 A 级景区评定时，建设部等多个部曾联合发文，要求下属单位不得参加 A 级景区的评选。但最后除了故宫因为参观人数太多不堪重负之外，其他所有重要的风景名胜区和文物保护单位都参加了 A 级景区评选。目前，我国 31 个世界遗产地当中，就有 28 个是国家 4A 级景区。这就是两种不同类型机构之间的矛盾体现。

第三，同类型机构之间存在的冲突。在 A 级景区评选一事上，建设部、国家林业局等保护型机构面对利用型机构（国家旅游局）所表现出的价值观是一致的，但当遇到同一国家遗产地，有多个保护型机构共同管理的时候，同类型机构之间的利益冲突同样不可避免。比如，张家界既是国家森林公园，又是国家风景名胜区，这个时候，同一类型不同机构之间的利益就会发生冲突。

第四，法律之间的冲突。首先是法律制定的问题。很多法律法规，由于起草的过程中缺少或者干脆没有广泛的公众参与，容易产生事与愿违的法律效果。建设部公布第一批国家级重点风景名胜区的时候，其相关法规中对边界的阐述非常模糊，比如胶东半岛国家级风景名胜区，江苏太湖国家级风景名胜区，都是跨数个地级行政区的，而又没有明确的边界，这就会导致管理过程中的无所适从。其次，是法律执行的问题。由于法的更新相对迟缓，原有的法规和社会经济新的发展形势不适应，导致法的实施存在问题。除此之外，还有一些情况可以归结为“无法可依”。世界上很多国家都有旅游法或旅行法，而中国目前尚未出台该类法律，这里就出现了无法可依的情况。

四、市场的角色

市场在遗产旅游中扮演着重要的角色。中国旅游业，无论国际市场还是国内市场都在稳健增长，到 2020 年中国更将成为世界第一大旅游目的地国家（WTO，2004）。2005 年，我国入境旅游人数达到12 029万人次，旅游外汇收入达到 292.96 亿美元（国家旅游局，2005）。这些旅游者当中，有 44％是为了参观国家遗产的。同时根据我们调查，很多国家级风景名胜区或世界遗产地主要的经济来源是旅游收入。例如，八达岭长城有 60％的收入是来源于门票销售，庐山有 65％的收入来源于旅游，明十三陵这一比例更是高达 92％。可以说，发展旅游为遗产保护缓解了经费压力。不仅如此，旅游带来的经济效益也促使了当地居民更为自发地、更为由衷地对遗产加以保护。

但是，同时我们也不能忽视市场是一把双刃剑。中国人口众多，遗产地人均占有量的压力是世界上其他国家所无法比拟的。同意大利相比，中国世界遗产每百万人均占有量仅为 0.03，而意大利为 0.66。如此微弱的人均配额，再加上每年递增的入境旅游人次，给遗产地保护带来了很大的压力。此外，许多风景名胜区离城市的平均距离在 70～80 公里左右，一小时的车程就可以到达，城市作为国内旅游中庞大的客源市场所在，也加重了遗产地的保护压力。

五、结论

遗产旅游市场庞大、遗产管理体制矛盾重重，如何寻求解决之道？我认为要引进特许经营。遗产地不经营是无法解决矛盾的，现在的问题不是该不该经营，也不是该不该转让经营权，而是该怎么转让经营权、如何管理经营权转让的问题。我认为，可以采取的办法有：制定相关法律条规，通过立法对受许人的资质进行管理；对受许人的资质要进行严格审查；受许人进入国家遗产的开发和管理过程中，要进行严格监督，

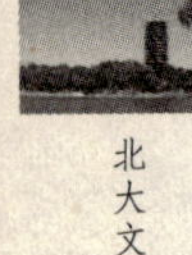

管理职责和经营职责要明确分开。这就是我的主要观点。

谢谢大家！

（吴必虎：北京大学旅游与景观设计研究中心主任、教授。本文为作者在“中国第三届文化产业新年论坛”的演讲稿）

传媒新趋势

喻国明

2005年已经过去，对于中国来说，这不是一个很轻松的年份，因为毕竟我们在这一年受到太多压力，这种压力带来很多心理上的和实际的困惑。也有一种观念甚嚣尘上，说传统媒体的冬天很长，永无翻身之日，但我是不赞成的。我在两年以前提出，中国传媒媒介必然面临一个拐点，面对很多现实的转型要求，如果还继续按照过去的运作模式、赢利模式干下去，延长线是画不下去了。事实上当时有很多人对此不以为然。两年多以前整个传媒业还是欣欣向荣的，每年以两倍的赢利额在增长。2004年开始我们看到了传统媒介、印刷媒介面临很多经营压力，具体表现就是广告的经营，报纸和杂志第一次面临负增长，尤其是报业，20年来第一次出现负增长。2005年事实上一定会高于10%。有人说广播电视比较好，广播还有一个很大的发展空间，因为广播这样一个媒介比较适合于快节奏的社会人群。

中国人的节奏现在在加快。10多年以前，我听到一个社会学家说中国人走在香港大街上或者东京的银座大街上，中国人会被别人超越。而现在我走在香港大街上，我的速度一定不比别人的速度慢。社会节奏的加快，给广播媒介提供了一个巨大的机会，是因为广播跟其他媒介最大的不同，它是对于人们接受传播的独占性最低的一个媒介，特别适合快节奏生活状态下的人们。加上现在广播出现了一个新的有利的所谓社会行动能力很强的人群，这些人有社会的影响力，又有市场的消费力，广播的复兴有一个非常现实的空间。

应该说电视目前的日子还很好过，但是我可以预计它几年以后会面

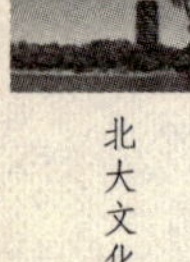

临比今天报业面临的情况危机要严重，因为电视是高投入的产业，一定会被移动电视、网络电视等分割，再加上现在网络兴起、博克的势头，到 2008 年左右的时候，整个奥运会的转播，我想其真正的英雄不是中央电视台，不是传统的电视，应该是我们这些博克。电视份额的危机一定会面临极大的压力。今天一定要未雨绸缪考虑这事。

传统媒介面临的压力并不是山穷水尽疑无路。我给新浪写过一个寄语，我说中国传媒面临的困难并不是路已经走到了尽头，而是说应该转弯，就是我们要实现转型，这种转型既是内容制作方面的转型，也是赢利模式的转型，同时也是对于技术革命的转型。

我们来回顾中国目前传媒业的基本情况，中国传媒业发展的宏观经济背景。2005 年 1 月全国的人口已经超过 13 亿，这意味着什么，意味着在中国做任何一个有市场意义的举措都要考虑到一个巨大的市场激素，这是我们这个市场的特点，也是我们这个市场的优势。我常常去参加一些媒介的改版论证或者是一些新闻媒介新市场的开拓方案论证，我一听到说，我们这样一个媒介，我们这样一个服务产品是要定位于高端，我常常要打一个问号，这样定位在中国是一厢情愿，因为清华大学的李常教授去年对中国社会结构的分析说到，中国的结构是非常特殊的，是巨大的底座加上一个很细的杆子，倒立型的。位于底座上的大多数之上的这些人对媒介的消费、使用选择都是非常挑剔的，实际上对这群人，这样一种市场进入，能够获得成功的操作要求是非常高的。

要重视技术的变化，没有这样的一种技术的准备，恐怕十个有九个要失败。而考虑到人口众多的时候，常常是一个很简单的技术就能带来巨大的市场，比如手机短信对于移动服务；但是由于中国现在拥有 8 亿 8 000 万部手机，世界第一，这种手机短信使用已经普及到任何年龄段了，5 年前是小姑娘小伙子使用，现在 80 多岁的老教授都用手机发信息，手机营业额已经达到 600 亿人民币水平。意味着我们经过 20 年广告市场的开拓达到的数字。因此，要依赖于一个巨额的市场激素，以及一项适用技术符合市场要求，要开拓市场，考虑这个市场的时候，它是非常重要的特征。

中国经济发展的总量已经达到了一定的规模，按照现在最新调整的数据，已经达到 15 万亿这样的水平。中国城镇居民人均收入已经超过 1 000 美元，考虑到人民币和美元之间实际上被低估了水平，中国城镇居民可支配收入可以达到 1 500 美元左右。1 000 美元意味着什么？说明两个事实。第一，中国人温饱阶段的任务已经从全社会的角度基本上完成。当然有极端贫困的阶层，这是少数人群，社会应该在发展当中把自己的发展回馈这些人。从整体来说，整个社会物质短缺的时代已经历史性地翻过去了，未来更大的需求是对于人的精神和文化生活的提升，而这样的需求表现为被称之为体验经济的东西。也就是说，人民的生命质量不但要拓宽，还要延长，多体验人生的各种各样的状态。就当我们比古人多活了三五倍。体验经济的产品很大程度上是推动媒介来加以实现。因此，这样的社会发展阶段，整个媒介的市场空间是巨大的。第二，按照国际上的研究，人均可支配收入在 1 000 美元以下是传统社会，靠血缘地域关系。1 千美元以上的社会，信用关系和彼此之间的情感联系等多方面的精神文化被打破，这个时候整个社会生活尤其精神生活呈现碎片化。这时候借媒介建立新的社会游戏规则，媒介也在社会当中起着重要作用。这是这个发展阶段的一个特别重要的任务。

中国媒介目前发展的数字，到 2005 年公开出版的报纸有 1 926 种，日报和周报分别占到 30%和 50%，日报增长最快，比两年以前，日报增长了 10%以上，说明中国报业增长的力度和速度在增加，日报拥有量是世界第一。各国衡量一个社会报业发展的通用数字，千人拥有日报 2005 年达到了 96 份。中国有很大差距。那么期刊，2005 年底的时候，祖国大陆公开出版的有 9 490 种，总印数是 29 亿册，中国大陆平均持有的是每人每年 2.18 册，比 2004 年减少 0.12 册。

2005 年的情况，从报业零售情况上看，零售在降低，降低幅度慢。四月份比三月份少，五月份比三四月份少，七月份比六月份少。但是九月份比八月份少就不正常。这是值得关注的现象。目前中国期刊绝大部分还是党政宣传政治的，学术期刊，进入市场的不过两千种。图书，中国目前有图书出版社 573 个，2004 年共出版图书 24 万种。其中新版图书 12 万种，再版图书 12 万种。中国人每人拥有 5 本书。这其中 70%以上是教科书和教材，教材以外的书只占百分之二十几。中国图书市场的开拓非常有限。中国网站一共 26 万个，网民数量达到 1 亿以上。电视播出机构 2 280 家，播出的节目是 1 254 套。今年无论我们准备好了没有，卫星一定要放；放卫星之后，中国可以通过卫星电视收看节目，到最大容量可以达到 500 套节目，分割中国的电视收视市场。广播目前有 282 座，广播曾经是中国覆盖率最高的媒介，1986 年被电视超越，一直走低。2002 年的时候，广播每年呈现 20%的增长。目前播出 1 777 套广播节目，覆盖率略低于电视，拥有两亿三千万人。电视最多，电视覆盖地区人口当中每天实际看电视的人并不是所有的人，因 80%开机。网络拥有 1 亿 6 000 万人。

那么，我们看到 2004 年的时候，四大传统媒介的发展速度显著下降。中国广告业经营的增长速度在14%以上，但是四大媒体的广告增长平均只是5%，而报纸是负增长5%，杂志负增长10%。但是，并不是说中国的传媒经营市场已经走到尽头，已经饱和了，问题在于我们现在整个的经营模式相关的对于市场技术的利用以及体制层面还有很多开拓空间。目前的困难并不是由于市场的饱和，而是由于经营模式能够承载的经营规模带来的困难，我们在操作技术方面还有很大的转型空间。因为从广告经营的角度来说，我们现在这个广告经营的发展空间，仍然是极其巨大的。那么，中国传媒面临的拐点是如何造成的？只有充分了解问题的所在，我们才能找到化解问题的策略（这是广告经营额占前20位的全国报纸基本情况），有些数字是正的。实际上我们知道，都有10%的增长，并不是实际量的增加；但竞争的加剧使差距越来越大，都要降价的，减掉20%的，如果这样，前20位的报纸没有几家是赢利的。像北京青年报，同比负增长20%。精品购物指南实际不足20%。

我们传媒目前面临的共同问题和危机存在这样几个方面，就是内容和运作模式程式化带来的微利化的趋势，提供的内容产品是同质的，运作模式也是同样的，等同的服务带来的替代性增强，因为彼此间竞争只能靠竞相压价，整个利润下降，整个经营成本加大。如何解决这些问题，我想主要的思路就是过去我们中国的这个传媒市场的发展主要是靠要素增长，要素开掘来实现的，而当市场要素开掘殆尽又找不到新的市场要素的时候，我们只能靠市场的深入开掘，对于要素的整合，重新进行深度的排列。我们选择排列来获得我们纵向的个性化的，核心竞争力的打造。这是在内容制作和内容模式的整合。到了今天，还有要素在市场，其他的市场面和传播，我们都开掘完了，进一步发展，我不希望有新的市场要素，传播要素出现，就像我们都有娱乐。

那么第二就是赢利模式的单一化和透明的天花板问题。所有媒介都遇到这个问题。过去我们高度增长，现在增长变得异常平缓，这个透明的天花板并不是市场饱和，而是我们经营的小车，我们赢利模式对于经营成本空间大极限所造成的。我经常说，就像我们挣钱一样，如果我们靠洗盘子挣钱，我比别人洗得好，别人挣500块钱我可以挣1 000块钱，但是靠洗盘子挣2万块钱，10万块钱并不可能，那不是用这种方法挣的。要想挣多，要把这个转型改变，得创新，才有可能承载更多的经营空间。尤其是新兴媒体的分割，对传统传媒是致命的。印刷媒体在北京的情况非常严重，几乎所有的综合性的报纸、日报它的读者的平均年龄在几年以前，尤其是2001年以前，基本上都是42岁以下，北京市居民平均年龄是42岁，报纸年龄略年轻于居民的平均年龄。现在所有读者的平均年龄都大于42岁。再过两年，报纸可能步入中年，老年了。我们应如何利用数字化时代所带来的传播技术，使自己的生命价值向着数字化的网络延伸，在数字化平台上实现自己生命的延续，谁今天不考虑这个问题谁就没有明天，当然我们说到这个情况的时候，我说的是网络的压力。

但事实上，做网络的人所面临的压力一定不比做传统媒介的少，因为网络已经经过了两代人的模式，要进入第三代营业模式。第一代营业模式就是新浪、搜狐的，由于存量，吃午餐，由传统媒介提供信息放到网上，因此形成了类似于传统媒介的经营。由于流量，有各种各样的广告和经营收入，实际上是传统媒介免费午餐形成的，利用了网络海量信息的优势。对于网络的技术可能性的利用率，我认为最低，有核心竞争力的一定对自己所操作的进行最大限度地开发，充分利用，你的利用程度就是你的核心竞争力，门户网站是比较弱智化的。现在出现一种情况，就是传统媒介不让他吃免费午餐的时候，这个门户网站的经营危机来了。

南京宣言说，我们不再给网络媒介免费的午餐，因为他们影响到我们的生存。这样一种东西，事实上是对于第一代赢利模式的警示。我们知道这是第一代赢利模式。第二代GOOGLE和百度，用了人工无法想象的东西，用这样的模式成功避免所谓的内容原创方面的困扰，因为它的指向，对于内容本身不违反著作权的，但是它的点击不指向别的网站，是建立在对于网络技术的利用之上，至少在技术方面比门户网站高一级。巨大的问题就是被动，消极，只能把现有的东西汇集，处理。没有基于网络的技术实现网络的原创。

新浪和搜狐想用传统媒介，传统媒介比你做得更好，它的成本效益比你更好，网络不可能实现原创，网络一定建立在技术可能性上。网络的技术是什么？就是所谓百科式的。过去写百科全书，几个专家来进行汇集，可能对所有的词条没有发言权，但我的一个词条有一个独到见解，我是不可能被吸收到写百科全书里的。网络是汇集。谁都可以在上面对词条进行注释，选择决定于大家认同的分量，决定在整个词条里的排位，你可以看不见，你不怕你的思想被淹没，你也可能被排到五百位，有一天有人看见你的词条发现，你说的非常深刻；到有人点过来，而且得到大家应和的时候，你就会重新被翻到前边。这样活的百科全书只有网络有，网络最大限度地汇集全民出版的概念。我有一个网站，我只要在网站提供一个平台，一个影子，就可以请有兴趣的人来做。有一个影子说，什么叫有面子？说美国总统请我到白宫做客这叫有面子，有人说这不对，比你这更有面子，总统把你请到了白宫里面，总统办公室上的机子响了，“对不起，现在有重要的事情，比那个军国大事还重要”，最有面子的是你拿起电话说，总统先生您回避一下。

用同样的方式，用同样的模式我们可以想象，比如说过圣诞节，中国人过圣诞节，国庆节，情人节，就说让所有的有兴趣的人把自己一生的所见所闻，写成关于中国乡土社会的一个中国人一天生活的百科全书，这是任何一个出版社达不到的吧，但在网络上可以实现。奥运会开幕那一天有一个主页，电视剧有很多人可以去编，可以这样编，那样编，利用老百姓的力量和网络的技术原创。传统媒介在未来的整个传播过程中，把关是一种经营文化的，有把关的惟一性，有特定的文化指向，即使以后不出版，是用网络的，其他方式出版。由于把关生产模式是传统媒介的生产方式，仍然有价值，有作用，仍然是传统媒介。网络的原创更大程度上体现了流行文化，体现了大众心理，社会大众心理的一种创作，它的内容跟媒体所生产出来的东西不一样的，这才会形成网络时代的新的生产方式，而这种新的生产方式的内容是网络，一劳永逸摆脱对传统媒介核心竞争力的打造。传统媒介也可以在网络化的过程当中找到自己新的生长点，就是传统媒介和网络媒介未来有一个对技术的充分利用的东西。新兴的数字和传统媒介永远不是对立，如果用对立观点去分析是错误的，应该是互相融合的关系。

还有就是媒介生产和竞争的重心，过去是以编辑部为中心的。现在的传媒产业本身专业化的发展，更多的内容提供者，网络运营商，市场检测咨询的专业机构的进入，既给这个文化产业媒介产业本身带来了理性的力量，同时分割着传统媒介的利润，但是我们要知道，任何一个东西都是双人的，双向的，这样一个桥梁你也可以出来出去。作为一个媒介，你的原创能力强，你可以用，可以输出给别人，你成了别人的内容提供商。这样一个传媒产业的彼此之间的关系，沟通管道和彼此之间依赖渠道的增多，对于传统媒介的生产既有压力，同时也提供了生产和价值链的，带来的不仅仅是危机。我认为危机表示危险，困难，险境，同时也是机会，我们来面对今天所面对的问题，我们用新的对于发展变化的敏锐的操作，对相关资源的整合能力和创新地看待问题，我们就能够获得新的更高的发展，这就是我们传媒产业今天和明天所面临的形势。

（喻国明：中国人民大学舆论研究所所长、教授。本文为作者在“第三届中国文化产业新年论坛”上的发言整理稿，未经作者审阅）

“十一五”文化产业发展趋势分析

齐勇锋

进入“十一五”规划的开局之年，我国文化产业面临新的发展机遇。党中央、国务院出台了《关于深化文化体制改革的若干意见》，我国文化体制改革将由点到面，逐步在全国范围内全面铺开。在这一背景下，“十一五”期间，我国文化产业将会出现怎样的发展态势，是各方面普遍关注的问题。本文对此略做分析，希望对文化投资和产业发展有所助益。

一、文化产业进入高速增长阶段，其增速将高于 GDP 的增长速度，成为国民经济新的增长点

做这样预测的主要依据，一是文化体制改革全面展开并逐步深化，将会极大地释放文化产业发展的活力，给文化产业高速发展提供体制保障。二是随着我国经济继续保持快速发展，城乡居民的文化需求将大幅度增长，文化产业发展的需求空间巨大。国家统计局有关专家预计，“十一五”期间国民经济将继续保持年均 8%左右的增长，城乡居民收入迅速递增，恩格尔系数将分别下降到 30%、40%左右。2005 年，我国人均 GDP 已达 1 703 美元，估计到“十一五”末可达 2 500 美元左右，“十二五”末达 3 500 美元左右。国际经验表明，在恩格尔系数下降到 30%～40%，人均 GDP 达到 2 000 ～3 000 美元之间，是从“小康”迈向“富裕”阶段，是文化消费快速增长的时期。城乡居民消费结构的升级换代，沿海和内地大中城市已经富裕起来的部分居民消费方式的“脱物化”，将推动文化产业的快速发展。三是交通、通讯和公共文化服务等基础设施的改善，将为文化产业发展提供必要的物质条件。

“十一五”规划把构建公共文化服务体系作为一项重要任务，像目前正在实施的国家文化信息资源共享工程、广播电视村村通工程、县级图书馆和乡镇文化馆建设工程、农村电影放映队建设工程、民族文化遗产保护工程等，不仅会大大提升公共文化服务的物质基础，同时也为文化产业的发展提供良好的条件。四是政策支持。文化产业既是新兴产业也是绿色产业，“十一五”规划已经把文化产业作为调整经济结构的重要举措，从中央到地方出台了一系列鼓励文化产业发展的政策措施。文化部明确提出在今后五年文化产业要实现年均15%的增长。北京、上海、浙江、广东、云南、重庆、四川、河南、山西等诸多省、市提出建设文化大省、文化强省的目标，在规划中都提出文化产业要高于GDP的增长速度。

二、结构调整步伐加快，跨地区、跨行业经营成为发展趋势，各个文化行业将会出现非均衡增长的局面

由于条块分割而导致的结构不合理是我国文化产业链条断裂，竞争力不强的主要原因之一。预计“十一五”期间随着文化体制改革的深化，在市场导向和政府推动的合力下，文化产业结构调整的力度会逐步加大，在最近几年可能形成购并、重组的高潮，一批跨地区、跨行业经营的混合经济结构的大型文化产业集团将会脱颖而出，成为我国文化市场上的主导力量和战略投资者。从文化产业和行业结构看，预计音乐、演出、影视、动漫等娱乐文化产业，互联网、数字化电视、手机等新兴媒体将会呈现高速增长的态势，某些领域甚至可能出现爆炸式的增长，而报刊、出版、广播、电视等传统的传媒文化产业则可能呈现平稳的发展态势，有些方面（如报刊）甚至还可能出现逐步下滑的态势。也就是说，各个文化行业将会出现非均衡增长的局面。其原因既有传统媒体与新媒体在传播方式和技术含量方面的差别，也有传统媒体存在的市场准入和条块分割的体制性、政策性制约因素，同时还有十几年来传统媒体高速发展，其外延扩张已经到了一定的阶段，因而进入平稳增长的经济周期也是正常的。传统媒体若要实现新一轮增长，必须加快体制改革和结构调整，解决发展模式创新、体制模式创新，以及在产业政策方面存在的三网合一、广电和信息产业的条块分割等问题。这些问题，也是“十一五”期间文化体制改革需要着力解决的难点和重点所在。据悉，在有关部门起草的《电信法》中，将考虑取消广电和信息产业之间的行业壁垒，对于广电行业来说，这无疑是一个福音。

三、非公有经济快速发展，以国有资本为主导、各种所有制共同发展的文化产业格局将逐步形成

从所有制结构看，随着2005年国务院发布《关于非公有资本进入文化产业的若干决定》等一系列文件，对非公有经济放宽了市场准入，预计“十一五”期间，民营经济、混合经济将继续保持高速增长，各种所有制之间通过投资控股、相互参股、收购兼并、托管运营、项目合作等市场化方式日益融合的步伐会大大加快，形成以国有资本为主导、国有和非公资本共同发展、优势互补的文化产业格局。由于国有文化单位目前还处于体制改革的试点阶段，结构调整和体制改革还需要时间，所以，国有文化经济将呈现平稳增长的态势，并在新闻出版、广播电视等传媒文化产业中继续保持优势，而民营和外资将在音乐、演出、影视、动漫等娱乐文化产业、艺术产业和新兴传媒产业中发挥重要作用。这种所有制布局，将有利于我国文化产业实现健康有序的发展。

四、区域文化产业异军突起，文化创业投资热潮、文化资源开发热潮将持续升温

区域文化产业是当前我国文化产业发展中的一大亮点。作为一个发展中的大国，我国人口众多，幅员辽阔，区域发展很不平衡。总体来看，我国沿海地区经济发达，基础设施完善，文化人才和资本相对丰裕，而中西部地区经济发展相对落后，但文化资源却十分丰富。因此，在“十一五”期间，将会形成东西合作、优势互补、互动发展的区域文化产业发展格局。虽然近几年来西部经济的增长速度很快，但由于东、西部现有资源和基础设施条件的差距，所以预计在“十一五”期间，东、西部区域文化产业发展的差距在短期内还不可能缩小，甚至会进一步拉大，这种逐渐拉大的态势有可能在“十二五”以后逐渐缩小。

目前，我国区域文化产业还处于起步阶段，各地区对文化产业发展的定位还不是十分明确，如突出什么特色？主打什么产品？还不是很清晰。因此，各地在“十一五”的区域文化产业发展规划中，有待于对自身的资源条件进行科学分析，对未来重点发展的产业、产品明确定位。最近，北京、上海在规划中把文化创意产业作为发展重点，北京明确提出来要成为全国、全球的创意中心之一，上海则提出未来要跟纽约、东京、伦敦并列为世界四大创意中心。北京、上海作为国际化的大都市，人才集中，资金充足，有条件发展高端的文化创意产业，而中西部地区则应从本地区的实际情况出发，着力于发展区域特色文化产业，例如云南的文化旅游产业已经形成规模和特色，成为该省新的经济增长点。预计在“十一五”期间，随着产业政策的倾斜和区域文化产业的进一步升温，将会形成持续性的文化创业投资热潮和文化资源开发热潮，而文化资源保护工作将会得到更多的重视，因为文化资源，特别是历史文化遗产作为国家和民族的公共资源，也是发展区域文化产业的基础条件。

五、文化产业自主创新、转变增长方式提上日程，内容产业、版权产业将成为投资热点

“十五”期间，我国文化产业的快速增长是在传统文化体制仍然居于主导地位，文化产品和服务还存在着较大供给缺口，在强劲的文化消费的拉动下实现的。但由于这种增长方式仍然是外延式的粗放型的数量扩张，因而，我国文化产业原创能力和动力不足、质量和效益不高的问题仍然十分突出。“十一五”期间，随着数字化技术的发展，传媒载体和传播渠道日益过剩，节目内容将日渐不足，从而使文化产业转变增长方式，推动以原创为特征的内容产业和创意产业获得快速发展。内容产业和创意产业的升温必然会促进版权产业发展，因为只有版权产业发展起来了，内容产业和创意产业才会步入良性循环的轨道。所以，预计内容产业、创意产业、版权产业将是“十一五”期间社会资本追逐的新热点。某种意义上来看，中国的版权产业还没有真正发展起来，或者说还没有形成完整意义的版权产业。通过版权的保护、利用、开发与交易使节目内容的创作形成多种类型的文化产品，并在每个环节获利，从而促使版权这种文化要素能够跨地区、跨行业、跨国界的有序流动起来，在不断地交易和转让中实现增值，这样一来，我国文化产业的原创水平就会大大提高。同时以规范的版权交易，用经济手段从根本上治理盗版问题，推动整个文化产业的健康发展。

六、文化创意产业和制造业日益融合，推动产业、产品结构的优化和升级换代

文化产业作为第三产业服务业的一个有机组成部分，与传统制造业之间存在着紧密的内在关系。创意产业作为文化产业的上游不仅为其下游提供原创文化，而且还可以提升制造业的文化附加值，解决我国制造业普遍缺乏品牌、创意，设计和技术工艺差、效益低下的问题，实现我国从制造业大国向制造业强国的转变。预计“十一五”期间，随着文化创意产业的迅速发展，文化创意产业和制造业将日益融合，形成二者互为支撑、相得益彰的发展态势，推动我国产业、产品结构的优化和升级换代。目前，在我国环渤海、长三角、珠三角三大制造业基地中，北京、上海、深圳都提出要加快发展文化创意产业，这决不是偶然的。可以预料，文化创意产业作为建设“创新型国家”的重要内容之一，在国家和各级政府的大力支持下，必将获得迅速发展，为从“中国制造”向“中国创造”的历史性转变做出积极的贡献。

七、文化人才严重短缺，文化教育培训体系将在市场需求的推动下

迅速发展形成

文化产业是资产轻型化的知识经济，其核心资源是人力资源。近几年来，随着文化市场投资准入的开放，文化产业迅速发展的形势与人才总量不足和结构失衡的矛盾越来越大，各类文化创意人才、经营管理人才、技术开发人才、市场营销人才，尤其是既懂文化又懂经营的复合型高级人才的缺口越来越大，成为制约文化产业进一步加快发展的瓶颈之一。据有关方面估计，目前在新媒体、影视、卡通、动漫，以及出版、报刊、广电、演出、会展、休闲、艺术品经营等领域中，上述各类人才的缺口达数十万之多。预计“十一五”期间，随着文化产业规模的继续扩张和产业结构的升级换代，文化产业对各类人才的需求将进一步增长，各类文化人才的短缺状况在短期内还难以缓解，从而促使文化培训市场、文化学历教育在近几年迅速发展的基础上持续升温，催生文化人才教育培训体系的逐步形成，对文化产业的快速和可持续发展形成强有力的支撑作用。

八、文化市场进一步对外开放，文化产业的国际化水平明显提高

从长远看，我国文化市场开放仍然是一种必然的趋势，但这种开放并非直线的、无差别的，而是渐进式的、内外有别的差异化的开放。由于传媒文化产业是兼具公共性和产业化特点的国家战略性产业，关系到国家的文化主权和文化信息安全，所以市场准入仍然会比较严格。一般来说，文化市场准入与经济领域不同，在经济领域，我国实行的是内、外资几乎同等的国民待遇，而在文化领域，特别是在传媒文化产业领域，则是内外有别的差异化的市场准入政策，这也是国际惯例。2005年10月，联合国教科文组织经过多轮谈判，签署了《保护和促进文化表现形式多样性公约》，其基本精神就是要按照“文化多样性”的原则，适度保护本土文化，促进世界文化的多元化发展。这表明，在文化市场实行内外有别的差异化的开放政策有了国际法的依据。

“十一五”期间，随着我国加入WTO过渡期的结束，全方位、宽领域的对外开放格局的形成，我国文化产业的国际化程度将显著提高。这主要体现在三个方面：一是在文化市场准入方面，按照内外有别的原则，在加强政府监管的前提下，将继续开放文化市场，使文化体制，特别是市场微观组织和宏观管理的运行机制进一步和国际接轨。二是促使文化产业与国内外资本市场结合。在文化市场结构调整过程中，一批具有较强竞争力的国有、混合和民营文化企业通过股份制改造将登陆国内、国际资本市场。三是随着国家鼓励民族文化产品走出去，鼓励大型文化产业集团开拓国际市场，一批优秀的具有民族特色的、原创性的文化节目将逐步推出并进入国际文化市场，一些跨地区、跨行业、跨国界经营的大型文化产业集团将会在这一过程中迅速成长起来，从而不仅改变目前我国文化贸易的巨大逆差地位，同时也在参与国际文化市场竞争中充分展示中国的大国文化形象。

（齐勇锋：国家发展改革委经济体制与管理研究所研究员、文化产业研究中心主任）

产权制度与文化产业职业经理人的成长

罗争玉

一、文化产业发展迫切需要高素质的职业经理人

在中国，很多职业经理人被称之为企业家。企业家与职业经理人其实是两个有很大差别的概念。企业家，从最本质的意义来讲他必须是所有者经理，与所有者经理相对应的才是职业经理。

中国文化产业是一个新兴的产业领域，职业经理人队伍的成长刚刚起步，一部分职业经理人原本是政府官员，他们对行政管理比较熟悉，但对于企业管理显然不适应；一部分原来是学有专攻的专家，但对于经营则明显缺乏经验；也有不少人从其他产业领域进入文化产业领域，他们虽然熟悉企业的经营管理，但对于文化产业运作的特殊性不太熟悉。

文化企业是文化产业发展的重要载体，没有文化企业的快速成长不可能有文化产业的快速成长。从各国经验来看，职业经理人的素质决定了企业的未来，受中国传统人治文化的影响，这个问题表现得更加明显。文化产业在中国刚刚起步，中国文化产业的发展迫切需要高素质的职业经理人。

二、职业能力的成长和职业道德的成长

职业经理人的素质涉及诸多方面，概而言之，主要包括职业能力和职业道德两方面。因此，职业经理人的成长虽然同样涉及诸多方面，但也主要体现在职业能力的成长和职业道德的成长两方面。

职业能力是一个十分广泛的概念，贯穿于职业经理人的整个职业生涯，一般来讲，职业能力大致包括思维能力、语言能力、决策能力、创造能力、用人能力、组织管理能力、沟通交流能力等。

从一般意义上讲，职业能力和职业道德密切相关，“德成而智出”，两者如同鸟之双翼，是不能截然分开的，对职业能力的评价必然包括职业道德的内容。在中国，并不缺乏有能力的职业经理人，但有职业道德的经理人比有职业能力的经理人要稀少。因此，中国职业经理人的成长主要是职业道德的成长，而不单是狭义的职业能力的成长。

中国的文化产业起步比较晚，自主创业壁垒很低，很多企业刚刚培养成熟一个职业经理，他马上就想自己办公司当老板。想当老板并不是不道德的，但背叛企业肯定是不道德的。任何一个企业都不愿意花大力气培养出一个职业经理就背叛企业，成为自己最重要的竞争对手，甚至成了企业的掘墓人。

由于企业对职业经理人缺乏信心，职业经理人自然不可能对企业有较高的忠诚度，一旦有了更好的机会就会不顾企业的利益谋取自己的利益。道德的缺失与职业经理人的成长之间形成了一种恶性循环，加大了职业经理人成长的成本。

中国文化产业的发展，当然担心没有足够优秀的企业家，最需要担心的不是没有优秀的企业家，而是没有足够优秀的职业经理人。没有良好职业道德，就没有优秀的职业经理人，就不可能成就优秀的企业家，就不可能打造具有国际竞争力的文化产业集团。

三、利益选择与职业道德的成长

怎样才能让中国文化产业职业经理人的职业道德得到成长？我们知道，道德是调整人与人之间关系的规范和准则，调整的实质是利益的取舍，道德的成长是一个道德选择的过程，因此道德成长从本质上讲是利益选择的体现。

当然，利益是一个多元的概念，利益除了一般意义上的物质利益外，人们选择遵纪守法而获得身心的安宁，选择恪守伦理道德以在社会中享有和谐的人际环境，选择承担社会责任以实现人生价值，也都是利益选择的体现。

一个人的道德选择、道德成长与他的利益预期有关。当人没有利益预期时，很难保证人会讲道德。在市场经济比较发达的国家，缺乏良好职业道德的人是很难找到工作的。一个职业经理人如果被认定没有职业道德，也就失去了所有未来发展的可能，在职场中是没有任何竞争力的。

中国文化产业由于市场化程度比较低，对职业经理人缺乏科学的评价和监督机制，很多职业经理人没有追求企业长远发展和个人职业生涯长期成长的动机，自然就不会重视长远利益，也就是说只会重视眼前利益或局部利益，也就不会有一个良好的道德选择和道德成长。

四、产权是职业经理人成长最重要的利益选择

要职业经理人有职业道德，必须让他们感觉到讲职业道德最多只能让他们的眼前利益受损害，却可以获得更大的长远利益，而不讲职业道德也许会使他们获得眼前利益，却会损失更大的长远利益。

对于文化产业的职业经理人而言，利益选择当然包括职务的晋升、薪酬的增长以及事业上的成就感等，但最重要的利益选择是产权。因为只有产权以及与之密切相关的职业生涯的成长才是最稳定、最可靠的利益预期。

与其他产业领域相比，文化产业领域的许多企业的人力没有作为资本得到认可，尽管目前个别企业已经对人力资本作了界定，但对人力资本的保障仍然非常脆弱。这样，文化产业职业经理人看不到长远的利益，就算是看到了，也很难对长远利益充满信心，就很难保证职业经理人不选择利用控制权获取利益。

中国国有文化企业的产权一元化，经理人由于在企业不占有任何产权，他就不需要对他所作的任何决策的后果承担高度相关的责任，而且他也不能确定在这个位置上呆多久，可能并不会因为干得好就可以永远干下去，企业未来的收益或许是别人来分享，那么企业的任何领导人即使是董事长其实都是职业经理人，一般都会选择追求眼前的利益。

中国民营文化企业的所有者经理人，他们的产权是清晰的，但大量的所有者经理人也不讲职业道德，主要原因也是因为他们感到他们的产权没有可靠的保障。一个人如果他所预期的所有权随时可能被剥夺，他就不会像真正的所有者那样作为。

文化企业必须将产权进行明晰，如果经理人在企业持有股份，背叛将使其持有的股份一分不值，那么在绝大多数情况下会选择忠诚于企业，维护企业的利益。从这个角度也可以看出产权是职业经理人最重要的利益选择，中国文化企业的产权制度改革到了刻不容缓的时候了。

五、用现代产权制度促进文化产业职业经理人的成长

中国文化事业的改革与发展正处在关键时期。文化事业应分类进行改革，公益性文化事业主要进行机制改革，非公益性文化事业则要进行机制和体制的改革，这已成为共识。

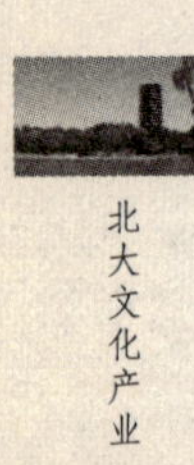

但中国的非公益性文化事业的体制改革进展缓慢，近年来建立了许多大型文化产业集团，受“管制”理论的影响，也并没有建立多元化的现代产权制度。

建立现代企业制度必须先建立现代产权制度，而现代产权制度的关键是产权的自由交易权。我国的文化产业领域基本上否定了产权的自由交易权，看似在保护产权，其实是背道而驰。文化产业产权制度设计最重要的理念，就是在产权清晰的基础上保障产权的自由交易权。

很多人担心，职业经理人做了违背职业道德的事情，又可以将自己的产权进行自由交易，会不会让产权无法得到保障？我们都知道，自由的市场竞争并非无规则的竞争，自由的交易也不是无规则的交易，产权交易也是如此。职业经理人做了违背职业道德的事情，自然损害了企业最根本的产权利益，他个人的产权自然要受到制度的制裁。

没有明晰的产权，很难保证职业经理人职业道德的健康成长。有了明晰的产权，并不意味着经理人就一定会有职业道德，因为最明晰的产权也不能保证在有空子可钻的时候不钻空子。因此，要有一整套切实可行的制度，让恪守职业道德的经理人获得更大的利益，让不守职业道德的经理人付出更高的成本。

道德和制度是维护市场秩序的两个基本工具，是完善的市场经济的两个支撑体系。良好的道德可以大大减少对制度的需求，严格的制度制裁可以使人们更讲道德。事实证明，在制度健全的国家，人们往往更加讲道德。

如果我们不重视文化领域的产权制度改革，或者因担心意识形态失控而不敢推进产权制度改革，经理人的职业道德建设就是一句空话。不通过市场的方式来培育文化产业经理人的职业道德和职业能力，职业经理人的成长将非常困难。

世界一流的文化企业都在选择优秀的职业经理人，同样，中国的文化企业也需要大量优秀的职业经理人，如果没有清晰的产权，中国的文化企业不仅不能吸引新的职业经理人加盟，现有的经理人会流失。没有产权的预期也会有有职业道德的经理人，但不可能产生大批的、更不可能长久地拥有具有职业道德的经理人，中国文化产业发展的悲剧就在所难免了。

全球化的本土振兴

——中国的文化创意产业与内生经济增长

魏鹏举①

全球化来势汹汹，顺我者昌，逆我者亡，使地方的发展似乎只剩下“to be or not to be”的选择了。如果纳入全球化的体系，就可能意味着本土文化与社会特色会被以美国文化为表征的强势资本主义文化所销蚀；如果拒绝进入全球化体系，谨守本土文化之独立完整，本土经济之自给自足，历史经验证明，这种闭关锁国的做法注定是死路一条。

中国的发展其实也正处于这样一个在全球化背景下经济、社会与文化交困的关节点上。如何既能通过全球化的产业分工合作发展本地经济，满足就业与社会发展的需要，同时又能保持本土文化、生活方式以及环境生态的稳定与延续？是否有调和全球化与本土化冲突的“全球本土化（glocalization）”这样一种第三条道路呢？文化创意产业②的兴起为此提供了新的发展思路和可能性。

一、全球化时代的文化创意产业

现代社会显示出了这样一种悖论：当今世界既处于一个以商业和科

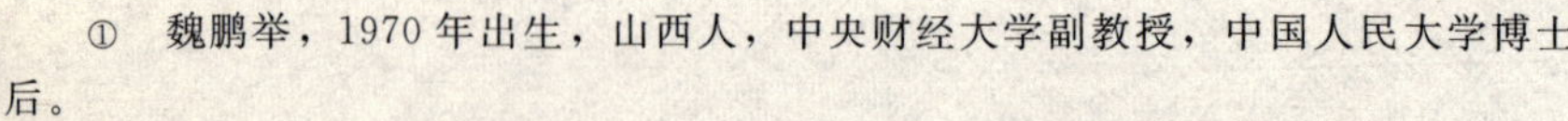

① 魏鹏举，1970年出生，山西人，中央财经大学副教授，中国人民大学博士后。

② 对于当今世界日益显要的基于文化及创意的经济现象，相关的概念不一而足，如文化产业、创意产业、版权产业、文化创意产业等，本文倾向于使用“文化创意产业”这一说法。这是因为，“文化产业”招惹了太多的意识形态争议并缺少对于个体创造精神的涵括；“创意产业”突出了个体的创造力，但有忽视文化的整体经济价值的嫌疑；相比而言，“文化创意产业”是一个内涵与外延比较均衡的一个概念。

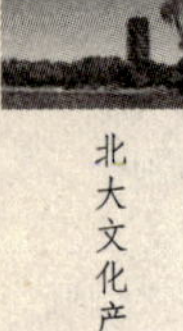

技的发展为纽带的高度整合、趋于同质化的全球化时代，同时也处于一个以文化的多元化为价值坐标的日益注重文化差异性和追求个体独特性的时代。经济、科技与文化的关系密切地交织在了一起。文化与创意的元素对于全球政治经济的影响越来越深刻，文化的经济化和经济的文化化成为一种关于当今社会发展总体趋势的共识。

所谓“文化的经济化”是指文化日益成为一种具有巨大商业价值的绿色资源，这显然是与知识经济或体验经济时代日益增强的精神消费需求密切相关。审美融入了人们的日常生活，审美的消费拉动了审美的生产。法国著名社会学家皮埃尔·布迪厄在其著名的论文《资本的形式》中最早比较完整地提出了文化资本理论。布迪厄将文化资本与经济资本、社会资本并称为资本的三种基本类型，提出在特定条件下，文化资本可以转换为经济资本。

所谓“经济的文化化”是指一向以“不道德”自居的经济发展日益人文化，一方面是指宏观领域整个经济的发展强调与自然、社会的发展相和谐，经济的文化责任已然成为一种基本的全球伦理；另一方面是在微观领域企业的经营管理引入人性化的管理机制和生产与营销模式，比如灵活的柔性管理和个性化的定制营销与服务。基于这样一种经济现实，创意能力成为经济竞争的核心要素。美国卡耐基美隆大学汉兹公共政策管理学院的教授理查德·佛罗里达（Richard Florida），在2002年出版的《创意新贵》（*The Rise of the Creative Class*）一书里，就提出了创意指数与创意资本理论（Creative Capita Theory），追踪国家与地区内含的创意能量如何影响该地的经济发展（尤其是知识经济时代的新创产业）。

从国际上文化创意产业的发展来看，英国、美国、澳大利亚、新西兰、日本、韩国、新加坡等国都是文化创意产业的典范国家，他们都有自己的发展特色，并产生了巨大的经济效益。约翰·霍金斯在《创意经济》一书中明确指出，创意经济现在每天创造220亿美元的产值，并以5%的速度递增，在一些国家增长得更快，美国为14%，英国为12%。

发展文化创意产业主要源于两种经济动力：其一是完成后工业化的升级替换和产业结构的高度化；其二是突破资源瓶颈，抢占战略性发展先机，实现跨越式发展。

表 1 文化创意产业在全球的发展状况比较

国家/地区	产值占 GDP 比重	就业人口比重	总收入（亿美元）	外销收入（亿美元）
美国 a(2002)	5.98	4.02	6 262	892.6
英国(2002)	8.00	6.64	1 408	200.1
韩国(2002)	6.70	—	327	6.31b
澳洲(2000)	3.30	3.80	—	—
新西兰(2000)	3.10	3.60	—	—
香港(2004)	3.80	5.10	—	—
台湾(2003)	2.73	1.75	152	10.2

说明：a：只计算核心版权产业；b：为 2003 年数据。

前一种情况最具代表性的国家是英国。作为资本主义工业化先驱的英国，在工业化充分发展之后，面临着被后发国家赶超以及国内的环境保护与经济增长极限的多重压力。1997 年，布莱尔政府上台，提出了发展创意产业的构想，作为提升国际竞争力和改善国内经济增长方式的重要举措，给予基础性的公共文化与创意环境建设以大力的政策扶持和财政资助。目前创意产业已经成为英国的支柱型产业，成为伦敦的核心产业。

后一种情况最具代表性的国家是韩国。1997 年金融危机之后，韩国意识到外向型经济的致命脆弱性，致力于发掘基于本土优势的新经济增长点。在国土狭小，自然资源相对短缺的情况下，韩国人认识到文化创意资源的巨大价值，金融危机结束当年即成立了“文化产业基金会”；1998 年，韩国政府就提出了“文化立国”方针，提出 2001 年起 5 年内把韩国文化产业产值在市场上的份额由 1%提高到 5%，成为世界五大文化产业强国之一；1999 年通过了《文化振兴法》；2001 年，韩国设立文化产业振兴院，致力于文化产业的发展。韩国政府对于文化创意产业的高度重视获得了丰硕的回报。具《北京现代商报》（2006 年 1 月 12 日）报道：“前年还位居我国进口来源地第 5 位的韩国，凭借其文化产业对中国输入的带动，以高于进口总体增速 5.8 个百分点的速度，一跃成为我国第二大进口来源地。从海关总署的统计数据看，2005 年我国自韩国进口 768.2 亿美元，比 2004 年增长了 23. 4%，我国与韩国双边贸易总额首次超过千亿美元。”

二、中国文化创意产业的发展现状与问题

基于文化创意产业在国际以及国内的迅猛发展态势，国内知识界乃至政府部门热炒文化产业或创意产业的概念。但遗憾的是，由于对文化创意产业在全球化背景下的后工业时代的兴起和发展的特定背景与内涵的理解偏差，造成实际使用中一定程度的扭曲。

从英国政府对于创意产业的发展理念的描述来看，给人突出印象的是对于文化和创新精神全面发展的重视，首先是把文化与创新视为实现公民的文化权利，增进社会总体福利，丰富个体发展机会与能力，以及推动社会整体进步与发展的动力；然后进一步肯定文化与创新对于经济领域的重大意义和贡献。于是，把建设有利于社会整体福祉与创意人才培养的宜居城市与和谐社区作为发展文化创意经济的基础性条件来发展。

目前来看，我们国家对于文化产业或创意产业概念的鼓噪，主要是出于急欲发展经济的急功近利的目的，对于文化创意产业深层的意义和价值探讨不够，重视不足，这种状况不仅有可能导致文化创意产业本身的发展迷失方向，而且也不利于中国向“创新型国家”发展的战略目标的实现。

在国内某些经济基础较好的城市出现了一些零散的文化创意产业聚集现象，比如北京的“798”、宋庄画家村，深圳的大芬油画村等。从产业发展的形态来看，这些聚集现象还处于萌芽状态，在文化产业成为关注的热点之前，这些地区其实长期是处于一种半地下的外向型生存状态。例如，北京宋庄画家村和深圳的大芬油画村，一北一南，两个长期生存于现代化都市边缘地带的小村庄，由于特殊的地理位置，分别自发地聚集了一批作画的人们；一个以原创为特色，一个以人工复制见长，长期以来默默无闻；二者的生存之道也惊人地相似，北京宋庄画家村是依托北京的外国使领馆；深圳大芬油画村几乎全部的收入都来自外销。有意思的是，由于深圳大芬油画村形成了流水线工业化的生产规模，创汇卓著，被文化部定为“中国文化产业示范基地”，而以原创为特色的北京宋庄画家村却远离此国家级的殊荣！唯“产业”是瞻，置“文化”和“创意”于不顾，这体现了当前有关政府部门的某种急功近利的偏好，显然不利于中国文化创意产业乃至整个国家创新能力的发展。

鉴于我国目前在发展文化产业方面的认识和实践的双重偏差，一方面需要及时强调“文化创意”的概念，另一方面更要从理论层面深入认识文化创意产业在国家的社会发展和经济增长中的重大价值与意义。

本文认为，文化创意产业其实质应该是一种新的经济理念或产业范

式。文化创意产业的真正内涵不是鼓动人们通过将文化直接商品化、产业化去获取经济利益，而是要通过构建具有本土特色、本土魅力与本土活力的内生型经济增长体系，以独特而自信的身份和实力融入全球化的文化与经济的竞争与交流中。

三、基于文化创意的内生经济增长观

就其重要性而言，无疑经济增长是经济学的核心问题之一，同时也是一个争议分歧非常大的经济学领域。从亚当·斯密开始，经济增长的方式与极限以及人类社会是否能够保持长期经济增长等问题就困扰着经济学界乃至整个社会。回顾经济学发展史，大致有如下五种经济增长观[①]：

1. 基于土地的经济增长观：在古典经济学时期，关于经济增长的问题存在两种针锋相对的看法：亚当·斯密持乐观的经济增长观，他相信随着人口的增长，新的土地被不断开垦，经济产出也会跟随增长；托马斯·马尔萨斯则警告世人，经济发展将导致人口膨胀，而有限的土地必然使得土地的产出收益递减。在此后的经济学发展过程中，乐观的增长观和悲观的增长观始终没有中断过争论与较量。

2. 基于资本积累的经济增长观：20世纪大多数主要工业化国家持续的经济增长事实表明，由于技术的进步，资本存量增加的速度远比人口和就业量的增长速度快，导致资本深化（capital deepening），人均资本量随时间推移而增长，劳工的实际工资水平呈现强劲上升趋势。由罗伯特·索洛（Robert Solow）在20世纪50年代提出的新古典经济增长模型相信，技术创新和资本投资可以克服边际收益递减规律。

3. 基于人口爆炸和能源危机的经济增长观：20世纪70年代“罗马俱乐部”的一系列研究，表现出了对于人口爆炸和能源危机矛盾所引发的“增长的极限”的深深忧虑，引发了国际社会对于经济增长的极限的高度关注。

4. 基于环境约束的经济增长观：20世纪80年代以后，由于世界能源价格的回落以及发展中国家人口增长控制效果明显，基于资源的有限性的增长恐慌时过境迁，但新一轮的关于增长极限的讨论引发全球更大的反响。我们只有一个地球，而工业乃至科技发展正在显著改变着地球的气候和生态环境，人们不仅担忧经济增长的可能性，也对于人类未来乃至整个生态环境的可持续性感到寝食不安。

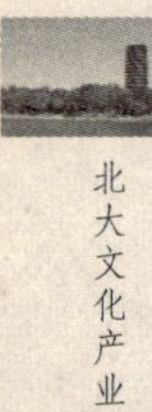

① 主要参考［美］保罗·萨缪尔森、威廉·诺德豪斯《经济学（第十七版）》（人民邮电出版社2004年）第27章“经济增长的进程”，进行了重新分类梳理。

5. 基于公共科技创新的经济增长观：有些国家或地区能保持长期的创新活力和经济增长，有些却不行，这说明科技进步不是几个天才的科学家或发明家偶然的产物，科技进步的源泉来自一种不断对于科技教育进行投入并有效保护知识产权的经济体系。以保罗·罗默（Paul Romer）为代表的新增长理论，也叫“内生增长理论”（The Theory of Endogenous Growth）20世纪90年代初期逐渐成形，试图揭示产生科技变革的过程，这种理论强调科技的公共品属性，科技创新高昂的研发成本和便捷低廉的复制成本很容易导致市场失灵，因此需要政府的财政投入与法制保护。

纵览以上五种经济增长观，其中最核心的关键词无非是三个：资源、环境和科技。在人类对于资源的有限性和生态环境的失衡日益担忧的同时，也越来越把科技进步视为拯救世界的希望。但人类近现代的文明史证明，科技既可以造福人类，也可以毁灭人类，失去人性的科技将给人类带来灭顶之灾。科技的发达，不会解决文明的冲突；科技的发达，让人着迷，令人高度依赖，人类的异化问题进一步凸显。

著名的未来学家约翰·奈斯比特和他的伙伴们敏锐地意识到：“科技为我们的身心带来愉悦，但是迷上它，却像灵魂被榨干，使人更想追寻人生的意义。”他提醒人们要“知道善用科技，可以支援及改善人类生活，否则会疏离、孤立、扭曲、毁灭人类……学习在科技主宰的时代如何过人的生活”[①]。High tech，high touch。越是在高科技时代，越需要人性化的高情感与之相协调。文化创意产业的日益兴盛正是这种趋势的体现，同时，文化创意经济为人类社会的经济增长与和谐发展提供了新的思路和可能性。

在此，本文特提出第六种经济增长观——基于文化创意的内生经济增长观。随着科学技术的发达和全球化时代的全面到来，一方面生态环境的达摩克利斯之剑依然危悬人类的头顶，另一方面知识经济“赢者通吃”的技术标准与规模霸权导致的全球单一化以及文明的冲突问题使得全人类的发展休戚与共地联系在了一起，多元共存，和谐发展成为时代的最强音。文化的经济化和经济的文化化双向互动趋势显著，财富的积累改变着人类的财富观。文化性个性化的消费凸显出文化创意的经济价值；经济发展中人文性和人性化的因素日益重要和突出。文化创意经济

① ［美］约翰·奈斯比特、娜娜·奈斯比特、道格拉斯·菲利普合著：《高科技·高思维——科技与人性意义的追寻》（新华出版社2000年），第1页和第33页。

成为一种全新的人类经济发展模式，寻求的是个性化的内在价值与社区化的公共价值和谐发展的经济增长之路。

从国家层面上来说，重视和发展文化创意产业，其意义表现在三个层面：①文化创意产业对于人类过去的意义在于保护和开发人类的文明成果和文化资源，使其成为人类继续发展的动力和重要资源；②对于现在的意义在于丰富人类的生活，提高人们的生存质量，建构和谐繁荣的文化生态，促进经济的发展和结构的升级；③对于未来的意义在于，培养具有广泛人文关怀和良好精神风貌的新人，尽可能地减少对于自然资源的开采掠夺，依托日益丰富的文化资源和创意精神，建设人类绿色可持续发展的未来和谐社会。

四、全球化的本土振兴：强化本土竞争环境，注重开发本土消费

在相当长的一段时期内，我国在经济发展方面采用的是赶超战略的发展思路，建国初期大干快上的大工业化做法，改革开放以来对于自然资源涸泽而渔的小城镇工业化之路，以及如今招商引资修路建房的经济政策其实是异曲同工。“赶超战略的实践者们，都把促进资本积累作为发展经济的首要任务。在实践中，往往追求重工业优先发展或进口替代战略……但几乎所有实行赶超战略的经济，后来大都陷入诸如日益加深的城乡贫困化、旷日持久的高通货膨胀，以及经济结构失衡和国有企业效率低下的困境之中”[①]。中国为近五十年的经济增长付出了巨大的代价，高度依赖自然资源的消耗、高度依赖投资推动、高度依赖外部资本与订单的发展之路，事实已证明其成本和副作用都很大，不仅造成国内的环境污染和资源浪费，同时也带来高通货膨胀威胁和国民经济依赖外资的结构性脆弱。

中央在十六届五中全会以来提出了建设创新型国家的战略思路，反映出了我国在经济增长方面的危机意识和高屋建瓴的远见卓识。在国家的创新体系的建设中，文化创意产业以及基于文化创意的内生经济增长方式具有举足轻重的重大作用。

韩国在1997年金融危机之后，对于外向型经济带来的国民经济脆弱的问题进行了深刻反思，痛定思痛，认识到发展具有本土优势和本土活力的经济产业，对于国家的经济发展和核心国际竞争力的培育的重大价值。发展文化创意产业成为他们一个重要战略选择。以韩国影视业为例，考察韩国的文化创意产业发展，之所以能在短短的六七年的时间

① ［美］查尔斯·I·琼斯：《经济增长导论》（北京大学出版社2002年），“总序”第2页。

内，一跃成为全球文化创意产业强国，除了诸如政府放松管制、加强产业化的扶持保护以及培育多元化的市场主体等因素以外，其最成功也是最值得关注的做法是：影视产品的内容、资金来源以及市场消费的高度本土化。

在长期被好莱坞、日本乃至香港的电影垄断票房市场的背景下，1999 年青年导演姜帝圭自编自导了韩国电影史上的第一部本土大片《生死谍变》。影片耗资 350 万美元，而最后的票房、录像带和出口三项总收入超过 3 500 万美元。首破韩国本土有史以来由《泰坦尼克号》创下的最高票房纪录。从此韩国本土电影的票房成绩不断提升，到 2004 年本土电影的票房比重达到了 62%。韩国电影的文化特色鲜明，内容创意独特，制作精良，随着国内影视业的日益发达，凭借国内的巨大成功，在东亚乃至全球掀起了巨大的"韩流"热潮。"2005 年韩国文化产业产品的出口额高达 7 亿美元。仅 2004 年一年，中国 30 多家电视台共播出了 60 多部韩国电视剧。从韩国产业政策研究院对"韩流"和经济波及效果分析上来看，"韩流"对韩国经济产生的效益达 45 亿美元，其中在中国产生的效益达 33 亿美元"①。

表 2 韩国十大卖座电影排行

排序	影片	国别	年度	观众人次
1	《太极旗飘扬》	韩国	2004 年	1 150 万
2	《实尾岛》	韩国	2004 年	1 110 万
3	《朋友》	韩国	2001 年	820 万
4	《生死谍变》	韩国	1999 年	620 万
5	《指环王 3：国王归来》	美国/新西兰	2003 年	600 万
6	《共同警备区》	韩国	2000 年	580 万
7	《我的老婆是大佬》	韩国	2001 年	570 万
8	《杀人回忆》	韩国	2003 年	520 万
9	《家族荣誉》	韩国	2002 年	510 万
10	《指环王 2：双塔奇兵》	美国/新西兰	2002 年	510 万

① 《2005 年韩国对华出口猛增 23.4% 韩剧功不可没》，《北京现代商报》，2006 年 1 月 12 日。

表 3 韩国年度最佳票房影片

年度	影片	票房	
		韩元（亿）	美元（万）
1999 年	《生死谍变》	360	3 000
2000 年	《共同警备区》	350	2 900
2001 年	《朋友》	574	4 800
2002 年	《家族荣誉》	354	2 900
2003 年	《杀人回忆》	357	3 000
截至 2004 年 4 月 5 日	《实尾岛》)	775	6 500
	《太极旗飘扬》	781	6 500

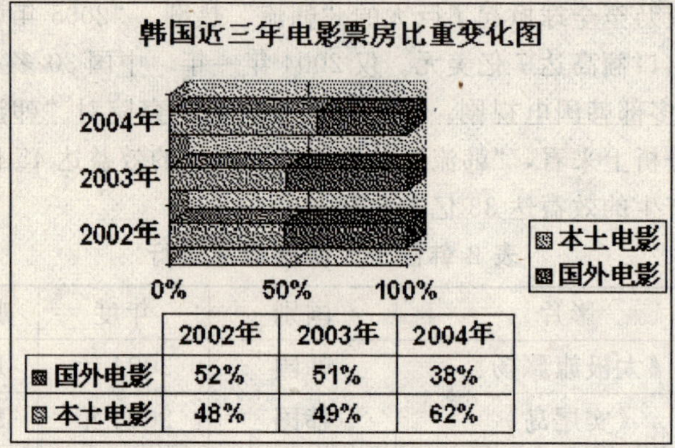

	2002年	2003年	2004年
国外电影	52%	51%	38%
本土电影	48%	49%	62%

图 1 韩国近三年电影票房比重变化图

竞争战略大师迈克尔·波特通过对世界多个国家的跟踪研究，他发现国内竞争越是充分，该国的产业国际竞争力也就越强。对于文化创意产业来说，国内竞争和本土市场的意义就更为重大了。文化创意产业的产品与服务具有共同消费品的特征，在经济学上具有典型的规模收益递增的特征；同时，文化创意产业的产品与服务具有显著的文化性与体验性，因此文化创意产业的市场水平直接与区域内群体的日常生活方式有密切关系；跨文化交易时，因为文化的差异，相对于本土市场，会不同程度地导致认同程度和受众规模的缩减，也就是所谓的“文化贴现(cultural discount)”。

《全球电视和电影产业经济学导论》一书探讨了美国何以能在国际文化贸易中占据主导地位的问题，通过模型分析证明了文化产品的国内市场规模对于该国的文化创意产业的国际竞争力具有决定性的影响。该书指出了两个相关的经济学规律：其一，“共同消费品的文化贴现和市场大小交互作用是微观经济学认为拥有最大的国内市场的国家最具竞争优势的核心原因”；其二，“庞大的国内市场会为本土文化产品带来较大的、理想的（利润最大化）生产预算”[①]。韩国影视业的崛起以及国际竞争力的增强也印证了这两条经济学规律。

在中国，文化创意产业的国际竞争力问题一直是一个理论探讨的热点，但更多的讨论是集中在中国的文化产品如何走出去，如何去赚取外汇，似乎只要走出去了，就意味着与国际接轨了，我们的文化产业的国际竞争力就有了。这种简单化的“走出去”思维偏差，是因为没有真正认识到文化创意产业作为一种新型的内生型经济现象，其最突出的市场特征首先是在地（local）消费，首先要满足、深化和涵养本土的文化体验与文化消费。在激发文化认同的同时也强化文化认同，在以创意提升产业附加值的同时也培育涵养全民创意活力；在满足本土文化创意消费的同时也增强本土文化创意产业的竞争与创新能力。

在这一意义上，近年在中国最值得称许的文化创意产业现象是“超级女声”。湖南卫视借鉴了国外同行比较成熟的经验和方式，通过本土化的消化吸收，在中国创造了一个本土传媒奇迹、一个本土文化景观、一个巨大的产业链。作为一个比较典型的基于文化创意的内生经济增长的个案，“超级女声”对于中国文化创意产业乃至整个社会文化的影响有待深入探究和评估。

① 参考［加］考林·霍斯金斯等：《全球电视和电影产业经济学导论》（新华出版社 2004 年），第 56～59 页的相关论证。

[illegible] 国际社会多元主义文化”、世界文化 [illegible]

[illegible] 发展的道路 [illegible]

[illegible] 这种意义 [illegible]

[illegible] 的问题一直是一个值得进一步 [illegible]

[illegible] 文化 [illegible]

[illegible]

[illegible]

产业与公司

媒介"标准"是如何炼成的？

张丽锦

一只羊价值多少？人类用智慧不断地为其制定"标准"：最早是一块肉、半袋粮食的"等价"交换物，接着用金银制成的一般等价物——"货币"，直到如今的纸——"人民币"。

一个版面、一个时段的广告价值几何？随着传媒市场化程度的提高，如何用一个量化的、有说服力的"标准"做定价"指南"，如何给媒介一个"通行货币"——这不仅考验着人们的智慧，更成为传媒业发展亟待解决的问题。在这个背景下，媒介调查业兴起，许多传媒调查公司纷纷推出自己的调查数据，希望能够成为业内公认的标准。

媒介"标准"在调查业的"数据王国"上逐渐建立。

在此，笔者仅以自己的视角看媒介"标准"是如何炼成的。

三方呼唤下的媒介调查——媒介"标准"的生产动力

判断传媒的广告价值，为广告投放提供参考——广告公司、企业急需一个衡量的"标准"；反映受众意见，更好地改进内容，增加视听、阅读率——媒体需要量化的"标准"；如何科学地收听、收看、阅读，如何反馈——受众也期待一个"指南针"式的"标准"。因此，媒介调查业的兴起并非偶然。

一些广告客户常抱怨说："我们的广告费有一半都浪费了，但可惜不知道是哪一半。"对于广告公司和广告主而言，媒介调查公司就是帮助它找回浪费的那一半，从而避免媒介策略制订不当、传播媒介选择不准而导致的巨大浪费。数据显示，在央视—索福瑞、央视市场研究、新生代、慧聪等几乎所有媒介调查公司，广告主、广告公司的客户量早已大大超过了媒体。慧聪的姚林先生曾介绍说，他们的客户中媒体占 1/3，广告公司、品牌企业各占 1/3。

对于媒体而言，媒介调查的“数据”则无异于促进创新、改革的“良方”：被白岩松誉为“2003 年中央电视台最好的新闻专题节目，加不加‘之一’都可以”的《时空连线》，其成功就深刻反映了媒介调查对于媒体的意义。有资料介绍，在《时空连线》开播前，白岩松等人花了 10 万元在全国做市场调查，包括观众想看什么、节目的长度、由谁来主持等等。播出前连续两个月又对境外优秀同类节目《夜线》进行跟踪，仔细研究其制作规律，包括各个镜头在秒数上的细微差异，光是样片就做了 8 个。开播后，这个不到 20 分钟的节目成为了“中央电视台最好的新闻专题节目”，企业主的广告也特别关照了它。

受众对于媒介调查的需求，表面上看似乎没有前两者迫切，但媒介调查与百姓息息相关。在国外，媒介调查已有近百年历史，最早的是对广播的调查，第一次世界大战后的英国，人们发觉宣传也可以变成武器，一种特殊的武器，于是开始研究媒介怎样影响人们的生活。中国最早是 1985 年中央电视台做的受众调查，虽然起步较晚，但调查业的兴起，对媒体脱离“我播什么你看什么”的传统思维，走上“受众爱看什么我做什么”的“受众本位”起了推动作用。目前这种作用正越来越明显地表现出来。

主流标准的制造——媒介“通行货币”的形成

什么是媒介“通行货币”？笔者认为，是指媒体、广告公司、广告商皆可接受的通用“标准”，如收视率、阅读率——客观的数据提供“如何卖版面、卖时段；如何买版面、买时段；如何改版”等的决策支持。而以“媒体的收视收听阅读状况”为研究对象的媒介调查公司，正是这种“标准”的制造商，它将调查的数据视为产品，并将其转化成某种交易中的通用标准，然后把这种“标准”兜售出去。

按照上海文广新闻集团的陈菡蓉在《中国媒介调查业现状与发展》一文中的说法，我国媒介调查业的发展经历了三个阶段，20 世纪 80 年代初至 80 年代中期为酝酿阶段，局限于区域性普泛性的调查；80 年代中期至 90 年代中期为起步阶段，是视听界内部的自我反馈行为，只作为台领导的决策参考依据；20 世纪 90 年代中期至今，引进了先进的监测手段和调查研究的方法，为市场化、纵深化的成长阶段。

而笔者认为，真正意义上我国媒介“标准”的形成用了不到 10 年的时间。因为酝酿与起步阶段，虽然也有诸如“1992 央视全国电视观众调查网”等的巨额投入，但那些调查仅是媒介内部的自我反馈行为，

而不是一种提供调节电视台、广告商和广告主之市场关系的"行业货币"行为。真正意义上媒介"标准"的形成，应以市场化调查公司的出现为标志，这个时间的分水岭应是1996年。

1996年，隶属于提供媒介和娱乐行业资讯服务的VNU媒介研究和资讯集团的AC尼尔森公司入驻上海，推出电视收视率研究和广告监测服务。迄今，它的收视率研究覆盖中国内地85个城市，其广告监测服务覆盖174个城市、372份报纸、226份杂志和613个电视频道。

1997年12月4日，央视—索福瑞媒介研究有限公司（简称CSM）——这个中国调查公司的"龙头老大"成立。它是央视市场研究股份有限公司（CTR）与世界领先的市场研究集团——法国TNS合作成立的中外合作公司，致力于专业的电视收视市场研究。现今，CSM拥有世界上最大的电视观众收视调查网络：全国调查样本地区达到210个、调查网覆盖3.6万余户家庭、超过12万样本人口，对全国100多个主要电视频道的收视情况进行全天候不间断地监测；有麦肯光明、精信、传力、星传、灵智等多家4A国际广告公司、100多家电视台（国家级、省级和市级）、300多家国内广告公司和数家国内著名企业成为它的客户——CSM的收视率调查占有中国收视率调查市场85%的份额，已成为中国电视媒体市场的"通行货币"。

1997年，新生代监测有限公司于北京设立，并与英国市场研究局（BMRB）、美国天盟公司（Telmar）合作，建立了"中国市场与媒体研究"（CMMS）年度连续调查制度——其中，每个年度库由大于70 000条记录组成，数据总数达4亿多个，被公认为消费者视角的消费品与媒介市场的评价标准。

1998年慧聪媒体研究中心成立，它是慧聪国际资讯（集团）所属的专业子公司，拥有目前中国规模最大的报刊媒体数据库及完备的报刊资料库，监测报刊1 100多种，覆盖全国72个城市。监测内容包括广告监测和软文监测两大部分，监测的报刊广告总额占全国报刊广告市场总量的90%以上，分26个行业，3 000多个产品分类采集。

2001年，由中国国际电视总公司（CITV）和法国TNS共同组建了中国最大的专业媒介与市场研究公司——央视市场研究股份有限公司（CTR）。除了电视观众调查外，还进行电视媒体、平面媒体、户外媒体、因特网等的调查。

……

观察这些调查公司不难发现，不论是CSM、新生代，还是慧聪、CTR，这些"标准"的制造者们都是站在"巨人"的肩膀上发展起来的

——他们往往都是中外合资的产物，都运用了国外最先进的监测技术、调查设备、调查方法，借鉴了国外的经验。正因为这样，中国的调查公司在短短“不到10年”的时间内，以庞大的数据王国为中国的媒介提供了“通行货币”，制造出了广告公司、广告主、媒体都愿意接受的媒介“标准”。

兜售“标准”——媒介“通行货币”的使用

媒介“标准”为何值得兜售，几个数据足以说明问题：

国际上有一个测算，企业和广告媒体一般用收入里的0.8%～1%来购买调查数据；

中国广告是中国国民经济增长速度的2倍，现在还会持续下去，至少是7%～8%的速度。

——如此大的盈利空间，下大力提供“标准”、兜售“标准”便有了强驱动力。

然而，在我国，最早要求数据调查，即媒体“标准”的是国外的广告公司，因为它在中国投放广告，没有数据无法决策，不知道广告应该投放在哪个媒体上，也不知道广告投出去之后会产生什么样的效果，所以需要调查数据的支持。

中国的媒体调查业，如央视——索福瑞，一开始服务对象也是广告公司和广告商。近年来，随着媒体市场化和商业化趋势越来越强，需要自负盈亏的大多数媒体也开始使用调查数据。媒介调查数据不仅是展示自己，而是为了更好地了解自己、了解竞争对手，更好地以“客观数据”向广告公司展示自己的媒体有多少读者、有什么样的读者，以及这些读者具有什么样的广告价值。

因此可以说，客观数据构建的媒介“标准”、媒介“通行货币”的使用，促进了我国传媒市场的规范化运作。这种作用主要从以下几个方面体现——

第一，为媒体提供“销售版面、时段”的依据，在金钱投放的多少、比例上为广告商提供参考“标准”。以央视—索福瑞（CSM）的为例。它的主要的服务方式便是“调查”，制造出“全国性、连续性、独立、技术先进和公正透明”的“标准”，然后“兜售”。

CSM通过运用“210个地区、3.6万余户家庭、超过12万人口”的调查样本，以及对全国1 000多个主要电视频道的收视情况进行全天候不间断地监测，得出大量的收视率数据：哪类节目的收视率最高，观众19：00—21：00时段爱看哪个频道，哪部电视剧吸引最多人群，特定的节目哪些人群爱看……根据这些数据，广告主、广告商则可以“找

最合适的栏目时段、版面”投放自己的广告，以达到最省钱地在最大范围内命中“目标受众”。如保健品广告应投放在上午及15：00—17：00时段，因为收看的大多数是“赋闲”在家的家庭主妇、老年人，他们是家庭保健品的“采购员”与主要“使用者”；汽车广告可在21：00左右投放，因为具有高消费水平的“白领”、“金领”打开电视的时间基本集中在此；动画片前后适宜投放少儿食品广告、体育节目前后适宜投放体育用品及饮料广告……

第二，提供媒体自身“审视”的参考。

CSM的调查首先受惠的是央视，央视13套节目的调整，如CCTV－12从西部频道辟出半壁江山做“法制”便是收视率“标准”的产物；而慧聪等公司对报纸版面阅读率的调查，也给媒体提供了业务依据。例如，2004年京城报纸新秀《法制晚报》，其管理层非常重视媒介调查，曾有一份调查数据显示“通州人最关注的是公共设施，而东城人最关注社会公德”，这是指导记者赢得读者的巧妙竞争方式。

第三，为产业发展提供决策依据。这是宏观层面上的结论，在我国还没有官方的传媒产业观察、监督机构时，调查公司的各项数据“标准”便是传媒业的“晴雨表”，可以作为制定媒介政策等的重要依据。

“标准”之争——调查业呼唤“大坐标”

在一个非垄断的行业里，竞争不可避免。即便是占据收视率调查市场85%的、具有绝对优势的“央视—索福瑞”也面临着多样的“挑战”。

2005年的收视率调查市场，一场“标准”之争吵得沸沸扬扬，主角“央视—索福瑞”与“AC尼尔森”（占收视率调查市场份额10%）都是“媒介调查大亨”。

第十一届上海电视节组委会与央视－索福瑞媒介研究联合推出了《中国电视剧市场报告（2005—2006）》，并公布了“2004年中国电视荧屏上最‘火’的十部电视剧”名单，收视率最高的前三部电视剧分别是《大姐》《香樟树》以及《成吉思汗》。令人惊讶的是，这一名单与5月27日“首届电视剧风云盛典”揭晓的2004年收视率榜单完全不同，后者排在前三位的分别是《军人机密》、《中国式离婚》、《妻子》。两份名单中，前10位只有三部电视剧是共有的，其他则全部不同，央视－索福瑞排名第一的《大姐》，在后者中仅排第20位。

“电视剧风云盛典”是由光线传媒联合全球收视率调查机构尼尔森媒介研究设立的，其最佳收视奖项依据尼尔森研究机构提供的数据产生。而“2004年中国电视荧屏上最‘火’的十部电视剧”则是完全依据央视—索福瑞媒介研究提供的数据——两份都是“客观数据”，却产生了大不相同的结果，两个“调查大亨”在澄清时都纷纷强调了自己的“标准”：

“央视—索福瑞”称参照“58 个能够覆盖全国的电视频道 2004 年里全天各个时段播出的电视剧”、以“电视剧单集最高收视率”为依据；尼尔森则强调“参照 33 个城市中 2004 年内 17:00－23:00 时间段内首播的电视剧”、以“电视剧播出期间的平均收视率”为依据。

两家公司都表示自己计算数据的程序是标准的，“央视－索福瑞”称自己科学、客观，“尼尔森”则坚持自己最真实、最权威、最广泛。虽然，前者质疑后者“收视率会受到播出时段、节假日、频道覆盖面等许多具体情况的影响，因此尼尔森以平均收视率为依据是不科学的”，但这场“标准之争”仍无最终定论。

其实，早在此前，AC 尼尔森媒介研究国际部首席执行官就曾叫板：“AC 尼尔森媒介研究是惟一能够在中国提供这样服务的公司，因为只有 AC 尼尔森具备相应的全球性的资源、技术和实战经验。”其言外之意是，占有中国电视调查业 85% 份额的“央视—索福瑞”不够“真正独立和权威”。

此外，由于竞争激烈，“标准”与媒体、广告主、调查公司的利益息息相关，近年来甚至出现了媒体等为获得高额广告费，“聘请”调查公司做出虚假数据等现象。

如何解决这些问题？在美国，有 MRC——即“媒介视听率委员会”这样的非赢利性组织，规范调查公司行为，为解决“标准之争”、“问题数据”等做出监督、规范、协调。

全世界没有一个国家是两套收视率“标准”共存的，如何引导“标准”更权威、如何规范“标准”背后的恶性竞争？这就需要类似 MRC 那样的市场调查协会组织，由官方非盈利性机构提供比较客观公正的参照系，为调查也画一个“大坐标”，用以引导产业发展，增强行业公信力。

总之，我国的媒介“标准”是一个站在“巨人”肩膀上的“速成品”，走了借鉴外国经验的捷径。但也正因其先天不足，目前存在着监督缺失、“标准”不权威等现象。在庆幸“标准”速成的同时，媒介调查业下一步探索如何使“标准”统一成为“人民币”一样全国通行的，甚至可以便捷地与“美元”、“英镑”、“欧元”兑换的“通行货币”，似乎更值得关注。

设计的脸悄悄地在改变

苏 荃

场景一：一个背着ALLY的包包，穿着范思哲牛仔裤的女孩子，急匆匆地从国贸A座出来，手里还拎着一个IBM的电脑包，招手叫了一辆计程车，向北四环机场方向驶去……

场景二：下午四点左右，在星巴克一个身穿韩国blu：pepe的女孩，品着一杯磨制的苏门答腊，那本最新刊的《COSMO》在她那带着施华洛世奇手链的手中翻卷……

不知何时，我们的生活就这样不经意地被品牌所环绕，而品牌笼罩的背后其实是设计融入了我们的生活。对于品牌、消费者和媒体渠道之间的关系进行探讨后，人们仍会有一个问题存在，品牌的美誉度靠什么实现？

要理解这个问题我们首先要清楚在这期间发生了什么。

在过去的几年当中，营销服务出现了大规模的整合；在过去的十几年中，随着通缩和全球化的影响，市场已经从卖方过渡到了买方；在过去的几十年中，随着“品牌”概念的萌芽和发展，品牌通过产品、广告、口碑进行创意设计表达变得越来越重要。

了解了在这个时期发生的一些事情，我们不难看出在这个时期创意设计行业的革命也非常安静地发生了。

曾几何时，这些只是帮助少数名望贵族披嫁衣的“智囊们”开始了当街叫卖：“这是我的创意，这是XX品牌的风格。”于是设计师这个行业已经从无人问津到门庭若市。

在这个以消费者为中心的时代，营销服务、创意设计被誉为企业生存发展的两条腿。

设计是时髦的词，设计是流行的事。什么都可以拿来设计一番，什么都必须设计一番，因此就有了那么多设计创作，也就有了那么多做设计的人，所以更多学习设计的人前赴后继，都说现在是e时代，但笔者认为这个时代首先是d时代，没有d，e得了吗，科技是生产力，那么设计也是生产力......

变脸：环境先行

没有任何时期让创意设计人才和人力资本具有如此重要的意义。过去，我们一般总是从行业和部门来划分社会经济的各个产业门类，文化经济学家理查·弗罗里达认为我们不能把创意简单视为一个部门或行业的分类，创意在当代经济中的异军突起表明了一个职业阶层的崛起。现在，创意设计成为经济发展的重要推动力。

于是源自个人创意设计、技巧及才华，通过知识产权的开发和运用，具有创造财富和就业潜力的行业的创意设计产业诞生了。其产业范畴包括：广告、建筑、艺术和文物交易、工艺品、工业设计、时装设计、电影、互动休闲软件、音乐、表演艺术、出版、软件、电视广播等行业。

设计从来不是孤立无援的。融时尚韵味于一体的高跟鞋，最初是为法国王公贵族的男性设计的，初衷是为了方便骑马。后来被一个王妃发现，她让鞋匠改良，穿上后觉得自己婀娜的风姿全部凸显，于是高跟鞋在贵族中广泛流传。一个偶然的机会，高跟鞋传到了美国，使这个“宠儿”风靡至今。从200多年前高跟鞋在法国贵族的兴起，到今天流行成为女人宠物，它的演变说明了环境是设计的成长力，如同蒲公英的种子，在纷纷飘落的时候总会找到扎根的沃土。

随着国家经济的发展，各行各业都需要有自己的品牌，这些品牌需要被受众接受，无疑需要好的创意和创新，这就是设计行业存在的价值所在。在商业变革的时代，商品已经不完全靠本身的物理价值赢得市场，竞争激烈的众多企业要么转型，要么破产，而创意和设计正在成为这项抉择的杀手型中介。

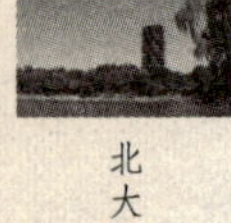

关键词：创意、思想

放眼全世界，创意产业每天创造220亿美元的价值，并以5%的速度递增。在英国，创意经济每年以12%的速度增长，在美国更高达14%，创意产业已经在事实上成为这些国家的支柱性产业。2004年以来，对于中国而言，设计产业已经不再是一个创新理念或者发明，而是一个有着巨大产业背景和经济效益的现实世界。创意产业在全球风头正劲，这一切让我们清楚地认识到，创意产业和创意设计人群的价值对于中国经济以及国家发展的重要意义。

在实际的设计当中存在三种水平：本能水平、行为水平、反思水平设计。一位业内著名设计师说："在各个行业，设计师不应该局限于做一名狭隘的创意人，把自己锁在自己小的天地中，逃避现实，我们所处的行业在过去的10年中发生了翻天覆地的变化。现在客户对于我们有不同的期待，不管你是否喜欢，我们都要在一个完全不同的环境中进行创意，而在思考创意的过程中，既要有创造性，又要有战略性。"一名合格的设计师是不容易的。图案、造型仅仅是皮毛，他必须懂得材料、力学、注模、结构、物理等所有领域的知识。此外，他还要掌握营销、成本控制、消费者心理学。与众多行业相比，设计行业更需要柔情似水。如果你没有海纳百川的气度，恐怕一件好的作品难以问世，但如果只是博采众家之长，难免有抄袭之嫌。一幅好的作品出炉、留传，最终在时间的长河中沉淀，怎能保证你不是孤芳自赏，怎能表达你的文化内涵，这就需要设计人才具备极其全面的素质。

一个产品不可能是永远受欢迎的，因为消费者的喜好总是在不断地变化。从苹果推出 iPod 开始，全世界的产业界都开始了一场设计的革命。

企业家和营销人需要像理解营销一样来理解设计。诺基亚设计中心主任设计师 William 所说："我们现在正处在设计的革命中，不仅是设计师要了解设计，而且企业的管理者也必须成为设计师。"

iPod 的成功开发，是苹果公司的设计师们采取了自己独特的市场方法，他们不是用传统的"给顾客提供的一件技术产品"这样的概念和眼光来看待 iPod，而是从更本质的层面，为"电子人消费者"提供最重要的、包括技术层面和社会生活层面的关联价值。他们使用的是市场细分的营销策略，而不是产品细分原则。什么是"电子人消费者"？德国 Schulich 商学院 Giesler 教授解释道："现代消费者是如此紧密地和各种界面相联，以至于变成了一种需要生活在每个技术层面上的、自我控制的生命体。这种消费者的显著特点就是他们愿意在所有时间都和各种技术相关联，不惜代价。"

关键词：情感化

在创造一个产品时，设计者需要考虑多种因素：材料的选择、加工的方法、产品的营销方式、制作的成本和实用性，以及理解和使用产品的难易程度等。但是，多数人没有认识到，在产品的设计和使用中还有很浓重的情感成分。

大家还记得"乐扣乐扣"吗？其实它就是塑料盒，可以密封，又可以放置于冰箱中，因此像无数它的同类一样，被唤作"保鲜盒"。这个由50岁的金俊一设计的产品，2004年成功地进驻了北京最高档的商圈，每只售价68元人民币。不仅仅在北京，同样的故事也发生在全球其他的53个国家。当年，金的公司全球收入是1亿美元。

这并不是神话。8年前，金发现大部分的塑料制品都不够美观。生产商们通常对这样廉价的商品采取不负责的态度，漫不经心、马虎了事。金经过反复试验，选定了优质PP，它是具有卓越的耐久性和耐热性的材料，卫生无毒，而且看上去晶莹剔透，惹人喜爱。经过对产品的重新设计，2002年在美国，金俊一通过当地电视购物频道，8分钟内销售了8 000套保鲜盒，创下了电视购物的奇迹。

情绪是认知不可分离、不可缺少的部分。我们所做、所想的每件事都影响着情绪，不过在许多情况下，这种影响是下意识的；反过来，我们的情绪也会改变我们的思维方式，它作为我们适当行为的永久向导，引导着我们趋好避坏。著名的威雀苏格兰威士忌（Grouse Scotch Whisky）在赞助1999年世界杯橄榄球赛转播时，他们没有用重复同样的广告无休止地烦扰观众，而是制作了20个轻松的屏幕，不断变化显示各场比赛和参赛队的状况。

和情感一起的还有另外一个方面：美感、漂亮和美丽。一些物品会激起强烈、积极的情绪，诸如热爱、依恋和快乐。在评论BMW的Mini Cooper汽车时，《纽约时报》说："无论什么人想起Mini Cooper的动态特征，从非常好的到不重要的，可以公正地说，在近来的记忆中，几乎没有任何其他新汽车能引发比这辆车更多的微笑。"观看和驾驶这辆车是这样的有趣，以至于评论者建议你忽略它的缺点。

微软是一家技术领先的公司，表面上看，它以不断进步的技术和解决方案，在创造和满足着客户的需求，制定并左右着市场竞争的未来规则。事实上，推动微软持续进步和发展的，则是蕴藏在微软公司内部的一种追求成功和创新的人气和情绪。

关键词：品质、责任

"爱我，就请我吃哈根达斯"。自1996年进入中国，哈根达斯的这句经典广告语像是一种"爱情病毒"迅速在北京、上海、广州、深圳等城市蔓延开来。一时间，哈根达斯冰淇淋成了城市小资们的时尚食品。

哈根达斯的创造者——鲁本·马特斯，17岁时就开始在纽约布朗克斯大街上叫卖自制的冰淇淋和水果冰。运用"品质决定一切"的思维策略，100%原产地天然原料及2 000多道工序，确保了哈根达斯冰淇淋的纯正口味，成就了“冰淇淋中的劳斯莱斯”。据悉，作为世界著名品牌的冰淇淋，哈根达斯对原材料的选择近乎苛刻——香草来自马达加斯加，咖啡来自巴西，草莓来自波兰，巧克力来自比利时，坚果来自夏威夷，绿茶来自日本，芒果来自印度……和法国原产地的浪漫阳光一起搅拌……

留传：文化沉淀

设计是一种语言，用以表达自己，不过若没有可说的内涵，语言仍无助于表达。

如果你想要一个适合所有人的黄金规则，那就是：在你的房间里，每一样东西你觉得都太有用了，每一样东西，你相信都是美丽的。

但设计不单单是一个美学问题，它是一种有效的媒介，通过这种媒介，产品就能将自身的理念、内涵和功能表达出来。因此基本性和简洁性应是产品设计的两个非常重要的原则。这一点对于丹麦最有影响力的B&O公司来说尤为适用。

1925年，两名年轻的丹麦工程师Peer Bang以及Svend Olufsen以微薄的资金租了间小房间作为工厂，创立了B&O，80多年后两名工程师的理念仍被延续下去，B&O品牌的成功为设计界提供了无穷的启发。B&O的设计管理负责人J·巴尔苏是欧洲设计管理方面的知名人士，他在谈到自己的工作时说：“设计管理就是选择适当的设计师，协调他们的工作，并使设计工作与产品和市场政策一致。”“他们认为如果B&O公司没有明确的产品、设计和市场三个方面的政策，公司就无法对这些居住分散、各自独立的自由设计师进行有效的管理，也就谈不上B&O的设计风格。为此，公司在60年代末就制定了七项设计基本原则：逼真性、易明性、家庭性、可靠性、精练性、个性、创造性。”

这七项原则，使得不同设计师在新产品设计中建立起一致的设计思维方式和统一的评价设计的标准。另外，公司在材料、表面工艺以及色彩、质感处理上都有自己的传统，这就确保了设计在外观上的连续性，形成了简洁、高雅的B&O风格。

B&O现任总裁Anders Knutsen表示：B&O的核心价值，就是B&O最大的内涵与资产。他指出，B&O产品的材质与色彩或许可以被模仿，但企业价值是无法被模仿的，企业的核心价值是一个企业生存竞争的必要条件。

尽管一种文化在其他文化的人的眼里很怪异，但是令人惊讶的是这种文化的很多东西都可以被理解，这就是文化的力量，因为在本能和行为水平上，相似多于不同。

诺基亚作为一家来自北欧芬兰的公司，它设计的都是世界性的产品，并在全世界大多数国家销售。设计全球文化都认同的手机并非易事。但诺基亚的设计风格得到了全世界消费者的认可，而且诺基亚以设计为自己贴上了独特的标签。诺基亚的设计总监 Eero Miettinen 这样解释诺基亚手机 DNA："从设计来讲，我们仍然坚持走全球产品系列的设计路线，也就是说我们并不是特别为哪一个国家或者哪一个地区去设计产品，但是我们从各国的文化中吸取精华。"

诺基亚能从设计上脱颖而出，成为世界上最大的手机厂商与其重视设计的战略不无关系。诺基亚的亚太设计中心主管邱威廉阐释设计在诺基亚的战略地位时说："设计是诺基亚品牌的精髓和灵魂，是诺基亚产品开发的核心，也是公司核心竞争力的重要组成部分。从产品研发的早期环节到生产进程的每一步，设计在诺基亚产品的最终形成中起着至关重要的作用。它超越了外观的范畴，真正内化为诺基亚产品的精髓。'科技以人为本'一直是诺基亚公司最基本的设计理念，这个理念不仅是我们的设计理念，同时也是我们公司的主要价值观之一。这个理念在影响着我们设计风格的同时，也在影响着公司的发展。"

“没有诸子百家的春秋萌芽”

——演艺经纪的现在进行时

徐　馨

“现在国内的明星经纪处于‘春秋战国’的‘春秋’萌芽时期。这个时期出现许多家庭作坊，但没有时下急需的诸子百家，没有理论火花。”赵爽、北京慈文东方演艺经纪公司总经理这样说道。

仅将目光退回到一个月前后，点击任何大型网站的娱乐频道，各种明星们的纠纷比比皆是。这边是被称作“星女郎”的艺人黄圣依毁约被公司拒绝，不少圈内人士支持这一违约行为，一时间众说纷纭；不久之后传闻一批演艺明星将离开所签公司；近处，则是某公司签约“超女”，违约者向公司支付500万的赔偿金。更远处，是艺人有心无意间造成的丑闻和其经纪人们或专业或势弱的危机公关。而有意找寻这一行业的理论指导时，却是遍寻不着了。

随着演艺产业的日益规模化，艺人和经纪人这两个齿轮只有咬合得默契规范，才能一起向前滚动，带来演艺资本的良性循环。而国内十余年来的演艺经纪，在这两个齿轮的磨合初期，虽然多少推动了整个机器向前，但更多的人力财力和精力因为没有可依循的章法，没有一个完善的发展土壤而四处耗散，这向前迈进的步履凌乱虚弱。

演艺经纪的发展与类型

首先看一下明星经纪在我国的发展历程。早在上世纪二三十年代，上海的电影业已经形成了“明星制”，那时和世界电影的发展差距仅10年。之后，由于政治原因而夭折。直至上世纪80年代中后期，随着唱片业这一我国最早对外开放的文化产业领域的规模化发展，“经纪人”的雏形应运而生。90年代初期，中国流行音乐迅猛发展，出现了唱片公司签约歌手。来自香港的陈淑芬夫妇，张学友和张国荣的经纪人来到北京开创“北京天星文化发展有限公司”，为中国内地培养了第一批相对职业的经纪人，如王京花、梁月等大约10人。随着港台音乐的进入，内地演艺界被激活，形成了“歌手明星制”。90年代后半期，国际五大唱片公司进入内地，产品升级，但因多半雇佣台湾经纪人因水土不服而势微。这期间，影视经纪人这一分支开始形成，并随着民营影视制作公司的出现而日具规模，并出现了经纪公司。

进入新世纪，出现了华谊兄弟、九州亚华、中博福太等签约一线艺人的人数在10人以上的经纪公司，京沪两地这一规模的公司不超过10家。从2003年至今，国家放开对产品制作类型的控制，资本多元化等政策，赋予影视业更为良好的生存发展空间，工业链条相对紧凑完善。每年18 000集的电视剧产量和每年100部的电影产量，大大提高了对人才细分、专业细化的要求。

至此，演艺经纪公司呈现四种类别：经营群众演员的公司、经营基本演员的公司、有一定规模的准高级公司和高端公司。其中，前两类因为产品低端化而发展不好；第三类多是制作公司的附属部门，大约所签艺人在影视作品的演员表中占据第4位至第8位之间，人数在5名以下；高端公司不超过10家，其中90%集中在北京，10%在上海。

普遍存在的问题

今天我国的演艺经纪正是以这样的节奏发展而来。规范成熟的演艺经纪，需要一套环环相扣的机制来保障运行：从艺人的选拔——培训——经营管理——市场营销——二度开发；并且有可套用的公式，来预知投入的产出效益与所需时间。但是，我国演艺经纪的自发性和目前的历史阶段，都决定了在这各个环节上的不成熟，并不断引发现实纠纷。

明星制的残缺是核心问题。娱乐产业是以明星为核心设计产品，电影、音乐、戏剧等都是为这一核心服务的具体形式，而在我国，“打造明星”这一概念难以大加宣传。据报道，直至2004年10月中央电视台二套开始直播节目《梦想中国》，才第一次提出了造星的口号。而这仅仅是媒体的造星节目，明星制链条上的其他环节还是水面下的冰山，有待系统地开掘和发展。

其次，家庭作坊式的经营带来整体水平的不专业。任用亲戚做自己的经纪人在内地艺人这里非常普遍。如李亚鹏、那英、范冰冰，不久前的章子怡、孙悦等等。这种家庭作坊，缺少现代管理手段，更缺少作为经纪人的专业训练，不仅容易在已经出现的纠纷上火上浇油，还将内地的演艺经纪带入低层次的循环。

此外，教育制度的不够完善带来了艺人和经纪人双方的不够职业化。目前，我国内地虽然有专业艺术院校或综合性大学开设了表演或演艺经纪等专业，但其课程设置距离市场的实际需求还很远。演员可能熟知戏剧中的斯坦尼体系，但不懂税法经济法，不清楚代理合同不等于劳务合同；经纪人更多地成为艺人的“生活助理”，而不懂如何将艺人这一“产品”进行开发、包装和营销。这就直接导致了演艺经纪这一产业的专业人才来源出现问题。

艺人人事制度的纠纷也有待解决。目前，许多经纪公司的签约艺人同时是国家或地方艺术院团的在编职工。经纪公司为艺人的发展制定一套发展计划，但具体执行计划的过程中，往往和院团的演出安排冲突。这时该如何解决？

不仅艺人的双轨制没有解决，演艺业中的许多细节都缺少相应的法律法制细则来给予指导和参照。“有大法无小法”的法律环境，让本来就处于诸子百家缺席的萌芽期的演艺事业越发无从依循。

除此之外，由于我国的国情和体制，媒介这一娱乐产品的播出载体由政府宏观控制。这就使经纪公司，即“艺人”这一核心商品的培育者无法控制营销这一环节，进而导致整个经纪链条的脱节。经纪公司也就无从预算投入的产出比。这种大风险也使多数经纪公司不愿意在栽培艺人上多投入资金和心血，这样最终流通在娱乐产业中的核心产品——艺人的职业素质普遍偏低。

几大误区

在众多的低端经纪公司中，多数人希望“空手套白狼”。在这一群体中，经纪人和艺人的关系就是“剥削”，搅浑了整个行业的形象。这些公司盲目签了许多艺术院校的在校生或毕业生，多是二三线演员。所签的合同对艺人的保障差，投资少，年头长，公司就有如买回上万张彩票，无所事事只巴望着有一张能撞个头奖，往往蹉跎了许多年轻人的青春。

“经纪人就是艺人‘跟班’”。经纪人对自身职能的认知程度低。职业经纪人身担四种角色：艺人的商务代表、法律顾问、艺术指导、生活助理。而目前多数经纪人只承担了最后一个角色，所以在众多经纪公司中，虽然雇佣的经纪人数量不少，但实际上往往全公司只有一个真正的经纪人——公司老板自己，其他的“经纪人”只是艺人的生活助理，一切关于艺人的培养、包装、管理营销等专业工作都是由老板自己来完成。

“我不需要经纪人”。艺人对经纪人的认知程度低，殊不知在文化产业化的今天，单打独斗只能事倍功半。艺人和经纪人是娱乐产品的合影者，只不过一个在台前一个在台后。经纪人提供给艺人的，不是简单的演出谈判，角色配对，而是一个广大的资源共享平台。此外，艺人自身的职业化薄弱，所以一个专业的经纪人对于不专业的艺人而言，有如医生之于病患。

前景广阔 将出现经纪航母

目前我国演艺经纪的整体水平初级，处于家庭作坊密集的春秋初期。按照事物发展规律，随着产业规模的扩大和多种资本的运行，春秋之后将进入战国时代，诸侯割据不久，将有统一各派力量的航母出现，同时其他存活的单支力量也因其职业化、规范化而葆有强劲的生命力。

全球娱乐产业化下，我国劳动力成本低，这是最大的商机。随着经纪一体化的进程和我国文化产业化的发展，我国具备成为全世界娱乐市场人才集散地和人力产品加工基地的潜力。演艺经纪是文化产业这一朝阳产业中，更为年轻而富有生命力的一支。

演艺经纪的规范化、健康化发展，需要多方面的配合，解决目前已经暴露出来的问题，从政府的高度重视并给予相应政策和土壤到教育制度、法律制度、人事制度的日益完善。此外，作为娱乐产业的消费者——百姓大众，也需要提高对这一行业的了解程度，削弱面对今天各种纠纷而出现的不冷静和看客心态；作为沟通行业与百姓的桥梁——媒体，更有必要自身先去了解这一行业，避免一知半解带来的“火上浇油”，这样从政策环境、各种制度环境到社会心理和舆论的多方支持，将共同培育出理性、规范、科学的演艺经纪。

评论：一叶知秋

本文写作，是对赵爽，北京慈文东方演艺经纪公司总经理的采访整理而成。这一演艺经纪公司创建时间不足三年，但业内成绩与运作规范化程度已可与老牌经纪公司比肩。其发展思路，也许不无启示。

为了避免重走“家庭作坊”或“一个经纪人带着一群生活助理”的老路，公司总经理将自我定位为职业经理人，一般不涉及艺人的具体事宜；公司雇佣的经纪人具体履行四大职能，有一定支配权，负责市场评估、调研、起草艺人培训计划并实施；另设宣传部门，专门负责艺人的推广；事业拓展部则负责对产品的增值；此外是常规的行政管理部门。整体运作力求从设计到营销的流程化，分工细化，依靠团队力量，目标是成为专业分工细致的人才库，并进而形成相同的管理机制。

此外，虽然效果不太理想，但坚持采用港台与西方惯用的“年薪制”的尝试，聘请从TVB出来的两位专业人士，成立演艺工坊，探索

更符合市场规律的发展路径。

与此同时，和同行一样，许多压力来自生产力的低下，即人力成本的风险问题。如前所述，这是教育本身的艺术化而缺少专项市场化培养而导致的人才短缺。针对这一实际困境，这一演艺经纪公司平均每两个月对员工进行培训。而在“诸子百家”缺席的当下，公司管理者自身和员工一起综合已有积累，将其系统化理论化。

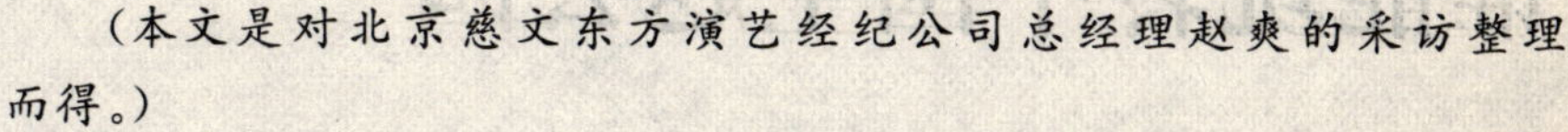

（本文是对北京慈文东方演艺经纪公司总经理赵爽的采访整理而得。）

谁能玩转中国主题公园

孙艳兰

编者按：中国主题公园注定不会是被遗弃的无味鸡肋，而它所需的无穷想象力和创新力，却是我们至今仍然缺乏和未曾完全参透的。不过，产业热情的高涨显示创业激情的涌动，那么，中国主题公园的希望也许就在于此。

中国主题公园的话题，已然被各界热议良久。

作为文化产业的新锐分子，主题公园一再地被国外同行娴熟运作。虽然本土的主题公园依然境况惨淡，然而以国人毫不逊色的智慧与谦逊的借鉴态度，似乎并不甘心就此弃之一边。

人们期待着，在这个卧虎藏龙的东方国度，谁能真正来玩转中国的主题公园？

屡败屡战的主题公园热

不得不承认，中国人对于主题公园有一种难以割舍的苦恋情结。尽管屡战屡败，但依旧屡败屡战。

岁末年初，就已传出不少消息，关于各地即将新建的大型主题公园，且都以种种新鲜而噱头的风格率先在媒体上显露身形，令人似乎有一种错觉：中国主题公园将提前感受到一个暖意融融的春日。

首先，颇有视听冲击力的就是：北京将斥巨资打造神秘主题公园?!

前不久在浙江宁波落幕的首届中国旅游投资洽谈会上，国家旅游局副局长顾朝曦明确标注出中国未来旅游投资五大区域，并进一步指出五大投资区域未来产品的具体规划。其中，京津唐地区将重点开发大型主题文化娱乐产品。

难道北京真要筹备大型主题公园？对于这个消息，媒体的高敏感度带动了各界的关注。相关媒体的这一疑问在北京旅游局那里得到证实，只是对方表示暂时不宜接受采访。

应该说，北京并不缺主题公园，但北京缺少的是真正有魅力的“超级乐园”。

对整个京津唐地区而言，兴建超大规模的主题公园、发展主题娱乐产品已成为该区域旅游发展的主流趋势。北京作为中国首都、政治经济文化中心，必然是京津唐地区旅游发展的龙头引擎，其发展大型主题娱乐产业的优势比较明显。

深厚的文化积淀，应是北京具有建设大型主题公园的内在优势。文化旅游就像生态旅游一样，必将成为今后一段时期的旅游产业发展的重点。北京悠久而深厚的文化资源禀赋本身就与主题公园所要求的文化内涵有内在的互通性。

再将视线转向大江南北的祖国各地，也是这番热而火的光景——

华侨城斥资 40 亿元在沪投建“欢乐谷”；宋城集团大手笔打造“休憩园”；首旅集团投资亿元打造国内首家电影主题公园……毋庸置疑，新一轮主题公园投资热潮已经浮现。

在一个个新项目开工之时，仿佛每一个投资者都相信自己能够赢利，能成为玩转中国主题公园的“真命天子”。

宋城集团老总黄巧灵，应是此中的行家。他认为，主题公园的市场前景仍然广阔，香港迪斯尼的巨额投资及“环球嘉年华”在全国巡游的火爆场面都是有力的说明。

的确，虽然国内主题公园整体经营惨淡，但近几年来还是有个别主题突出、个性鲜明的大型主题公园在市场上赢得口碑。

中国主题公园的市场潜力到底有多大？

ERA 的研究表明，美国、日本与欧洲的人均主题公园到访次数分别为 0.8、0.5 和 0.25，按欧洲的水平，中国主题公园客流量将能够达到 1 亿次，市场规模就可以达到 100 亿。

而且，主题公园对经济的巨大拉动作用已经不是秘密。按旅游行业的统计规律来算，门票与其他相关行业的收入比例是 1∶7。如果主题公园能够突破门票经济，带动相关产业的发展，将是旅游行业里盈利最为快捷的方式之一。

“这里曾经是一座主题公园，已经荒废了。泡沫经济时期建立的很多主题公园都破产了，这是其中的一座。”在日本动画大师宫崎骏的巨制《千与千寻》第一幕中，女主角千寻的爸爸站在深不可测的“遗址”

城门前感叹道。

散布在日本各地荒废已久的大型主题公园、度假村和高尔夫球场，已经成为日本泡沫经济时代的文化符号。

当然，我们并不愿意，且极不希望这一景象会在中国出现。虽然，我们也正在迎来一次又一次的建园高潮。

这只“老鼠”并不可怕

曾经以为，迪斯尼的入侵，将会给中国的主题公园带来伤及元气的超强气流。

值得庆幸的是，这只穿礼服、打领结的洋“老鼠”，并不如想象的可怕，当然，它确实也很有能耐。

面对迪斯尼这个强大的对手，“锦绣中华民俗文化村”、“世界之窗”、“欢乐谷”三景区决定“合纵”抗“迪”，希望在内地游客心中重树品牌形象，从迪斯尼那里分食“蛋糕”。在去年暑假档期内的7月22—24日举行的“华侨城旅游狂欢节”就是成功一例。

这届狂欢节一改历届采取封闭售票、封闭举行的形式，将活动放到整个华侨城城区举办，形成一个完全开放的、公众可自由参与的活动，使品牌宣传的影响力更为广泛。同时在三大主题公园和华侨城社区内推出“民俗文化村泼水节”、“世界之窗啤酒节”、“欢乐谷玛雅狂欢节”以及三个主题晚会等数十个项目与此相呼应。

此番规模可谓相当壮观，也用事实证明：迪斯尼的进入并不会使得深圳同业的情况更清冷，而是将整个市场的潜力挖掘出来。推崇中国特色的错位经营，就是它们开始的新一轮的产品创新。

“无敌国外患者，国恒亡”，深圳市旅游局局长池雄标说，“迪斯尼的进驻，深圳主题公园不得不加快步伐，寻求新一轮的发展。这未尝不是好事。”

确实，迪斯尼的激活效应已然显现。

此外，不可不提的就是视迪斯尼为“死敌”的香港海洋公园。这几个月来，它又是如何度过的呢？

刚过去的那个圣诞节，是香港迪斯尼乐园登陆香港后，首度与海洋公园短兵相接、一较高下的日子。迪斯尼在去年12月25日第三次宣布售罄即日门票，显示门票销情气势如虹。但海洋公园在当时也严阵以待，推出一系列圣诞气氛浓厚的玩意，游园人数亦较平日约多一倍，似乎未因迪斯尼开幕而受影响。

香港海洋公园公共事务经理朱伊莲虽未透露确实的入场人数，但强调这个圣诞的入场人数比平日约多一倍，成绩相当理想。该园去年的圣

诞雪地主题比之前规模更大，包括滑泡圈、雪玩场和冰上汇演等，故能吸引希望在香港也能过白色圣诞的市民。

不过，我们并不能因此而忽视了迪斯尼作为全球娱乐王者的强劲实力。

就如它在中国度过的第一个春节，以外中内西的合璧之态赚了个漂亮的大满贯。大年初一至正月十五，香港迪斯尼乐园以传统中国特色的装饰和活动庆祝新年。睡公主城堡前的舞台上有喜庆的舞龙舞狮表演，每天抽取幸运宾客上台为三只舞狮进行点睛仪式。米奇老鼠、米妮老鼠、布鲁托、钢牙奇奇与大鼻帝帝穿着一身传统应节服饰，在热闹的表演队伍中手舞足蹈。

同时，为了使游客可以灵活计划行程，香港迪斯尼乐园于今年1月3日起，推出有效期长达半年的门票，以方便游客游览。这对于刷惯月卡、年卡的中国人来说也是相当容易接受的。这种促销手段，使得提前买好有日期的门票因耽误时间而作废的情况不会发生了。

一个迪斯尼乐园，说白了，就是一只“老鼠”和一只“鸭子”的故事，却可以造就一个巨大的主题乐园，让全世界为之疯狂埋单。这背后待解的困惑以及带给我们的启示，确实足够令我们潜心思考的了。

不过，面对与迎接它的态度，应是平等而不卑不亢，且不断创新的。

因此，中国本土的主题公园与迪斯尼乐园斗志斗勇的好戏将会在接下来的日子里不断上演。

中国需要怎样的主题公园

面对洋主题公园的高调宣战，我们的主题公园可谓是全力以赴。或主打本土特色、中国特色，或实行产业扩张战略。

然而，中国究竟需要怎样的主题公园，怎样的套路才是我们真正适合的呢？

“别人问我，这么多年的企业做下来，最大的感受是什么？我想说的是一句老话：企业要做行规的制定者，企业家要做行业思想的引领者和实践者。”

作为中国主题公园业的实干家，也是本土主题公园创办者的代表——宋城集团老总黄巧灵，这么些年来一直在摸索的就是能够生存下去的一些模式。

应该说，他们是在一个不太顺心的逆境中坚持下来的，并寻求艰难的生存之道——

中国投资建成的主题公园目前保守统计已超过2 500家，其中投资在 1 亿元以上的有 89 个，数量之多居全球之冠，内容之杂也可算是天下第一。目前正在筹建或再建的，均是投资巨大、占地超过 500 亩甚至上千亩的大型项目。

我国的大型主题公园主要集中在以广州、深圳为中心的珠江三角洲和以上海、苏杭和无锡为代表的长江三角洲地区。此外，北京、西安等大城市也建设了一些主题公园。令人遗憾的是，这 2 500 家主题公园只有 10%左右盈利，70%处于亏损状态，20%持平。2 500 个主题公园“套牢”资金超过 1 500 亿元。

如何逆境突围，是摆在这些老总面前的一道复杂的论述题。

北京市旅游局旅游促进处处长王清在接受采访时说：“国内多数失败的主题公园，根源在于主题不明、跟风严重。哪里出来一个项目，好像赚钱了，就马上复制一个。结果全国出现了太多低质量、重复建设的公园。很多主题公园建了，但是并没有考虑当时的历史文化等方面的背景。”

所谓主题公园，主题的优劣应为其中之要点。主题公园必须选择好主题，最重要的是主题的吸引力和卖点以及能够派生出的想象空间与多重商业可能性。

有专家就尖锐地指出，北京近 40 家主题公园多数特色不够鲜明，除了世界公园等极少数几家，无一例外都是惨淡经营，有的甚至是血本无归。一个城市需要什么样的主题公园，必须要做科学严谨的调查，符合本地需要和实际可能。

从国外主题公园发展经验来看，完美的主题能够给予游客难以忘怀的体验。西方许多主题公园是多板块、复合式主题。这些公园一般采用连续不断的视觉提示，使总主题体现在公园的每一个板块、部分之中。而我们的很多主题设计就显得相当的刻意和平面化。

另外，产业模式的单一是制约中国主题公园发展的深层问题，也是个老问题。

大多数中国主题公园，都把主要的力量放在了公园本身，而没有其他的辅助产业。而一些做得比较好的主题公园，大都实现了营销的多元化，其收入主要不是来自主题公园本身，而是来自玩具、影视产业等其他附属产品等。

当然，我们本土的主题公园身上的毛病还有很多，比如地理位置的选择、全体员工的工作理念的树立等；当然，我们也不是非得什么都跟国外学，因为洋品牌也在偷偷地学我们的长处。

我们真正要学的，其实是一种思路，一种策略。这一切，也许都来自于一种敢于创新、不断创新的积极态度。

值得借鉴的创新模式

米老鼠的创始人迪斯尼拥有对新事物、新技术的高度敏感、浓厚兴趣和永不间断的创新能力。这也是推动米老鼠从一个普通的动画角色发展成为世界娱乐业帝国形象的根本动力。

主题公园是目前国内方兴未艾的文化产业之一，也最容易形成模仿和单调的旅游景点。深圳华侨城控股股份有限公司CEO兼总裁刘平春反复强调："我们要做的不是从概念出发归咎于主题公园，而是通过自主创新能力的培育去创造真正适合市场需求的主题公园。"

创新一词，或许是2006年的中国被各界所宠爱的"热词"之一。对于中国众多的主题公园而言，它也是其得以蜕变的灵魂所在。

首先，还是让我们来看看别人的创新招数。

疯狂节奏的音乐、响彻云霄的惊叫、活泼可爱的玩具、满眼超炫的灯光、奇特夸张的布景——这就是"环球嘉年华"给我们的印象。作为世界上最大型的巡回移动式游乐场，"环球嘉年华"从2003年起成功进军中国香港，后来又在上海和北京登陆，它仿佛像一个快乐的小精灵一下进入我们的视野。我们欢乐、我们惊叹、我们疯狂……

这似乎是一个充满活力的、永不止步的、流动的主题公园，它的每一次华美现身，都会让人情不自禁地尖叫起来。

为什么同样是一些娱乐的设备摆在那里，人们对待嘉年华和其他一些主题乐园的态度截然不同？其实，这不是简单的机器的问题，而是背后一系列管理的问题。如果有人只是把这些机器运走，而不懂怎么运作的话，那么他还是做不成。

又如美国的主题公园瞄准了万圣节商机，在去年夏天旅游旺季刚过，旅游业似乎正处在生意清淡的时候，美国一些商家忽然找到了灵感，决意将旅游淡季变成生意的丰收季节。把万圣节搞成一个为期一月或者更长时间的活动，自然就成了一些主题公园招徕游客的新思路。

万圣节活动已经受到美国很多主题公园的追捧，并且呈快速发展之势。当时美国全国零售商联合会预测，消费者为欢庆万圣节可能要花费33亿美元之多，而主题公园正是由此看到了更多商机。

主题公园与节日的完美结合，符合了人们释放心情的需要，也是商业操作的可行策略。

不过，节日的好玩是短暂的，最多也就是一两天，而主题公园却是长年开放的。但把节日的活动巧妙地"移植"到主题公园里，既丰富了游客的体验和感受，也为旅游淡季的主题公园找到了新商机。

随着韩国电视剧《大长今》在全球范围内的热播，大长今主题公园也迅速在整个亚洲乃至全球蹿红。大长今主题公园负责人李元杓在韩国现场透露，到去年 12 月，前来大长今主题公园游玩的人数达到近 30 万人。

关于"韩流"，我们早已领教了它的非凡威力，不想它现在已经蔓延到主题公园的广阔领域。

到大长今主题公园的境外游客主要来自中国、日本以及东南亚，这恰恰和香港迪斯尼乐园的目标客户群体重合。李元杓笑言，大长今主题公园有自己文化内涵和推广方法，已可以与迪士尼一争高下了。

韩国旅游局表示，由于具有数年的操作经验，韩国旅游局和业界以及各方已形成了一个远丰富于单个公司运作的系统。这个系统能够使一个影视旅游景点在启动、发展、成熟各个阶段都取得成功，而且经年不衰。如《冬日恋歌》取景地南怡岛到现在都一直是旅游热门目的地，近来还将结合热播电视剧《我的名字叫金三顺》在全球开发旅游市场。

这些奇思妙想的大胆创新，确实既有新意又可操作。其实，在我们国内也不乏出色的策划人才、丰富的传统节日和优秀的影视作品。那么，这一切为什么就没能出现在中国呢。

如果有一天，我们的主题公园业人士也忽然开了窍、摸到了门道，那时，也许就能真正玩转中国的主题公园了。

北大文化产业

案例分析

《无极》PK《千里走单骑》

王征　张真

2005年末的贺岁片市场可以说是狼烟四起，众多华语大片让贺岁档前所未有的充实和喧嚣，这种繁荣景象不但给中国电影观众带来了多选择的贺岁市场，更彰显了中国电影的宣传和发行正在打开一个新的局面——电影正在向产业化和市场化的方向发展，新的商业模式正在形成。

什么是商业模式？美国著名投资商罗伯森曾经告诉亚信公司创始人田溯宁，商业模式就是一块钱在你的公司里转了一圈，最后变成了一块一，这增加的部分就是商业模式所带来的增值部分。说到底，商业模式就是关于做什么，如何做，怎样赚钱的问题，其实质是一种创新形式。电影的商业模式也不例外，任何形式的创新都有可能带来巨大的收益，而这一点也是当下电影盈利的决定性方式。

今年贺岁档的国产大片中最吸引人眼球的当数国际化的超级国产大片《无极》，以及在商业片中鹤立鸡群的艺术片《千里走单骑》。这两部风格迥异的影片采取了不同的商业模式，却都无一例外地取得了良好的收效。如何用商业模式推广电影，已经成为当下最值得分析和研究的话题之一。

作为迄今为止投资总额最高的国产商业大片，《无极》受瞩目的原因是多方面的：对观众来说，它的吸引力来自大导演、大明星阵容；对尚未成熟的中国电影市场来说，它意味着国际合作的大投资与20亿的预期回报；对电影产业来说，这是好莱坞式的商业电影模式是否能本土化的试验。集中到一点，作为一部商业影片，《无极》最成功的地方在于，通过一系列的商业模式运作，打造出一艘中国电影营销“航空母舰”。在这个营销为王的电影年代，电影的商业模式比电影本身更决定着电影的成败。《无极》更是中国电影商业模式的里程碑式影片。

《无极》于全国火爆上映的时候，张艺谋也在丽江拉开了他所独有的商业宣传攻势，12 月 16 日在玉龙雪山脚下举行全球首映式。作为贺岁档众多商业大片中惟一一部温情脉脉的艺术片，制作方新画面公司出人意料地选择了一种商业化的操作方式——利用“事件性营销”的手法，达到“全民关注”的巨大商业效果，把蛋糕做大。

两部电影的碰撞，不仅是电影本身的艺术形式和票房的争夺，更是两种商业模式的较量，是在资金发行、营销模式等方方面面的针锋相对。

资金与发行

《无极》——国际化融资与发行相结合

作为一部大投资大制作的影片，《无极》总投资超过 3 亿元人民币。从制片资金来讲，中国大陆投资占据八成以上，由包括中影在内的多家共同投资。海外投资主要是发行商提前购买版权，北美地区发行商采用包断和保底分账结合的方式，另外包括中国台湾、日本、韩国等地的投资，都是通过预购，买下当地市场的发行权。这种融资方式使《无极》得到了中、美、日、韩四国的投资，根据影片的题材和方案，由投资方来决定出资的比例。而利益分成则和这家企业在本国市场的推广力度挂钩，采取保底分成的方式分摊利益。同时，由于在融资的过程中吸收了四国资金，《无极》在该国就可以被当成出资方自己的年度大片来推广。例如在韩国，根据已经制定好的计划，将会有 500 多家电影院放映《无极》。这样做实际上是提前开拓和消化了这些国家的市场，同时还可以利用他们的资源，学习他们先进的推广发行经验，一起将《无极》的市场做大。

去年夏天，陈凯歌的戛纳之行就已经开始为《无极》进行国际市场的发行工作了。顶级电影发行商美国的韦恩斯坦兄弟公司和 IDG 新媒体基金联手购得《无极》在北美、英国等地的发行权。258 位世界顶级片商在戛纳参加了陈凯歌夫妇举行的 140 万欧元的古堡盛宴后，购买的拷贝数量已经可以将影片的绝大部分资金成本回笼。换句话说，《无极》的国际资本促成了影片的国际化策略。由此可见《无极》采取的是国际投资——国际发行的商业模式，投资直接与营销挂钩，让海外投资的每一分钱在影片后期发行中都能起到作用，力图打造出一部国际化的

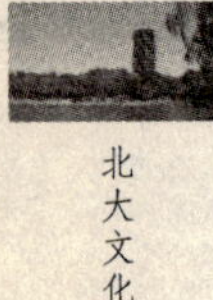

影片。

《千里走单骑》——预先出卖海外发行权

相对《无极》来讲，《千里走单骑》发行的拷贝数量并不多，形象宣传工作也一直跟着《无极》反操作，刻意保持了低姿态。不过在《无极》于欧洲炒作之前更早，即在《千里走单骑》刚拍摄的时候，影片的制作人张艺谋、新画面公司的老板张伟平就已经把影片的海外发行权卖给了好莱坞，并且因此获得了张艺谋文艺片从未有过的高价格，而制片方对这一行为采取了保密的态度，也使得张艺谋在以后的日子里可以安心制作成本要比《无极》低了三分之二的《千里走单骑》。

《千里走单骑》的制作方新画面公司，在之前的《英雄》和《十面埋伏》的宣传、策划与营销联合中国电影集团运作，既实现了优势互补，又保证了影片商业模式运作的计划性、连续性和有效性，同时又具有好莱坞一般电影操作的特有方法。对于《千里走单骑》这一类型的艺术片，新画面公司同样也有着一套适宜的根据资金情况进行发行的商业运营模式。首先是预先出卖海外发行权，收回了6 000万的投资，较之好莱坞影片“40％的国内收入，60％的海外收入”的全球化趋势，已然接近。其次是势能化的商业模式运作，与《英雄》和《十面埋伏》一样，在拍摄之初已经收回投资的《千里走单骑》同样用2 000万大搞“首映庆典”，发动宣传攻势，较之好莱坞大片一般要拿出总投资的40％以上做宣传的理论也是一种跟进。而且从《英雄》开始，新画面公司已经提出提高票房分成比，以前进口大片分成比是43∶57，一般国产片则是35∶65，制片方只有35％，《英雄》提高到了40％，《千里走单骑》已是41％，这使得制片方更敢于加大前期资金投入，为后期发行打下坚实的资金基础。

营销模式

《无极》——价值链整合营销

作为一部有着神话气质的大片，从主题、内容和表现形式来说，《无极》电影本身具有整合营销价值链中许多可以创新的价值增长点。这些增长点就成为影片商业模式发挥作用的关键，并通过整合营销价值链获得巨大的收益。

《无极》在拍摄之初就事先设计了电影衍生产品的开发。图书、音像、服饰等并不是《无极》的终极盈利模式，各类游戏及舞台演出才是《无极》后市场的主角。《无极》已经与派格太合环球传媒达成分账协议，按照电影《无极》的内容制作网络游戏。派格太合环球传媒董事长孙健君透露，“从主题、内容和表现形式来说，《无极》本身非常适合改编成网络游戏。我们选择的游戏开发者是全球十大电子游戏发行商之一的法国 Ubisoft 公司，未来的全球发行也将和他们联手。我们很有可能成为第一款面向海外发行的国产在线游戏。今年年底电影上市的同期将开始游戏公测，计划明年上半年在全球上市，正式收费时间从明年下半年开始。”手机游戏的玩家、未来网络休闲游戏的玩家将与电影观众之间形成千丝万缕的互相覆盖，作为内容提供商来说，这些互动中不断累加的终端客户所需要的视、听、玩、用的内容才是更加巨大的市场，他们甚至可以针对其开发更加细致的定制化娱乐服务。《无极》的“后电影”创造的价值很有可能在未来的几年内达到一个惊人的数目。

“从《定军山》到《无极》百年电影再创辉煌”主题邮票的发售，仅仅是《无极》后产品开发的冰山一角。该片后电影产品的与众不同之处，在于它并不是等电影火爆后才开始推广，而是在电影制作过程中同步推进。除了已开发的游戏、图书、邮票、玩偶等项目，百老汇的歌舞剧公司已经看中《无极》，将它改编成音乐歌舞剧。另外，由陈红讲述的幕后故事《一望无极》已经正式发售。8 集纪录片《走向无极》也在电影频道的黄金档播出。这些相关的衍生产品不仅“搜刮”了电影的周边利润，反过来也为电影本身的宣传推波助澜。最早与《无极》联手的新媒体是网络，专为电影开通的网站将剧情、海报、剧照、视频以及新闻报道、网友评论合成在一起，并专设了无极论坛供网友“指点《无极》、激扬文字”。《无极》还与国内手机娱乐网站——空中网联手，推出首家电影 WAP 官方网站。最近火爆的博客也为《无极》首推“电影博客”概念，将一直封锁的《无极》全场景图文分析，分 10 次连载。电影最终作为一种工业商品必须要进入市场，商业、市场元素一定隐含在产品的血液当中，无论专家们如何评价影片、观众喜欢与否，都不能把电影艺术本身与市场一刀切开，这也是电影商业模式运作中的本质。《无极》的意义在于：电影市场不仅可以争夺，还可以制造。对电影产业价值链中新的增长点的系列产业化经营运作，是大制作电影商业模式经营中值得借鉴的一种模式。

《千里走单骑》——口碑营销

跟《无极》的大片营销线路相比，投资只有《无极》三分之一的《千里走单骑》此次在口碑上大做文章，走的是踏实的民间口碑营销的商业路线。对所有的电影来说，最重要的商业元素就是真情实感，不管大制作的电影还是小制作的电影，如果可以把感情拍得淋漓尽致，就具备了最主要的商业元素。“传播也是生产力”，口碑营销走的就是宣传路线。这种策略包括：(1) 寻找令大众兴奋的母题；(2) 采纳高度煽情宣传方式；(3) 选择最具影响力的宣传地点、最具传播力的宣传渠道。《千里走单骑》的营销方式显然贯彻了这一思想，并取得了惊人的良好效果。

影片以平实的态度讲述老百姓的故事，把草头非职业演员调教得头头是道，佐以紧贴农民生态的笑料，融会贯通成一幅感人至深的"人间自有真情在"风情画。影片中除了高仓健外，再没有一个职业演员，选取题材也是基于大众的生活背景，因此《千里走单骑》不难获得观众感情上的共鸣。张艺谋回归文艺片与高仓健的号召力，再加上相当于《无极》三分之一的成本投入，口碑营销就成为这种类型的艺术片商业模式运作的不二选择。《千里走单骑》的初期一直低调，之后借东京电影节预热，在《无极》广州上映前三天，《千里走单骑》在广州、重庆等地进行了口碑场放映，以"眼泪"拼得头彩，而 12 月 16 日，正当《无极》在全国上映最火爆最需要媒体造势的时候，《千里走单骑》又把全国各家媒体的电影记者一股脑儿拉到了丽江，在丽江举办了一场声势浩大的首映活动，走文艺片最适合的全民路线。影片首映式耗资 2 000 万元，占影片总投资的三分之一。制片方不惜重金把一座在加拿大刚刚问世的超大型魔幻剧院空运到云南丽江玉龙雪山作为庆典场景。与《无极》走"高票价路线"不同，《千里走单骑》走的是"亲民路线"，与民同庆，整个庆典不卖一张票。张艺谋和高仓健、裴勇俊和"超级女声"前三名等人气偶像明星，与当地平民百姓同台 PK，打造一场集体狂欢的首映晚会盛宴。直升机航拍、高空礼花把气氛做足。发行方打造的首映庆典晚会，放大了影片自身的艺术价值、文化价值，尤其是商业娱乐价值，从而真正让观众走进影院购票观赏一部电影的简单消费行为，扩展延伸成为一场轰轰烈烈的"娱乐事件"，这确实已经成为中国特色的电影发行争相效仿的一种模式。事实证明，这种方式对电影市场起到了很好的烘托作用，让越来越多的人关注中国电影。

影片的口碑营销本质上是针对竞争者的差异化的营销方式，《千里走单骑》显然强调其在产品本身、服务、形象等各方面与《无极》的差别，从而确定并发挥自身的竞争优势，让两部投资水平不在同一级别的影片成为资格相当的较量对手。

不仅仅是 PK——商业模式 PK 的效果

随着 12 月中旬《无极》正式在全国上映，低调已久的《千里走单骑》突然发起攻势，和《无极》进行了一场几乎是面对面的肉搏战。两部影片的差别是显而易见的，而《千里走单骑》仍然利用媒体强调两者的不同。当《无极》的宣传和口碑产生了巨大落差的时候，《千里走单骑》继续延伸大片的贺岁。这场硝烟弥漫的争夺战的最终目的并非是为了你死我活，而是一定程度上的具有互利色彩的善意竞争。《无极》和《千里走单骑》在题材上有着明显的差异，商业片和文艺片这两个类型从根本上决定了二者所采取的不同商业模式，而这带有互衬色彩的行为从客观上也表现了当下中国电影的策略联盟营销，在观众和媒体不断把这两部影片进行比较的同时，实际上就已不自觉地作为了这场 PK 营销中不可缺少的一份子，来为这场岁末的票房大战推波助澜。

PK 式的商业模式运作可以说是当下文化产业中一种全新的运作方式。在《无极》和《千里走单骑》的票房大战中，此种商业模式被发挥到极致。就像当初《天下无贼》借助和《功夫》互相炒作一样，此次《无极》和《千里走单骑》的 PK 大战，不仅在争吃市场，更重要的意义是，借助 PK 一起把中国的票房蛋糕做得更大。不过，比当年《天下无贼》、《功夫》互相炒作为了取得更大票房更进步的是，这场超级 PK 秀开始罩上了联合垄断的色彩，二者互相促进，表面上的激烈竞争下是经过组合设计的市场营销模式间的推波助澜，达到的共同作用就是将公众视线牢牢地吸引在这两部电影上。就像可口可乐和百事可乐不断 PK 于可乐市场的道理一样，不断竞争的结果抬高了可乐市场的门槛，以至于让后来者难以企及，于是偌大的可乐市场便成了只属于两个人的舞台。谈起贺岁片，大多数人都会叫上五六部。但是提到国产大片，几乎所有人都回答:《无极》和《千里走单骑》。

因此不难看出，所谓的 PK 大战实际上是投资方与媒体心照不宣的一次联合造势活动，是一场信息时代的联合运作商业模式。属于两部电影各自领域的票房证明，二者在不断地 PK 中都成了赢家，貌似对手的两部电影其实是岁末贺岁片市场最好的演员，也是最大的获益者。

通过对《无极》和《千里走单骑》的分析，我们可以看出，中国电影现在已经开始进入产业化的商业模式，针对不同的类型片开始有了相应的一套市场营销策略，电影正在逐步地走入市场，向整体运作的商业模式方向发展。现代化的管理模式和运营模式已经渗透到电影整合运作的方方面面，让电影真正成为一种有序化经营、有序化管理的模式性产业。

意识领先，细节精心

——大唐芙蓉园成功的秘诀

顾　诚

古都西安，曲江故址，雁塔侧翼，大唐芙蓉园，占地千亩。

当下中国经营得最好的主题公园，大唐芙蓉园 2005 年正月十五试营业便涌入近五万人，4 月 11 日（农历三月三）正式开园后，到 8 月 15 日，短短四个月时间游客就已超过百万，五一长假期间入园人数更是高居全国各大主题公园之首，创下了中国主题公园参观人数之最。这里，被认为是引领了国内主题公园发展的方向。

一个难以复制的优秀主题

一个主题公园，选取一个恰当的主题是安身立命之本。大唐芙蓉园在主题和定位上具有的优势，使得大唐芙蓉园在最基础的地方立住了根基。

一个优秀的主题，应当是既有文化内涵又不偏僻，让公众对它都能有直观的认知。同时，这个主题应当具有一定的独特性，不会被别的地方轻易复制。大唐芙蓉园在主题选材上充分重视了这两方面，使其从创意开始就抢占了先机。

芙蓉园是唐代著名园林建筑，是长安市民与达官贵人共同的郊游去处。虽说芙蓉园的典故不是人尽皆知，但说起大唐，却无人不晓。2006 年春节期间，大唐芙蓉园不仅远迎海外游客，还吸引了不少附近村民前来观光。当笔者问起这些几代都在当地居住的农民为什么会来大唐芙蓉园时，得到最多的答案是：这是重现大唐的园林，是唐朝的皇家园林。与此相类似的主题公园，国内还有开封的清明上河园。但是，由于了解《清明上河图》的以知识分子居多，受众面较狭窄，必须追加很多的宣传，普通民众才明白清明上河图是怎么回事，为什么具有重要价值。而大唐芙蓉园就省去了这些，在选题上就贴近更大多数人。

在选题上，大唐芙蓉园还兼具一定程度的不可复制性。以深圳锦绣中华为首的微缩景观公园，初期效果都很不错，但随着旅游开放，大家去各地甚至去外国的机会都越来越多，见识了“真家伙”就没有人去看微缩景观了。而且，这类主题公园哪个城市都可以搞，很容易复制，难以具备全国性吸引力。大唐芙蓉园深深植根于西安和唐朝的历史文化背景，具有较强的地域性，且原址建筑都已湮灭，“真家伙”不复存在。

依托影视剧和名人名企效应的眼球营销

大唐芙蓉园在经营上最具特色的地方在于宣传营销。现今中国社会，是一个注意力经济或曰眼球经济时代，东西再好不能引起人们的关注是不行的，这就要求任何一个企业都要在宣传上做足功夫。

大唐芙蓉园投巨资拍摄同名电视剧《大唐芙蓉园》，这在国内主题公园宣传上绝无仅有。此一部大型古装历史剧，由范冰冰、赵文瑄主演，邀请两岸一线演员，投资逾千万。随着电视剧的热播，大唐芙蓉园的形象随之深入亿万观众之心。

积极走与政府、名企合作的路线

连战访问大陆，西安政府在芙蓉园设宴，使大唐芙蓉园的影响迅速进入台湾。此后连战夫人连方瑀在其《半世纪的相逢》一书中，如实记录了游览大唐芙蓉园和在大唐芙蓉园观看仿唐歌舞、品尝仿唐宴的经过。该书在两岸皆有出版，又为大唐芙蓉园扩大了影响。此后，大唐芙蓉园吸引了大量台湾游客，而这一现象又激发了其他地区游客的兴趣。

大唐芙蓉园不仅与政府合作，也与其他有影响力的企业、单位合作，利用它们的影响力扩展宣传。大唐芙蓉园自开园以来，积极承办各种大型典礼，目的就在于此。“西安杨森”20周年庆典、西安人民广播电台的系列颁奖典礼都在大唐芙蓉园举行。这些大型典礼在社会上的广泛影响，使大唐芙蓉园以搭便车的方式宣传了自身，是为注意力经济时代的奇巧之作。

此外，大唐芙蓉园的促销手段也独树一帜。以2006年春节为例，大唐芙蓉园推出本命年免票游园的促销方法。这个促销手段一方面体现出浓浓的人情味，不像商场打折那般冷冰冰，在新春佳节给民间认为犯太岁的本命年以优惠，把商业动机更好地包裹在游人的温情体验中。而在商业考虑上，本命年者，若是12岁，通常有家长陪同；若是24岁，便会拖男曳女；若是36岁，大都又会带小孩前来。虽则免了一人的票，但带来了更多的陪同者，通过一种间接的方式吸引来另一些人。免票的

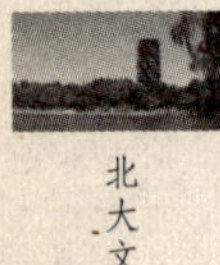

行为吸引了众多游客，也就吸引了更多的陪同游客，让票房收入不降反增。

通过优势整合获得规模效应

一个主题公园如果只将一个文化主题下的某一侧面提供给游客，虽然也还能具有很多特色，但无法让游客在此停留太久，无法阻止更多的主题公园用别的侧面抢占自己的资源。大型超市现在都讲究“一站式服务”，来到此处，你所能想到的日常用品决不会缺少。一个主题公园如果能整合同一主题文化的诸方面形成一个“文化群落”，甚至不仅仅是那些古典的东西，还包括传统与现代的有机结合，那么无疑会留住游客。

此外，一个主题公园所应整合的不仅仅是自己园内的风光，也包括所处地方整个文化环境的整合，把主题公园放置在更大的文化背景中，这是上佳之选，但也是一般主体公园最难做到的，因为这不是单一的主题公园能办到的事情。而西安大唐芙蓉园的优势恰在于选取了有利的时机和地点，解决了把主题公园的主体放置在更大的背景主题之中这一难题。

下面我们具体看看大唐芙蓉园是如何做到整合优势的。

首先，大唐芙蓉园是作为西安曲江开放区整体化进程中的一部分存在的。大唐芙蓉园的建设，在地理和时机上都选择了一个非常好的切入点。在曲江开发区中，包括十余个或与唐文化相关，或展现风情的大型文化游乐场所。目前，这一地区正在开发的项目还有曲江流饮主题公园，大唐不夜城等，形成一系列以唐文化为核心主题，游乐与观赏并存，娱乐与文化并重。诸多文化场所集中在同一地区是相当罕见的，也许一处的影响是有限的，但它们合在一起就形成了巨大的规模，它们之间的相互促进，也必然会形成巨大的规模效应。而作为其中一环的大唐芙蓉园，也就共享了其规模效应所带来的一系列好处。

其二，大唐芙蓉园充分整合了以前散布的仿唐文化资源，提供“一站式服务”。在现代社会，人们用于休闲娱乐的时间和精力是非常有限的，人们都希望能尽可能简约地完成游玩，用最简省的方式取得最多的信息，一次就游个够。大唐芙蓉园正迎合了人们的这种心理，把仿唐建筑、唐乐、唐诗、皇家园林、仿唐宴这些元素全部融在其中，让你来大唐芙蓉园一处就可以感受到以前要去五六个地方体会的东西。仿宫廷建筑的紫云楼，展现唐代女性文化的仕女馆，展现唐代科举文化的杏园，展现仿唐歌舞音乐的凤鸣九天剧院，还有唐诗峡，茱萸台等等，全园12个景观区域分别演绎着仕途、女性、诗歌、茶饮、宗教、帝王、饮食、科技、外交、民俗、歌舞以及大门12个特色文化，全景式、多角度地展示了盛唐文化的博大气势，一次性全方位展示统一文化主题下的各方面。

其三，大唐芙蓉园很好地实现了传统与现代的结合。来看大唐芙蓉园中的一些人，其实并不冲着唐文化，而是冲着全球最大的水幕电影。每天在夜幕降临后，大唐芙蓉园的芙蓉湖水面上就会放映一部水幕电影的短片。水幕电影以整个300亩湖面为背景，在10米高的水幕上利用现代声光电技术构造一个大型荧幕。配合电影情节，还在其中配以从水面升起的焰火，将荧幕延伸到了天空之中，蔚为壮观。

在传统与现代结合的这一问题上，很多同类的主体公园都没有处理好。要么是纯粹的仿古建筑和表演，做得再好也终归是仿古，隔靴搔痒；要么就是硬生生地随便在古典建筑的背景里搞点现代游艺活动，让人觉得不伦不类，滑稽可笑。而大唐芙蓉园避免了纯粹仿古的窠臼，又给先进的现代科技注入了古典文化为内容的表现形式，在传统与现代的结合上远远走在了国内其他主题公园的前列。

打造“活”的公园

大唐芙蓉园不仅是一座园林，它打造的是一个“活”的公园。只有让游客每来一次都能体会到乐趣，甚至是不同的乐趣，才能让主题公园有源源不断的游客。

首先，一个主题公园不仅提供静物景观，还要与表演相结合。大唐芙蓉园每天都有好几场特色演出，在节庆的时候还会增加演出。御苑门外的盘鼓表演，唐市财神庙的财神拜祭仪式，唐市（其中包括唐集市、贡品一条街、百戏楼广场）里的舞狮、高跷、杂技、秦腔等表演，还有皮影、糖人、泥人、面人、糖饼画、手工布艺、麦秸画、木烙画、纸烙画、陶艺、黄堡窑和户县的农民画、景木花雕、古景画等一系列民间绝活现场表演。还有表现唐代服饰文化的“艳影霓裳”仕女服装表演，表现唐代音乐成就的“教坊乐舞”，表现中国茶文化的陆羽茶社茶艺表演，以现代艺术手法配以全新视听效果、展现盛唐文化风采的大型梦幻诗乐舞剧“梦回大唐”。大唐芙蓉园在表演这一项上是做足了功夫，让游客可以马不停蹄地奔波在各种表演活动之中，一下子消磨掉一整天的时间，带动起饮食、游览车等其他园内零售的发展。

对于主题公园，仅仅观看表演是不够的，要让游人参与其中，才是真正地让公园活起来。大唐芙蓉园在这方面做得最典型的是“杏园状元游”。“杏园”，这个创意本身就吸引了很多游人的注意，杏园是唐代皇上御宴科举榜上题名的举子之处。中国人一向重视知识，谁人不望子成龙？杏园中那文昌君和大成先师像前的香火络绎不绝。“状元游”邀请游人来参选，报名考文、武状元。游人参与其中，亲友们为之呐喊助威。

超前的服务与公关意识

再壮丽的建筑，再先进的设备，再优秀的节目，如果缺乏优良的服务，依然不能给游客留下好印象。大唐芙蓉园的服务意识，不仅体现在静的服务设施上，更体现在工作人员的表现上，尤其是公关方面。

2005 年 5 月底的一天，大雨突降，使得正在大唐芙蓉园露天观看水幕电影的大批游客被淋。事后，大唐芙蓉园就大雨中没有为游客提供足够的避雨工具和方便的避雨场所、疏导措施登报道歉。大唐芙蓉园以“既然到了我芙蓉园内，那所发生的所有意外都与自身有关”的态度来看待这件事，体现了大唐芙蓉园在服务意识上远远超前于国内其他的主题公园。大唐芙蓉园的管理者们意识到，这种道歉不是揭丑，而是让游客对服务水平更有信心。

问题与展望——对比国内先行者和国外先进经验

综上所述，大唐芙蓉园之所以成为目前国内最出色的主题公园，不是空中楼阁，在于诸多方面的细心经营、悉心打造，是深深渗透着先进的管理意识与营销模式的成果，是在若干方面领先于其他主题公园的必然结果。但是，我们也不能不看到，现在的辉煌并不能为未来做担保，居安思危是一个优秀的企业必有的态度，何况，大唐芙蓉园并非完璧无瑕。

深圳的锦绣中华是改革开放初期就兴起的主题公园，一度也火爆异常，全国闻名，但是锦绣中华的辉煌并没有持续太久，随着旅游业蓬勃发展和各地的效仿，锦绣中华早已无人问津。如何让一个主题公园具有长久的生命力，是国内主题公园面对的最大难题。迪斯尼乐园可以 50 年持续辉煌，而国内主题公园通常连 5 年持续辉煌都做不到。我们看到，大唐芙蓉园今日之成功，与其借鉴了世界上时间最早、规模最大，也是经营最好的主题公园——迪斯尼乐园的先进经验有着密切关系。在宣传（与影视剧结合）、整合（同一主题下的诸多不同分支）、传统与现代的结合、景观与活动的结合等一系列问题上都有着迪斯尼的影子。大唐芙蓉园正是借鉴了国外先进经验，并灵活运用，与中国本土文化有机结合，才取得今日成就。

但是，不可否认的是，与迪斯尼相比，大唐芙蓉园的差距也是明显的。在体验性活动上，大唐芙蓉园虽然迈出了第一步，但总体来说还是非常单薄；在营销上，与迪斯尼的全球推广模式也不可同日而语。尤其是迪斯尼可以通过不断开发新的影片来为迪斯尼乐园不断制造新的兴奋点，并不断开发新的系列产品，包括服装、饰物、文具、纪念品等。要让大唐芙蓉园持久下去，不断推陈出新，不仅是趁着新鲜劲儿和先天优势，而是要不断出现回头客，让更多的人被吸引过来，大唐芙蓉园要走的路还很漫长。

（顾诚：中国人民大学社会学系）

《迷藏》：文学娱乐化在唱片界的胜利

——音乐小说《迷藏》策划案例分析

王垚　刘苗苗　罗旻　赵博　李溪　高晨昱

2005年唱片界最值得关注的人物，除了周杰伦和超级女声，当数初涉音乐圈的明星作家郭敬明。他7月推出的号称中国首部“音乐小说”的唱片《迷藏》取得了50万张的惊人销量。本文分析了在“80后”作家走红的今天，这样一张独特的专辑作为文学造星运动的产业链延伸在唱片界的意义及其策划和营销思路，并对“80后”文学现象的原因做了理论分析。

一、背景：郭敬明和“80后写作”

“80后写作”是指20世纪80年代出生的青年作家群体的写作，这个概念由美女作家春树在“诗江湖”网站首倡，现指在上个世纪末，以1999年《萌芽》杂志举办的首届“新概念作文大赛”和其后的出版热潮为标志而涌现的一批“写手”。目前他们统称“80后作家群”。

按照我们的观点，80后作家群可以按照成名途径和作品出版渠道分为“《萌芽》系”作家和“非《萌芽》系”作家。

80后“《萌芽》系”作家的成名途径主要是获得“新概念作文大赛”（以下简称“新概念”）一等奖，此后在与《萌芽》杂志有良好合作关系的出版社出版作品，或者是在《萌芽》杂志发表有影响力的文章。最早的主要代表人物是韩寒，他是“新概念”首届一等奖、第二届二等奖得主，代表作有长篇小说《三重门》等。该书重印达45次之多，发行逾百万册，新作《一座城池》首印30万册。韩寒以叛逆的个性一度成为热门讨论话题，并成为80后文化现象的代言人。2000年以来，“新概念”连续数年举办，推出一批批写手，使“80后”文学群体日渐壮大，在文坛内外的影响也越来越大。郭敬明以《幻城》和《梦里花落知多少》，接连在2003年和2004年全国畅销书排行榜中名列第一和第二，并于2003年至2005年连续入围中国福布斯富豪排行榜前100位，排名不断攀升，2005年被日本NHK电视台授予“亚洲优秀男性”称号。张悦然也以《葵花走失在1890》、《樱桃之远》等作品获得2004年度华语传媒大奖最佳新人。

80后非《萌芽》系的代表人物主要有春树（代表作《北京娃娃》）、孙睿（代表作《草样年华》）等。其中，春树曾登上美国《时代》周刊亚洲版封面，与韩寒被该刊并称中国“80后”的代表。

上述青少年作家以出色的作品销量和新闻制造能力，使得“80后写作”成了当代中国文坛不可忽视的存在。

“80后”作家张佳玮（首届“新概念”一等奖得主）在《中华图书商报·书评周刊》上发表了《80后写作：你认为什么是文学?》一文，提出目前以韩寒、郭敬明、春树为代表的所谓“80后文学”只是商业包装的假象，而真正富有创造性的写作者被遮蔽。他列出了媒体焦点外另一批“80后写”作者的名单——李傻傻、胡坚、小饭、张佳玮、蒋峰，即“80后”实力派“五虎将”；而把当红的韩寒、春树、郭敬明、张悦然、孙睿等人称为“偶像派写作”。自此“80后写作”的实力派和偶像派之争在网站持续升温，有网友称之为“80后”两种写作的“断裂”运动。

所有的文化现象都不是铁板一块，我们正力图展示目前中国文坛最热闹的现象。当然，无论是否被承认，当今中国文坛第一富豪，“80后”当之无愧的领军人物郭敬明，以其独特的方式始终占据潮头，并已成为一颗娱乐界新星。

二、《迷藏》策划理念分析

1. 利用郭敬明自身影响力做合理产业链延伸

这是《迷藏》成功的核心因素。无法想象新人做唱片能有如此成果，即便是周杰伦。对郭敬明的不确认使得发行商首发只有2万张唱片，各地唱片行也不敢进货，但不到三天，《迷藏》全部卖完，全国面临断货危机，而各地的图书零售机构则疯狂订购，并接连邀请郭敬明去签售，于是发行商零售商才发现自己做了错误的决定。从图书零售业和唱片零售业之间的有趣差距可以看出图书市场对郭敬明的巨大认可度是《迷藏》热销的根本原因。

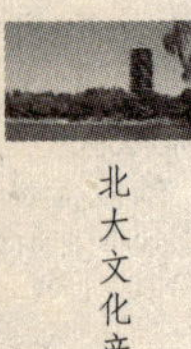

从受众来看，大部分听众是郭敬明的读者，相对百万图书销量，50万的唱片销量仍有余地。而郭敬明至今的“创作”（不含被指模仿痕迹

严重的《幻城》、《梦里花落知多少》及《1995－2005夏至未至》）绝大部分都是高中题材，市场定位明显。以高中生和低年级大学生为主的读者群容易追星，也是唱片市场的极大消费群体。应该说策划方充分考虑到了这一点，音乐制作方摩登天空老板沈黎晖亲自挂帅对郭敬明量身打造，将他作品的纯情特点与忧伤、唯美的音乐气质相搭配，创作团体中包含丁薇、九段、新裤子乐队、牛奶@咖啡等处于国内流行乐坛二线但极有才华的艺人，保证了《迷藏》的音乐质量。

总体来看，《迷藏》将音乐与文字合一，充分发挥郭敬明的特点，让他亲笔创作全部歌词以及一部“小说”，以此展示他文字的魅力，并以他的独白和试唱作为号召，强烈吸引读者群购买。著名乐评人王晓峰评论道：“音像发行商没有想到一个畅销书作家的唱片居然如此热卖，连夜加印。郭敬明所到之处，轰动异常，他的读者们手捧唱片站在他签售的地方齐声合唱，连唱两个小时不肯离去……张国荣在世，也不过如此。”

而郭敬明的Fans们为支持偶像，几乎从不消费他的盗版书籍，何况唱片？所以《迷藏》甚至不用担心盗版——郭敬明在《岛》书系以及网站和blog上多次强调让Fans们不要买盗版，实际上也没有盗版可买——音像市场对郭敬明认可度低，盗版商不来抢市场，《迷藏》还有什么理由不大卖特卖？

结论之一：

这种名义上的“跨界”实际是郭敬明在图书出版方面影响力的延续，是郭敬明在自身能力基础上求发展变化的一种合理的产业链延伸。它符合文化产业运作规律，也取得了相当好的效果。

2. 产业创新：视觉系文学消费品

从《幻城》开始，郭敬明就在尝试出版形式创新。《幻城》有很多漫画插图，《梦里花落知多少》开始用大幅人像摄影装饰，2004年的《岛》系列更是国内图书装帧的极致，图片异常精美，印刷十分精良，堪称“华丽的视觉系图书”。《迷藏》的设计包装完全沿袭这一思路。

其他“80后”作家此前均未关注图书内容之外的东西，而在郭敬明的视觉系图书大出风头之后，同为《萌芽》系著名作家的张悦然推出了个人写真散文的视觉图书《是你来检阅我的忧伤了吗?》，韩寒也于2005年12月推出了个人写真散文集《就这么漂来漂去》。“80后”作家逐渐意识到作品形式的重要意义：在当今多元化的出版界，吸引眼球最为重要。他们需要明星化包装，对于他们的作品，也必须极尽包装之能事。

结论之二：

华丽的作品包装吸引眼球与注意力，并能取得高附加值。

3. 明星化包装

“80后”作家中，郭敬明最注重个人形象，并保证相当高的出镜率，有专门经纪人安排，不断参加各种活动。2005年他的签售会就有50场之多。我们试据《迷藏》宣传期的两例：

一例是接手《无极》小说改编权。

7月24日，陈凯歌巨作《无极》小说改编者结果揭晓，郭敬明一举击败经网络票选共同进入第二轮的两位竞争者夺冠。由于《无极》的高调宣传，这次他也大大地吸引了眼球。

另一例是回母校竟成娱乐事件。

2005年暑假郭敬明回家乡自贡市为《迷藏》宣传，到母校全国示范性重点高中四川自贡市富顺二中参加素质教育成果宣传活动，竟“吸引来湖南卫视、东方电视台、新闻晨报、华西都市报等20几家媒体，自贡市长和市委书记亲临现场指导”，完全变成了娱乐事件。

郭敬明从形象到作派，完全是按照娱乐明星的包装方式精心策划的。至于他的创作能力究竟如何，目前尚有很大争论。公允地讲，郭敬明对文字和影像的感觉是一流的，对情节和结构的把握却远远逊于蒋峰、张悦然等。但华丽的语言似乎能解决一切问题。或许这类形式大于内容的文学消费品正是这个时代的主流。

结论之三：

发挥自身长处，精心进行明星化包装，并建立成功的商业品牌，正是郭敬明作为“80后”明星作家的成功之处。

三、文学娱乐化和符号消费：“80后”的理论建构

近年来文学界各种标签和符号层出不穷，确与娱乐明星的包装炒作类似。最大的一场文学造星运动是《萌芽》杂志社的“新概念”，成功地造出了第一颗“80后”的明星：韩寒。社会舆论将韩寒的成功与现行教育制度对立，始终将他作为这一现象的代名词，客观上也为《萌芽》和韩寒本人增加了影响力。韩寒参赛作品《杯中窥人》一度让文学评论界惊为天人，后来趁热打铁推出长篇小说《三重门》，更是成为热烈讨论的对象，不仅重印40余次，还改编成影视。

韩寒的成功[illegible]一群“出名要趁早”的少年开始热切地参加“新概念”，正如第六届[illegible]念”一等奖得主李海洋所言：“拿个一等奖以后，努力写一个长篇，然后在《萌芽》发表，出本书，就成了。就像一场赌博。”郭敬明是两届一等奖得主，2002年的10月号发表了他的

《幻城》第一部分，一炮打响，随即成为春风文艺出版社的签约作者，走上明星作家的星光大道。

将受众的目光从作品移向作者是娱乐界“造星工程”的惯技，文学界借用了这种模式。这里必须注意互联网的巨大作用，以前没有如此庞大的资讯来源，作家不可能有过高的媒体出镜率，读者了解作者的渠道有限，而“80后”崛起时，正是互联网在中国高速发展的时代，互联网的资讯和社会文化娱乐化的导向完成了“80后”文学娱乐化的建构。在产业运作方式下，将文学像娱乐一样炒作，将作家像明星一样包装均属正常。“80后”这批作者的娱乐化和明星化更成为自觉自愿的行动。少年作者们注重相貌，都拥有一帮Fans，还有专门的Fans网站，已经完全具有娱乐明星般的吸引力。同时他们也开始故意炮制一些事件以引起注意，比如孙睿悬赏10万元向韩寒、郭敬明叫板事件，又如春树穿肚兜签名售书事件等，都具有炒作性质，完全是娱乐圈的作派。

明星化包装下，郭敬明的意义是：他不再是一个单纯的作家或写手，而是一个带有作家性质的明星。

美学中如此论述社会生活的虚拟化：日益发达的故事化、审美化的传媒叙事令现实世界从表到里都可以虚拟化和审美化。虚拟化的社会中，符号具有价值。科学技术决定产品质量，经济运作决定其价格，美学决定其符号价值。消费符号价值已经成为一种普遍的消费方式。

用这套理论来分析郭敬明这一案例，我们可以清楚地看到“郭敬明”作为品牌在操作中的符号价值。《岛》书系就是最好的证明，郭敬明作为总监只需要写很少的文章，但有了这个品牌以及他的大量照片，这套书依然销量颇高。《迷藏》更是如此。贴上了郭敬明这个标签，专辑销量就从起印的2万张飙到50万张。

那么“郭敬明”这个符号代表的是什么？就我们的分析，它代表青春校园文学中的感伤一派：中性美，华丽的文字，影像化的叙述方式，以及娱乐明星式的作家。郭敬明正是被自己的作品、图书出版方与工作室的包装以及个人blog等全方位资讯虚拟化成的一个高附加值的符号，我们可以从《岛》书系和《迷藏》的运作中衡量其价值。“郭敬明＝百万图书销量＋五十万唱片销量”，这正是郭敬明长期精心包装的结果。而符号消费作为这个社会的重要特征，在“80后”作家的读者群中表现得尤为明显，他们的追星行为本身就是符号消费的重要体现，以此分析郭敬明案例恰如其分。

四、我们的评论：《迷藏》究竟如何？

公允地说，这张唱片制作并不精良：全国选出的四名演员唱功在音乐圈里只属平平；录音比较粗糙，不少地方有暴音，而且人声与音乐配合不好；歌曲少有新意，勉强可算音乐工业的标准产品。

至于宣传了许久的“音乐小说”概念，文本并不强势，仍是普通的校园情感故事，沿袭了郭敬明一贯的头重脚轻风格。即便加上歌词，情节也并不明朗。但是单看文字，依然是“明媚而忧伤”的华丽文风。

比较成功的是专辑的包装，有《岛》的功底，可谓驾轻就熟。郭敬明的独白和演唱也是卖点，但从专业的角度看，其水平只是玩票。惟一重要的是他是郭敬明，这本“音乐小说”贴着“郭敬明”这个能够保证它卖出 50 万张的标签。

总之，即使《迷藏》号称“音乐小说”，我们仍把它视为一张特殊包装的唱片。

五、结论

《迷藏》是 2005 年一张特殊的唱片。不同于业内既定模式，它不太需要音乐方面的宣传：没有大规模的歌友会，没有强推 MTV，没有打榜，没有做品牌代言，没有与影视剧合作，只是按照图书的宣传模式走。郭敬明在图书出版界的影响力足以完成这一切。

《迷藏》在销售上更是有趣，是按照受众要求—零售商—分销商—出版商加印的倒序来进行的。这大概是个绝无仅有的例子。

我们关注的正是郭敬明对于图书出版业和唱片业传统和规范的突破。郭敬明只是个案，但《迷藏》的创意和运作方式为探讨图书出版业和唱片业的发展方向提供了有益的思路。在这个符号消费的时代，文学娱乐化的浪潮不容阻挡，如果参照郭敬明模式，寻找可重复操作的产业化途径包装明星作家，图书出版业的产值有望创新高。

按照陈戈老师的标准，郭敬明完全可以算作一个 superstar。我们期待更多的 superstar 出现。

全球视野

法国的香水文化与香水工业

王　巍

"不涂香水的女人没有未来"，一手创办最著名香水的法国人可可·香奈尔曾对全世界这样放言。而此后，迄今为止仍被奉为性感女神的美国女影星玛丽莲·梦露曾经告诉全世界："睡觉的时候，我只穿CHANEL NO.5。"这些关乎香水的话，不晓得牵动起多少人的遐想……所不同的是，在香水从起源到兴盛的这几百年间，不同的人都在从一瓶小小的香水中寻找着属于自己的气质味道与品位旋律。

法国香水及化妆品举世闻名，它和时装、葡萄酒一起并列为法国三大精品产业。多年以来，法国香水及化妆品业在世界同类行业的贸易中一直名列前茅，在香水已经成为融入到法国人血脉中的一种文化之后，留香世界每个角落的法国香水作为一种工业，同样成为了法国人的骄傲。

法国香水的历史

香水最早起源于埃及、印度、罗马、希腊、波斯等文明古国。11世纪的十字军东征，给欧洲带来了灿烂的东方文化，随着东西方贸易的不断加强，香水这种悦人悦己的产品，逐渐为欧洲人所接受和喜爱。

法国人使用香精香料和化妆品始于13世纪前后，主要是贵族社会。当时的宫廷里，不仅女人乐施粉黛，而且男人也粉面文唇。但是直到16世纪以前，法国的香水工艺还很落后，香水的使用还远未形成风气，那时候的法国人甚至拒绝洗澡。

1533年，教皇的侄女凯萨琳下嫁法王亨利二世，带来了丰富瑰丽的意大利文化和生活方式，从而成为了法国香水文化的真正导入者。她的专职香水师还在巴黎开了第一家香水公司。

到了法王路易十四时代，香水在法国有了更进一步的发展。由于路易十四对于臭味极其敏感，他命令宫廷香水师必须每天调制出一种他所喜欢的香水，否则就有上断头台的危险，后世对他有“香皇”之称。到了路易十六，更是动用倾国之力将意大利的香水及香皂工业高手挖来，从此奠定了法国香水工业的基础。

此后，法国的香水工业在拿破仑时期由于其鼎力支持而盛况空前，他鼓励当时的科学家投入对有机化学的研究，从而使法国的香水工业产生了革命性的变化，并开始领先世界的潮流。而他本人，每个月要用掉60瓶古龙水。

法国第一家香精香料生产公司，1730年诞生于格拉斯市。这个法国的小镇本来是以皮革业为主的。它的气候温暖、水土丰美，是最佳的养花之地。16世纪初，一群意大利手工业家看上了这个小巧可爱，安静纯朴的小镇。他们在此定居下来，以种花为业，经过数百年的努力，竟然使格拉斯成为了全世界的香水之都。格拉斯出产的香精包括：最高级的茉莉花、月下香、玫瑰、水仙、风信子、紫罗兰、康乃馨及薰衣草。

据了解，格拉斯市一直承担着为法国名牌香水销售公司配制香水的业务，而名牌香水销售公司最多只在此基础上按比例调入中性酒精和蒸馏水并加上包装。目前在法国，完全自己配制产品的名牌香水公司可以说很少。

香水鼻子

香水是一种技术产品，但它更是一种文化产品。配制香水是一个复杂的过程，调配师都是艺术巨匠，他们要依据人们审美情趣的变化和要求来创造。据介绍，一种新产品的试制一般至少需要一年的时间，而它的推广则需要好几年的时间和大量的广告费用。要知道，在已有上千种产品的情况下，再创造出新的有特色的产品，是很不容易的。当然，要把人类现有的8 000多种香精原料和它们的不同用量进行排列组合，那也将是无穷无尽的事。而且随着科学的发展，人们还会发现新的可用来调配香水的原料。

法国人在发展香水工业上可以说不遗余力。1970年，娇兰品牌的老板创建法国国际香水工业高等学院，后来得到凡尔赛商会的支持，学校扩建为香水、化妆品、食用香料工业国际高等学院（ISIPCA），法国人简称之为“香水学校”。这个学校为所有与香有关的行业培训专业技术和管理人才。其中专业香水调香师在法语中便被人们称为“鼻子”。

索菲·拉贝女士，40岁，香水、化妆品、食用香料工业国际高等学院（ISIPCA）87届毕业生，现在国际香味与香料公司（International Flavor & Fragrance，世界第一大香料与香味设计公司）工作，专业调香师，为时尚品牌设计过十余种名牌香水。索菲·拉贝女士在接受媒体采访时表示，自己从香水学校毕业的时候，记住了三四百种味道，以后工作中又能接触和记忆很多味道。目前，她的脑子里有1 000多种味道。比如谈到玫瑰，玫瑰香就会在自己的脑子里出现。想起自己的童年，脑子里就会出现母亲围巾的味道、秋日葡萄园的味道、麦子放在麻袋里的味道，海风吹过的味道。就像一说起某支曲子，熟悉这个曲子的人脑海里就浮现出它的旋律和节奏。

而“鼻子”们的工作就是按照客户的要求来设计香水的味道，比如当“鼻子”们被要求为上海的女性设计一款香水的时候，他们就要先去了解上海，去认识这个城市中的女性，观察她们的穿着，体会她们的生活，然后才能开始想象，从而设计香水的味道。

据报道，法国最有才华、最顶级的“鼻子”一年能挣50万欧元。

香水与时装文化

在法国，香水业的发展可以说和时装业的发展有着密切的关系。香水业与时装业的结合是一种很有意思的文化现象。

香水与时装早就有着不解之缘。1920年初，当时装开始批量涌入市场的时候，人们开始呼唤与之匹配的香水。最早明白这个道理的是女装设计师保罗·波华瑞，她认为，一个衣着考究的女士也应是气息迷人的女士，香水会增加她的魅力。另一个设计师让·帕图也同意这一看法。在他看来，香水是“一个女人最重要的服饰配件”。早些时候，已经开始有设计师将小瓶香水送给客人，而设计师让娜·兰文就已经建立起自己的香水公司了。此刻，香水与时装的结缘已经是趋势所致，水到渠成了。

说到香水与时装的结缘，不能不提到一个伟大的人物——可可·香奈尔，这个让人即刻联想到时装、香水、女性解放和自然魅力的名字，被玛丽莲·梦露称为“唯一睡衣”的女人。1921年5月5日推出的Chanel No.5（香奈尔5号），以它馥郁、高雅的芳香，结合全新现代特色的包装设计，精致地诠释了女性独特的妩媚、婉约、热烈而浪漫的情怀。同时，香奈尔5号也成为第一支由服装设计大师推出的世纪经典香水。把香水与时装破天荒地结合在一起，形成了绝妙组合，开启了香水与时装的文化联姻，此后一发而不可收。欧美发达国家的许多著名时装公司，都争先恐后地纷纷推出香水，并且着力打造优质名牌。一时欧美时装界推出的香水百花齐放，争奇斗艳；与名牌时装交相辉映，美不胜收。

现在，一个时装设计师能够推出畅销的香水是他职业生涯中锦上添花的荣耀，而且像迪奥（Dior）、纪梵希（Givenchy）、伊夫·圣罗兰（Yves St Laurent）、阿玛尼（Armani）和范思哲（Versace）等这些著名的时装公司都有非常著名的高档香水，其香水的知名度大大提升了名牌的含金量。时装大佬转身又成了香水业界的红人，而且其收入有相当可观的部分是来源于利润不菲的香水业，可谓名利双收。

日渐无序的香水市场

香水是法国的国粹。法国香水和化妆品行业历久弥坚，1990 年以来，法国在香水和化妆品方面的出口一直占该行业世界贸易的 35%左右，远远领先于只占 11%的美国。在其出口产品中，45.6%为香水，37.8%为美容化妆品，11.6%为洗漱用品。法国产品的出口对象主要是欧盟各国，约占 49.9%；其次是欧盟以外的欧洲国家，约占 12.1%；再其次是亚洲，约占 11.2%；对北美的出口约占 10.3%。尽管 2005 年世界香水业的产值高达 250 亿美元，但是利润空间却日益压缩，成为化妆品中利润率最低的行业。而这一切皆因香水市场的无序竞争所致。

据英国《泰晤士报》报道，2004 年全球香水市场销售增幅仅为 3.6%，2005 年销售局面依然没有好转。世界两大香水市场法国和美国情况更为糟糕，在经历了连续 5 年的增长后，2005 年上半年法国香水市场的销售开始下跌，美国则连续两年出现仅为 0.8%的微幅增长。

一年多达 300 种香水上市，不仅令消费者无所适从，甚至连商家也不知所措，无法向顾客提供满意的咨询。尤其是世界香水业两大巨头宝洁公司和欧莱雅公司之间的激烈竞争，使得香水行业的利润空间进一步受到挤压。

制造商为了赢得消费者而不断推出新品牌，其结果却是由于消费者频繁更换品牌而使新、老品牌香水两败俱伤。行业分析师温迪·利伯曼说："过去，一个香水品牌的生命周期是 6～7 年，因为消费者会有较长时间的品牌忠实性。但现在香水的生命周期要短得多。"据统计，目前一个新品牌香水的市场周期平均只有 3 年时间，每 10 种香水中就有 6 种赔钱。

有些制造商利用名人效应来推销香水，确实在短期内收到了不错的效果，但分析人士指出，这种利用名人效应推出的香水只能是昙花一现，从长远来看则损害了消费者对一种品牌的信任度。雅诗兰黛集团主席博斯盖·察文也认为，只有少数名人能将自己的名字变成一个全球性的品牌，不过作为一家上市公司，如果不在这一新兴的名人香水领域内抢占一定的份额也同样是不明智的。博斯盖·察文说："我们正采取一种均衡兼顾的方法，同时我们注意倾听不同消费者的寻求，现在他们的确对名人香水反应热烈，于是我们也加入这个领域的竞争。"

Bilbao 效应：文化更新

Ruth Adams　李婧

文化经济学家 John Myerscough 于 1988 年发布了题为《大不列颠艺术对于经济发展的重要性》的调查报告。大致结论为，整个文化行业获得了近百亿英镑的营业额，占英国居民及外国游客消费额的 2.5%，提供了接近 50 万人次的就业机会；公共资助占整个行业收入的 18%，出现了从公共资助向私人赞助的转变。大量的小型企业为行业未来的发展奠定了基础。总体上讲，文化产业的产值占 GDP 的 1.28%，基本与汽车制造业持平。而这一切，几乎都得益于“文化更新”。

在英国，近 10 年以来，“文化更新”已经成为广泛流行于国家、区域、地方政府及艺术组织间的一个语汇。新工党对于“文化更新”的重视甚至可以与当年撒切尔政府大力提倡文化遗产旅游的程度相提并论。

当谈到文化更新的成功案例时，支持者们很容易可以列举出诸如毕尔巴鄂古根海姆博物馆（Guggenheim Bilbao）[①] 及泰特现代美术馆

① Guggenheim Bilbao，毕尔巴鄂古根海姆博物馆在 1997 年正式落成启用，它是西班牙中等工业城毕尔巴鄂(Bilbao)整个都市更新计划中的一环。当初斥资一亿美金动工兴建，整个结构体是由加州建筑师盖里(FFrank O. Gehry)，借助一套 v 空气动力学使用的电脑软件逐步设计而成。博物馆在建材方面使用玻璃、钢和石灰岩，部分表面还包覆钛金属，与该市长久以来的造船业传统遥相呼应。博物馆全部面积占地 24 000 平方，陈列的空间则有 11 000 平方，分成 19 个展示厅，其中一间还是全世界最大的艺廊之一，面积为 130 米乘以 30 米见方。这一文化名胜已经吸引许多人前来毕尔巴鄂参观，每年参观人数从 26 万人增加到 100 万人。博物馆活化了当地的经济(巴斯克省的工业产品净值因此增长了 5 倍多)，也为该市盈利带来新生。

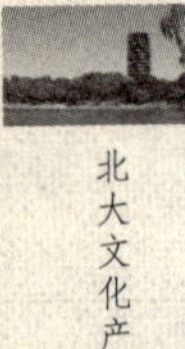

(Tate Modern)[1]这样令人叹为观止的杰作。但同时也有很多人质疑这样的项目究竟意义何在。文化设施的变化是否真正能为当地的社会和经济气候带来诸多益处？抑或只是加剧了既有的社会文化不平等现象？文化是否应该，又是否能够肩负起这样的重任？更深一步的考虑，在这样一种语境下，“文化”是指什么？正如我们所了解的，文化一词本身就具有多重涵义和不同定义。在这里，我们究竟应该使用哪一种定义？文化更新又是不是仅仅意味着高雅文化产品的发展？文化更新，到底是为谁服务？

文化更新之肇始

虽然文化更新是近期新兴的一个热门话题，但事实上却绝对不是一个全新的理念。正如现代艺术文化的许多理念一样，文化更新也可追溯至文艺复兴时期。在文艺复兴时期的意大利，米开朗琪罗和达·芬奇的资助者们亦曾投资兴建和翻修一些建筑物，作为人们开展文化活动的场所，同时也希望借助这些行动来提升他们自己的社会地位。

此外，曾流行于欧洲的大型博览会也可视为文化更新的一种形式。这些博览会为能够从世界各地招徕观众而大兴土木。虽然展览时间有限，这些建筑却作为文化遗产永久地保留下来。随时间的推移，其中一些建筑已经演变为主办城市的标志性建筑，其意义也早已远远超越了当年的博览会。例如为 1889 年巴黎世博会兴建的艾菲尔铁塔，以及为 1924 年大英帝国博览会在伦敦兴建的温布利体育场。

然而，上述的大型博览会与我们现在所提的“文化更新”还是有着显著差异的。即，博览会旨在促进或刺激本地本国的工业发展，而文化更新却出现在制造工业已成为过去的后工业时代。文化更新更多着眼于如何促进“后工业工业”(Post－industrial industries)的发展，如服务产业，文

---

① Tate Modern，泰特现代美术馆于 2000 年 5 月在伦敦泰晤士河南岸正式开幕，是专门收藏现代艺术作品的国家美术馆。由瑞士建筑师设计，被喻为能同纽约现代艺术馆及巴黎蓬皮杜文化中心相媲美的建筑，由 20 世纪 40 年代一座发电厂改建而成，河岸发电厂曾是伦敦的著名建筑，始建于 1947 年，由著名的设计师斯科特(G. G. Scott)设计。1978 年由瑞士建筑师亚克、艾佐格和皮尔、德默龙联手率领的设计团队为泰特美术馆服务承建改造工作，而他们也因为设计这座 Tate Modern 荣获了由美国海厄特基金会(Hyatt Foundation)设立的普利兹克 2001 年度建筑奖。他们的设计完全尊重斯科特大师的理念，同时在原有设计的基础上巧妙地融入了现代风格，最成功的改动就是将电厂的部分外墙改为玻璃窗，这不仅使馆内获得了“自然照明”，而且使博物馆晚上通体透明，成为泰晤士河畔的新景观。馆内陈列着过去一个世纪以来的国际经典艺术大师们的现代美术作品，包括达利、沃霍尔、毕加索等的作品。这里是向现代大师致敬的殿堂，也是伦敦灵感的创意加油站。

化与创意产业等。

后工业时代的文化更新

Lash 和 Urry 认为，后工业化可以被视为后现代主义的一个特征，即被称为“去分化”(de-differentiation)的过程。现代化的时期充斥着横向和纵向的分化——制度上、标准上及审美上的各个领域都分化出独特的规定以及评价模式。上层与底层文化，科学与生活，高雅艺术与通俗享乐等之间都出现了界定森严的多重分化。后现代主义则与“去分化”紧密相连。各个领域间的独特性渐渐模糊，纵向分化的界限也被打破。媒体的普及及对日常生活的审美关注，使得高雅文化原有的光环黯然失色。人们的注意力从对文化艺术的沉思转为对消费的沉迷，高雅艺术逐渐让位于街头流行文化。后现代性同时模糊了真实与表象的界限。人们越来越多的对符号和图像进行消费，以至于无法简单地将“真实”与表象分离开来。

文化更新的许多特征与后现代性的基本理论不谋而合。劳动与休闲——至少象征劳动与休闲的符号——被置于同一地点。在一些城市，象征着其工业化历史的标志已转变成展望未来的文化里程碑，如已经改建成艺术馆的巴尔面粉厂(Baltic Flour Mill)和岸边发电厂(Bankside Power Station，即今日的 Tate Modern)。在这些地方劳动的迹象依然存在，但它们主要是为休闲服务，而不是与之区分。劳动的场所和休闲的场所间出现了“去分化”现象。后现代时代，任何地方都可能成为旅游目的地。而正是由于这样一个理念的存在，越来越多的文化更新项目涌现出来。

短暂繁荣的格拉斯哥(Glasgow)

自 1980 年开始，格拉斯哥工业的就业率从 20%降至 13%。城市的重建始于 20 世纪 70 年代末期，主要是对贫民区进行清理，对城市中心进行重新装修，且号称全球最大型的都市更新项目也在城东动工。1983 年，该市政府及名为“格拉斯哥行动”(Glasgow Action)的当地商业联盟启动了一项大型的公关活动“Glasgow's Miles Better”，旨在改变城市晦暗阴郁的形象。这一活动并不是为了吸引更多的游客或外部投资者，而是为了改变市民的印象，提升他们对城市的信心。正如当地一家艺术馆的总监谈到，“真正更新的是当地居民的内心和头脑。”这虽然是一个比较浪漫的观点，但从长远看来，民众的支持确实能使文化更新项目得到更好的收益，对民众和城市而言都是如此。1984 年，Mayfest 艺术节启动。临近城市中心的一片维多利亚式建筑经重新装修后被命名为“商业城”(The Merchant City)，后来发展为艺术工作室、画廊、咖啡馆、

饭店和古董交易的聚集地。在1986年，格拉斯哥成功竞选为1990年欧洲文化城市。这一称号意味着格拉斯哥不仅具有了必要的文化设施，如演出场所和艺术团体等，而且表现着民众对于发展文化的意愿。城市基础设施建设的公共和私有投资都有所增加，各层政府、旅行社、文化机构间的合作也不断加强。为庆祝成功，该城又启动了一项耗资530万英镑的更新项目，其中包括一座240万英镑的音乐厅及耗资30万英镑的McLellan艺术馆翻新工程。高水平的演出也是当年的一大特点，吸引了超过150个当地艺术团体，及社区艺术活动。格拉斯哥就这样进入了一个良性循环。1999年，格拉斯哥又被命名为"艺术与设计之城"。该城市的就业与经济活动都从工业转向了文化及服务行业。

在20年的时间里，格拉斯哥的城市形象得到了极大的转变，充满了活力与生机。然而，这些发展变化究竟为格拉斯哥的市民带来了什么呢？更新的效应究竟能持续多久?!

虽然1990年为格拉斯哥带来了100亿至140亿英镑的收益，这些利润的效果却是很短暂的。1991年，第三只眼艺术中心（The Third Eye Arts Center）已经破产倒闭，而苏格兰剧院（Scottish Opera）也面临着财政困难。提及1990年的影响，学者们这样认为，"该城市仍然缺乏整体的文化政策，不能确保该市的市场经济发展成为安全的以艺术文化为基础的经济体系。因此，政府对在文化更新过程中下一步应该怎样走依然举棋不定，是继续进行城市形象提升，还是进行文化产业的细分？……"更有人尖锐地指出，格拉斯哥的更新都只是表面功夫。1993年当地的失业率为15%，新兴的服务行业所能提供的新增职位甚至不能弥补因重工业衰退造成的职位削减。而且对一些人来说，在工厂或船坞工作比侍应生、售货员这样的工作要体面得多。在城市偏远地区发生的抢劫依然没有减少，犯罪和吸毒仍然高居不下。《猜火车》（Trainspotting）这样一部以爱丁堡为背景的小说拍成电影时却在格拉斯哥取景。原因是在爱丁堡已经找不到足够阴郁可怖的房子来表达城市的肮脏与贫困，而在格拉斯哥却易如反掌。这一事实也不能不引起人们深思。

Bankside的城市新地标

伦敦泰晤士河岸（Bankside）的文化更新，是一个相对成功的工程。其成功之处在于，通过这样一个文化更新的项目，一个新的地标被创造出来。在莎士比亚环球剧场（Shakespeare's Globe）以及泰特现代美术馆（Tate Modern）建造之前，"泰晤士河岸"在伦敦并不是一个有明确所指的地理概念。正如评论家Jessica Cargill Thompson在"泰特现代"开幕前不久写道："本来只是Southwark区一片破败的后街小巷，夹在伦敦塔与南岸艺术中心之间，为游客们带来诸多不便，现在随着Borough市场的重建，以及即将开幕的泰特现代美术馆，这片地区已经作为泰晤士河岸这样一个地标而获得了挑剔的伦敦人的认可。”

泰晤士河岸地标的塑造是经过了谨慎考虑的。历史上河岸地区是一个带有浪漫色彩的地区，自中世纪以来就充斥着妓院，剧场，商贸活动等。文化更新项目的负责人希望能够保留这样一种浪漫色彩，而不是使之僵化。因此，在项目的最初，并没有制定一个宏伟的蓝图，而是针对每条街道的特点制定不同的规划，以保存该地区的多样性和活力。政府为该项目拨款300万英镑，很多街道的工程都委托给年轻时尚的设计师及建筑公司。

然而，并不是说河岸文化更新项目是完美无缺的。尽管为保持该地区原有的特色，在文化更新项目的最初，向当地社区居民进行了咨询。但不可避免的，河岸地区的发展还是更多地迎合了游客和投资商的需求，而不是当地居民。岸边的标志性建筑，对当地居民并无实质性的意义。同时，虽然该地区的公共交通得到了极大改善，当地居民也从中获益匪浅，然而，这也正是当地房产价格飙升的原因之一。毗邻泰特现代美术馆的豪华公寓Bankside Lofts及类似的房产，正逐渐改变着当地的人口结构。早在泰特现代美术馆开幕一年以前，正在开发的公寓售价就已高达250万英镑。另外，项目负责人一直提倡的以街道工程为基础的文化更新，仍然需要借助如环球剧场，千禧桥（the Millennium Bridge），特别是泰特现代美术馆这样的标志性建筑来吸引目光。

以建筑吸引人的毕尔巴鄂古根海姆博物馆

这也引出了另外一项以标志性建筑而闻名的文化更新项目，即毕尔巴鄂古根海姆博物馆（Guggenheim Bilbao）。从很多方面来看，毕尔巴鄂古根海姆博物馆都是一个成功的案例。借助着这个全球闻名的艺术馆，曾经默默无闻的巴斯克省首府毕尔巴鄂一跃成为文化旅游的新宠。自1975年获得半自治权以来，巴斯克地区致力于通过投资教育、医疗、公路交通建设来进行城市改造。为了摆脱经济危机，巴斯克（与格拉斯哥类似）将经济的重心从重工业与造船业转向以服务业为基础的发展模式。

然而从艺术的角度来看，古根海姆博物馆也许并不能算是一个成功的案例。在某种程度上与泰特现代美术馆类似，较之馆藏的艺术作品，它们的建筑似乎更能吸引游客。如艾菲尔铁塔或悉尼歌剧院一样，古根海姆博物馆作为一个城市的标志性建筑来说，是非常成功且有特色的。然而作为艺术馆本身来说，却存在着一定的问题。尽管博物馆有着较为乐观的远景目标，但它已经耗费了巴斯克省纳税者近 4 亿美元。其中的 3 亿美元用于场馆建造，2 000 万美元用于支付古根海姆博物馆的加盟费①，5 000 万美元用于购置新的展品。另外，据估计，博物馆每年的运营费用将达到 700 万至 1 400 万美元。而这些投资的风险似乎都是由巴斯克省来承担，而不是古根海姆博物馆。尽管代价如此高昂，毕尔巴鄂的博物馆似乎并没有获得艺术上的自治权。该博物馆甚至没有一个常驻的艺术总监，其展览计划和内容都是由纽约总部决策。

由此可见，文化已经成为城市发展不可或缺的重要因素。文化设施的改造古已有之，在这样一个后工业时代，逐渐发展成文化更新这样一个概念，它不可避免地要遵循后现代主义的普遍理论。在对上述的一些文化更新项目进行仔细讨论研究后，不难发现，文化更新对城市经济的发展起到了一定的推动作用，但同时也不能简单地认为其社会效应同样乐观。如何兼顾这两方面的利益，依然需要进一步的研究。

（Dr. Ruth Adams：Lecture，Cultural and Creativie Industries King's College London；李婧，Student，Cultural and Creativie Industries King's College London.）

① 古根海姆博物馆，已经像星巴克一样成为一个国际连锁品牌。位于美国纽约的所罗门·R· 古根海姆博物馆于 1951 年开馆。在柏林，拉斯维加斯，威尼斯等地都有分支。

声色光影乌托邦

——浅谈日本动漫产业

Felix

还在用菊花与刀立阐释日本文化么？OUT!

还在樱花、富士山、金阁寺中寻找日本精神么？OUT!

《口袋妖怪》系列在全球45个国家公开播映。仅卡通电影、电视的制作销售额这一项，在2002年就达到了约1 860亿日元，具有形象专利产品的总生产额达到约两兆日元。

对于新生代而言，日本可能更多地意味着时尚、电玩，以及其在全球影响广泛的动漫产业。动漫是日本人创造给世界的乌托邦神话，它广泛的影响力，除却来自于本身内容的极具可看性外，与其成熟的产业化操作有着莫大的关系。

日本的文化产业统称为娱乐观光业，并且日渐成为日本经济得以发展的一个重要支柱产业。包括音乐及戏剧演出、电影制作及放映、游戏、动画、漫画在内的几大门类是日本文化产业的主要载体。在今天的日本，动画片票房收入占到日本电影业票房总收入三分之一强，而日本出口影片中，动画片数量也大大超过一般影片数量。日本动漫产业的年营业额达到230万亿日元，已经成为了日本第三大产业，是日本文化产业的典型代表。

现今时代的动漫，已经不再以简简单单的一部动画、几幅漫画这样赤膊上阵。原声CD收藏集、原画设定、动漫人物手办，以及相关的带有动漫主题的周边产品都在火热设计、生产、销售，种类多到让你心脏加速钱包紧缩。仅以更为前瞻性的动漫与游戏捆绑经营的方式为例，借用动漫故事背景制作的游戏和根据游戏剧情改编的动漫佳作迭出，产生了许多深受游戏迷和动漫迷喜爱的经典作品。动画、漫画和游戏三位一体的新格局，正在悄无声息中进一步扩展产业市场范围，改变着产业格局，完善了日本乃至整个世界的动漫产业链状况。

日本动漫的特点

玩着闹着感动着，日本动漫已经不知不觉走过了70年的历史。在经历了战前草创期、战后探索期、题材确定期、画技突破期、路线分化期、风格创新期等六个阶段之后，日本动漫业迈入了成熟发展的时期。表现出了鲜明的特点。

日本动漫以画工精细，赋予幻想元素以及引人入胜的剧情风靡世界。2003年荣获奥斯卡最佳长篇动画奖的《千与千寻》的制片人铃木敏雄认为，动画制作应该精益求精，从制作的角度讲，日本动画应该是一门工艺，而不是生意，日本的动画制作人更应该成为工匠，而不是商人，日本动画的优势就在于此。这种以艺术为首要的创作定位赋予了日本动漫更为深厚的本国文化基调，甚至日本首相小泉纯一郎也在今年的施政方针演讲中提到，《千与千寻》是日本人的“精神”。

创意和幻想是一部动画的灵魂。由于动漫对创意和幻想的表现，它可以说是最大程度地不受演员、道具、拍摄技术所束缚的影视创作种类——动漫和幻想似乎是天生的双生果。从1982年《超时空要塞》(MACROSS)上演至1987年为止，着实刮起了一阵宇宙热的强风，该片中史诗般的宇宙战争，造型新奇又复震撼的移动堡垒，把整整一代人牢牢地吸引住。1988年在日本排行第一，风靡整个亚洲的《圣斗士星矢》将星座与希腊神话联系起来，亦幻亦真的故事在广大动漫迷心中激起了强烈的波澜。同一时期的《天空战记》题材取自印度神话，毫无悬念地在1989年荣登全日本动画排行榜首位。1990年前后出品的漫画作品《圣传》、《孔雀王》、《罗德岛战记》作为类似的幻想题材，也赢得广大动漫迷的欢迎。时至今日，在《高达SEED》、《火影忍者》、《哈尔的移动城堡》等热门动漫中，幻想的元素从来没有减弱过，并且借助现今的动画制作技术，更加表现得淋漓尽致。

幻想赋予了日本动漫构建新乌托邦的能力，因而日本动漫不仅仅是儿童世界的繁华色彩光影，还是成人栖息心灵的乐园。2004年3月《攻壳机动队Ⅱ：无罪》在日本上映前，世界各地的漫画迷，甚至包括漫画创作者们都已焦灼地等待了9年。在即将上映的前几天，日本似乎达到了兴奋的顶点，无论人们是否喜欢动画，他们都在议论这部电影。《攻壳机动队Ⅱ：无罪》充满了禅语一般的对白以及脑筋急转弯式的情节，视觉效果堪称让人头晕目眩，故事的铺陈则伴随着复杂的悬念和多重交叉的危机。旁白和字幕里甚至出现了来自《圣经·旧约》和《论语》的语句。整个制作从头到尾体现出对西方文化传统的熟悉和对东方艺术的精通。押井守认为，属于小孩的动画仅仅是美国式的动画，或更具体一点说是迪斯尼式的动画。在日本早就有以成人为观众而创造的动画，这种传统成就了今日日本风靡世界的日式动画。

日本动漫中刻画的人物都是极具鲜明个性的形象，这也使得日式动漫经久不衰。无论是在动漫，还是电影，或是小说中，人物形象都是最重要的关键元素。《圣斗士星矢》中的星矢是典型的热血青年，在战斗中表现出的永不放弃的精神，使得星矢不断地突破自己的极限能力，不断变强。永不放弃、坚持不懈的精神也正是日本人一直倡导孩子们从小要开始培养的一种精神品质。由庵野秀明监制的电视《新世纪EVANGELION》则选择与以往的热血主角们完全不同的个性自闭少年真嗣为主人公，在看似普通的怪兽交战、保卫地球的情节中，通过真嗣感受到一份渴望被需要，梦想被爱又害怕背叛，而在自己与他人之间筑起屏障这种种矛盾与孤寂的心情，从某种程度上来说也是现代人心理的折射。日本动漫人物的设置，已经愈发趋向于心理分析的模式，对于人的成长困惑、童年阴影的诠释更加得心应手。

日本动漫的题材也越来越广泛，涉及现实生活中的各个角落。比如说体育类的动漫作品，几乎家喻户晓的《灌篮高手》、《网球王子》。借助动漫作品的优势，将原本快节奏的体育赛事刻画得细腻生动。同时，很注重动漫体育明星们的心理描写，更加将竞技体育的魅力表现得淋漓尽致。侦探类动漫作品的花魁，则当属有着10年响当当金字招牌的《名侦探柯南》和与之齐名的《金田一少年事件簿》。侦探类的题材无论是小说，电影或者动漫，都有一大批忠实的“粉丝”。结合了动漫影像表现的各类案件，较之单一的文字，在视点上更为灵活，也使得案件更加扑朔迷离，引人入胜。还有反映烹饪艺术的《中华小当家》，这部作品更是神奇，本已秀色可餐的美食用动漫的手法表现出来更是无比诱人，该作品中的华丽菜式，精彩厨艺真是让观众大呼过瘾。

日本动漫的精彩处，还在优秀的配乐。一部好的动画，也要遵循木桶效应的原理：不但要有深刻的内涵、精湛的画面制作，也要有优秀的主题歌和配乐与之比肩，这样才是一部完美的作品。《超时空要塞》上映时，由于剧中人物林明美是一个歌星，所以片中有多首插曲，其中主题曲《爱还记得吗?》唱片销售量突破50万张，并获得金唱片的荣誉，亦成为主唱人饭岛真理进入演艺界的成名曲。日本还拥有令全世界羡慕的专业声优团队，声优们为动画角色配音的精细程度和创作动力绝不亚

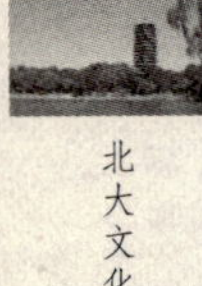

于为电影配音。完美的音乐和配音也是日本动漫成功的一个重要的因素。

产业化的动漫

日本动漫的上述特点决定了日本动漫有着极为广泛的商业市场。鲜明的动漫人物，刺激着爱好者们标榜人物造型，收集人物玩偶；动听的动漫音乐，更驱动着众“粉丝”们对收集原声音乐集趋之若鹜。如今的动漫产业已经不仅仅将眼光局限在动画和漫画本身，而是更加广大的相关周边市场。动漫作品出炉之后，相关的音乐原声，原画设定，人物手办，主题玩具等一系列产品紧随其后，有的甚至还挂上“限量发售”的招牌引来一群抢购狂。知名的动漫作品又会改编为游戏，现在的动漫迷90%的同样是游戏迷，动漫题材的游戏也非常叫座。可以说，日本现今的动漫产业是动画、漫画、游戏以及相关周边领域紧密联系的三栖产业。

据统计，2002年，动画片在影院上映、电视播放、以及录影带的销售和出租方面的收入有1 500多亿日元，这还不包括其在国外的收入，而2002年日本电影业发行的全年收入只有不到2 000亿日元。以动画片主人公形象制成的玩具娃娃以及装饰着动画片图像的商品（以下称“周边商品”）更拥有2万亿日元的市场。1979年开始播出的机器人动画片《机动战士高达》系列就是最好的例子，以高达形象制成的玩具，以及在此基础上的游戏《超级机器人大战》系列热销至今。日本最大的玩具制造商Baidai集团，2001年的总销售额为1 184亿日元，高达玩具就占了200亿日元的份额。此外，动画片还涉及电影、电视、音乐、出版，甚至主题公园、网站资源等等，作品、商品、服务千头万绪。动漫作品的受众有着广泛的年龄层次，在20多岁的年轻人家中看到满柜子的高达玩具已经不稀奇了。动漫作品促进了这些周边市场的繁荣，周边市场反过来又会提高动漫作品本身的知名度。这种良性循环的产业链，正是日本人对市场具有敏锐洞察力的体现。

不仅动漫产业在向周边相关的领域扩展，其他产业也在不停地向动漫领域渗透。游戏行业就是窥伺在旁的一只猛虎。由于游戏大多注重于实际玩家的操作和娱乐，情节的整体性不强，针对大多数玩家在游戏通关之后，总是希望能看到完完整整的情节的想法，动漫这种天马行空式的表现形式正和游戏的奇幻不谋而合。因此，许多游戏制作公司都将他们的作品改拍为动画片。SQUARE－ENIX公司的《最终幻想》系列，其知名度毋庸置疑。在去年年底推出的全3D制作的动画电影《最终幻想—圣子归来》就是依照《最终幻想 VII》的剧本制作的，引来业界的一致好评。

如今的日本动漫产业已经是一个涉及面甚广，联系复杂，互相影响，互相渗透的立体网状结构。动漫产业同时带动着音乐、印刷、玩具制造、游戏业的发展，这样一种特别的产业结构正是日本动漫业作为文化产业界领头羊的不可忽视的因素。

拨开云雾的未来

日本动漫不仅构建了精神的乌托邦，也是实业的乌托邦：到目前为止，日本的卡通制作公司共有430家，其中359家（约83%）集中在首都东京，特别是JR中央线、西武新宿线及西武池袋线等铁路沿线。其中，练马区有74家，杉并区有71家，已成为世界上屈指可数的卡通产业集群地。因此，称日本为动漫界的好莱坞一点儿也不过分。

即便如此，日本动漫王者的地位在近些年来也开始受到韩国、美国、欧洲、中国港台的冲击。日本的卡通产业虽然具有很强的国际竞争力，但由于发展至今始终没有得到国家和政府的扶持，而危机日益凸现。韩国等亚洲国家以低成本制作为武器直逼日本。虽然卡通行业普遍采用了数字技术，但它的制作还是需要大量的人力。因此，为了削减成本，日本国内出现了将制作工序外包给中国和韩国的趋势，而且这种趋势越演越烈。由此日本国内开始出现卡通产业空洞化的疑虑。

针对目前所面临的压力和冲击，日本政府开始有意识地扶持动漫产业。东京杉并区率先行动，明确提出要将动漫作为该区的重要产业资源来发展。日本历史最悠久的制片商兼发行商松竹株式会社（Shochiku）联合瑞穗银行建立了松竹基金，允许单笔投资低至900美元。松竹基金每年将投资制作二维和三维动画电影和电视节目。

类似松竹会社的措施，无疑将给今后的日本动漫业带来新的发展动力。然而，力度到底有多大，还有一个需要市场检测的过程。但是，我们应该相信，基于如此雄厚的动漫制作历史，以及日本国内的大量动漫人才，完善的动漫市场，日本动漫在世界上的影响力还将会继续下去。动漫产业在日本经济发展中，还将长期作为一个重要支柱产业，走向明天。

韩国影视业：繁荣盛宴的背后

崔 宇

“恐韩症”是中国足球最有代表性的难言之隐。近几年，面对如海啸般横扫东南亚的韩国影视剧，中国影视界恐怕也有身患“恐韩症”之虞。但在影视界业内人士的忧心忡忡和愤愤不平之外，我们看到的则是另外一种图景——中国观众无论性别、年龄、职业和文化背景的集体“哈韩”。也许在“恐韩”与“哈韩”之间，我们能够体味到韩国影视剧的巨大冲击力。

2005 年，有《大长今》为证。

这部描述宫廷女御厨如何锄奸铲恶的“历史剧”和“宫廷戏”，因其蕴含丰富的人性美和人情美横扫各国收视率的排行榜。据媒体报道，《大长今》在 2003 年 9 月 15 日至 2004 年 3 月 23 日在韩国播放期间，以平均 47%、最高 57.8%的收视率创下了韩国电视剧史上的最高纪录。在中国，继制造了“超级女声”这一大众文化盛宴后，湖南卫视在 9 月 1 日率先引进播出《大长今》，首日即创下 8.6%的平均收视率，而在上海、长沙等地区的收视率更是突破 10 个百分点，在同时段位列全国收视第一位。不仅如此，以《大长今》为主题的相关商业活动也十分丰富，包括建成了“大长今”主题公园、出版了《大长今保养饮食》以及推出了各种“大长今”的衍生商品如韩服、中药、料理等等。可以说，“大长今”已成了 2005 年一种引人注目的文化现象和经济现象。

《大长今》这样的韩国历史剧却以“儒家文化”的名义在中国独领风骚，这给具有丰富历史文化积淀的中国一个小小的耳光，于是有人愤怒。著名演员和导演张国立就曾直言，“碰巧看过一集，根本不感动”，并以在中国历史上“文化从未被奴役过”为由，要求限制韩剧在中国的播放，如果播放了“就跟汉奸没有什么区别”。

需要明确的是，韩国影视剧这种进入人们日常生活中的“文化”，已经脱离了“文化圈层”，成了消费品，在商品化、消费化、娱乐化和大众化之后，它已经具备了法兰克福学派所批评的“工业”的性质。于是“文化的强国”与“文化产业的强国”并不是同一的，文化强国并不一定会是文化产业的强国，而文化产业的强国并不一定是文化的强国。但有一点要肯定的是，一个文化产业的强国，势必要以文化为身份证和通行证，完成文化的崛起，最终成为一个文化的强国。

从这个角度出发，也许我们可以把张国立的愤怒理解成焦急和无奈，同时也可以找到韩国影视业繁荣盛宴的幕后推手。

韩国影视业的经济图景

1996年韩国经济软着陆的失败和1997年亚洲金融危机的爆发给韩国经济蒙上了阴影。据统计，由于贸易条件的恶化，截至1996年10月底，韩国经常项目赤字规模已经达到195亿美元，为国民生产总值的4.5%，已成为接受国际货币基金组织接济的准破产国。在这一宏观经济背景下，韩国政府意识到了产业结构调整的势在必行，而文化产业的异军突起则成了韩国经济摆脱困境、成功转型的经典范例。

1998年，前总统金大中上任以后，韩国文化产业改革的大幕正式拉开，把低消耗、无污染、利润核心在于创意的文化产业作为21世纪发展国家经济的战略性支柱产业。2001年，韩国政府还提出用5年时间把韩国文化产业在世界市场的份额由1%增加到5%，成为世界五大文化产业强国之一，最终目标是把韩国建设成为21世纪的文化大国和知识经济强国。

短短8年的时间，“韩流”取代了“亚洲金融风暴”，韩国文化产业取得了梦幻般的增长。据统计，自1999年以来，包括出版、漫画、音乐、游戏、电影、动画片、广播电视、广告、互联网及移动文化信息等10个领域的文化产业产值年增长率一直保持在30%以上，继汽车业后成为了韩国赚取外汇最多的第二产业，同时，2004年韩国文化产品已经在世界市场上占到3.5%，成为世界第五大文化产业强国。更重要的是，韩国文化产业还带动了制造业、纺织业、电子业和旅游业的全面复苏，从而促使韩国继上世纪六七十年代依靠工业创造的“汉江奇迹”后，再次实现了经济高速增长的神话。

影视、网络游戏和卡通是韩国文化产业的三大支柱，其中尤以影视业风头最劲、影响力最大。据韩国文化观光部最近公布的数字显示，

1995 年韩国影视剧出口额仅为 21 万美元、1997 年为 49 万美元，而到了 2002 年则为 1 639 万美元、2003 年为 4 200 万美元，截至 2004 年，这个数字再创新高达到 7 140 万美元，呈跨越式增长态势。

韩国影视业的异军突起引发了韩国经济的“多米诺骨牌效应”，给旅游、餐饮、服装和电子等产业带来了勃勃生机。以旅游业为例，“无精液男子”裴勇俊主演的电视剧《冬季恋歌》的外景地“江原道滑雪场”在影片播出之后即成了旅游胜地，仅 2004 年 1 月至 9 月就吸引了多达 20 万人次的日本观光客，相关经济收入高达 3 亿美元。据韩国有关当局估计，仅一部《冬季恋歌》2004 年就为韩国经济贡献了 10 亿美元。这种“影视＋旅游”的捆绑效应可以说在《大长今》播出后被发挥到了极致，一股探寻“长今故乡”的韩国旅游潮如井喷般爆发出来，世界各国旅行社都专门开辟了“大长今”精品路线游。据韩国官方统计，在《大长今》的示范效应下，2005 年前往韩国的游客人数增加了 15%以上。

另外，韩国影视剧的风靡也造就了大批的偶像明星，偶像的示范效应使观众对韩式传统饮食、时尚服饰、美容美发等文化生活都产生了浓厚的兴趣，继而追捧，从而给相关行业带来了巨大的经济效益。以中韩之间的贸易往来为例，据上海《东方早报》的报道，依靠金喜善等韩国明星的代言，中国已成为韩国电子行业巨头 LG 和三星的最大市场；韩式服装逐渐风靡内地，到 2004 年，利用自有服装品牌进军中国的韩国企业达到 21 家，服饰品牌也从最初面向大中学生的中低价转型为面向白领的高级时装；2003 年，韩国化妆品出口首次突破 1 亿美元，中国市场以 16.7%超过美国成为韩国第一大出口市场；多家韩国整形医院在北京、上海开店，拿着金喜善、宋慧乔等人的照片要求整容的女性络绎不绝……

总而言之，1998 年以来，韩国文化产业特别是影视业的迅猛发展给韩国经济转型提供了巨大的助推力，赚了个盆满钵满，同时还将具有“韩国特色”的文化潜移默化地注入受众的肌肤之中，确立了自己“文化输出国”的地位，可以说在经济和文化领域实现了“双赢”。

韩国影视业的文化诱因

一种文化现象形成的背后注定有其文化诱因，那么韩国影视剧风靡东南亚的文化诱因和文化基础是什么呢？我想，在文化工业的时代，在文化被产业化、商品化、标准化和娱乐化的时代，我们有必要从经济学的角度，即供给和需求的角度或生产和消费的角度，来分析一种文化经济产品的大行其道。

“文化工业”是法兰克福学派对“晚期资本主义社会”大众文化的总称，其发明权归于该学派代表性人物阿多诺和霍克海默，但他们制造“文化工业”这个概念的初衷是为了批判它和否定它。一方面，他们认为文化工业只是以艺术的名义向人们提供纯粹的娱乐和消遣，其目的是“麻木”大众的闲暇时间、放松大众的神经使他们第二天能心安理得地去从事日常的劳动而接受剥削，并指出“娱乐消遣在晚期资本主义社会中是劳动的延续”；另一方面，他们还认为艺术的商品化和消费化、艺术的批量生产和复制性剥夺了艺术本身的创新动力和反叛精神，其本身是反艺术和反大众的。两方面概括起来就是说文化工业提供的是娱乐和消遣，其具有意识形态的强制性而且消解了人文精神和严肃艺术的生存基础。

而伯明翰学派则在立场和方法上与法兰克福学派鲜明对立。他们对大众文化明显持乐观态度，同时强调民众在接受“文化工业”产品时的主动性和创造性并且消解了严肃艺术与大众文化的区别。具体来说，他们认为文化产品的受众不只是消极意义上的接受者，他们通过自身的偏好也在影响文化产品的生产者，这其中不存在强制的关系，同时，作为一种快餐型、普及型和流行性的较浅层文化，大众文化广泛进入社会文化生活，的确在一定程度上形成了对艺术的取代之势，但由于生产者和消费者的“互动”，使雅俗共赏成为可能，大众文化和严肃艺术的鸿沟在缩短。

可以说韩国影视剧既继承了法兰克福学派所认定的文化工业的消遣和娱乐功能，又发扬了伯明翰学派所提倡的文化产品的“互动性”特征。以韩国电影为例，其浪漫喜剧片和情色片有明显的消遣和娱乐功能，比如《我的野蛮女友》、《野蛮师姐》、《韩国情人》和《麻姑》等等；其爱情文艺片，细腻、清爽、干净、婉约的叙事，但却紧扣存在与生命、死亡与爱情这些宏大主题，其背后也包含了一些文化思想，既有消遣的功能又给人心灵和精神上的感召和触动，比如《八月照相馆》、《上网》和《恋风恋歌》等；其历史战争片，则完全背弃了消遣和娱乐的功能，它常常以被禁止的历史为主题，在大时代民族悲剧中讲述小人物的命运，比如《生死谍变》、《太极旗飘扬》和《共同警备区JSA》等等，其厚重的历史感和强烈的悲情几乎让所有韩国人都在电影院里号啕大哭。而韩国电视剧相对来说风格比较单调和统一，大多是家庭伦理剧，没有很复杂的剧情和激烈的戏剧冲突，宣扬的大多是忠、孝、诚、信、礼、义、廉、耻等儒家思想，而且演员表演细腻不做作，很容易让人感动产生共鸣，但其最大的弱点是长而拖拉，但这种冗长的剧情恰恰满足了观众的消遣需求，记得曾有观众表示，“劳累了一天就希望看到不用动脑子的戏，像韩剧一样，只要轻松地一笑就可以了”。

在工业和城市兴起之后，传统的乡村社群、固有的血缘或地缘共同体土崩瓦解，传统的乡村、家庭和家族对个体的约束力式微，个体被原子化和孤立化，被本可以安身立命的精神家园放逐。德国社会学家滕尼斯在《共同体与社会》一书中指出：“共同体是持久的和真正的共同生活，社会只不过是一种暂时的和表面的共同生活。因此共同体本身应该被理解为一种生机勃勃的有机体，而社会应该被理解为一种机械的聚合和人工制品。”按照这种区分，在共同体崩溃后，机械聚合的“社会”日渐形成，其后果便是生命个体的原子化，人们在忍受机械、单调和孤独的生活，对“共同体”有着无限的心灵渴求，渴望人性的关爱，渴望回归到物质家园之外的精神家园。同时为了应对这种沉闷的生活，人们还渴望寻找到新的刺激点和消费点，在纵情的狂欢中完成心灵的宣泄和放逐。在这种情况下，人们消费的只是一种幻想、情感和符号，正如鲍德里亚所说的是“一种意识形态意义的美学消费”。从这一角度出发，我们可以看出，韩国影视剧的娱乐和消遣功能以及对亲情、友情和爱情的关注和表达恰恰满足了这个工业化时代人们的心理需求。

韩国影视业的制度推手

很多韩国影视界人士都极力否认是韩国政府的“全面支持，大力保护，加强管理”造就了韩国影视业今日的辉煌。著名导演金性洙在接受《南风窗》记者采访时说：“我们最怕政府支持我们，我们总对政府说，求求你们别支持我们，这么多年来我们韩国导演已经有了条件反射，一听说政府要支持就头大。”

相反他们认为，韩国文化产业的成功的第一个因素，不是文化政策的技术操作，而是“民主化”。具体地说，在推翻军政府实现民主化之后，特别是前总统金大中上台全面推行民主化后，因为政治上的松绑，人民的思想更加开放，人民的创意得以充分地抒发和表达，这才是韩国文化崛起的根本动力。

相对于“民主化”这个最重要的制度推手，文化政策只是一种具体的实现手段和操作工具，它起的作用应该是一种配合而非主导文化产业的发展。在这个意义上的文化政策就是一套整合的机制，它以文化为核心思维，去检验政府这个机器，检验它本身的结构是否符合文化的发展所需，检验其他的齿轮是否配合文化的发展，检验机器运转的方向是不是一个文化所能认可的方向，也就是说一个好的文化政策应该是除弊兴利的。

总结起来，促成“韩流”汹涌的“韩国式”文化政策包括以下几个方面：

建立完善的组织管理机制，推进相关立法。1997 年制定了《创新企业培育特别法》，针对数字内容产业予以激励。接下来出炉了《文化产业发展五年计划》、《文化产业前景二十一》、《文化产业发展推进计划》、《文化产业促进法》等等；又成立了文化产业振兴院、文化产业局、文化产业基金……

电影“分级制度”和“银幕配额制度”。1998 年底，和军政府一同统治了韩国电影人 20 多年的“电影剪阅制度”被彻底取消，“分级制度”浮出水面，丰富了韩国电影的内容和题材，使韩国电影看起来“百无禁忌”。“银幕配额制度”的实质是在文化产品国际交流中树立贸易壁垒，以便维护本土产品的市场份额，它规定韩国影院一年 146 天以上要放韩国影片，电视台 25%以上的时间要留给国产片。“银幕配额制度”一直是韩国电影人的“尚方宝剑”，政府任何试图缩减银幕配额的举动都会引起韩国电影人的集体反对，1999 年 6 月就曾引发了韩国电影史上著名的“光头运动”。年初，韩国政府推出的新国产影片配额，将电影院每年必须播放国产影片的天数从 146 天减少为 73 天，再度引发了韩国电影人的示威活动。

对影视业专业人才的培养。韩国政府拨款设立基金会，并在国内设立了电影艺术专业，比如韩国国立艺术大学和汉阳大学，韩国电影业界的一线工作人员都在学校兼课。此外还加强与外国的人才交流与合作，培养具有世界水准的影视专业人才。

搭建交流平台，鼓励中小制作公司和国际市场接轨。韩国政府官员强调政府不能直接给具体企业以支持，这样会违背公平，滋长腐败。但政府可以通过在国外积极组织会展活动，交流活动，邀请没有实力主办活动的中小企业参加，给中小企业提供舞台。

总而言之，在韩国影视业繁荣的背后，隐藏着众多的成功因素，包括政治上的、经济上的和文化上的。仔细梳理之后，我们可以这样认为，政治上的诱因（比如推翻军政府实现民主化）是保障，经济上的诱因（比如成熟和规范的市场运作）是手段，而文化上的诱因（比如其文化产品满足了工业化时代人们的心理需求）是基础，正是这三方面的合力才促成了韩国影视业今日的繁荣。

经理人文摘

建立一个较好的电影商业

好莱坞如果作为美国电影的代名词应该诞生于19世纪20年代，好莱坞的八家电影制片公司，即20世纪福克斯、迪斯尼、米高梅、派拉蒙、索尼、环球、华纳兄弟、梦工厂，几乎垄断了美国的电影产业，被誉为好莱坞电影业的“八大金刚”。长期以来，“八大金刚”掌控着90%左右的人力、财力、物力资源，在电影业呼风唤雨。他们可以决定电影和幻灯片如何放映，决定消费者在什么时候、在哪里以及如何消费它们。

那个时代应该已经不复存在了，或者说很快就要结束了：在新新好莱坞的数字时代里，没有人会再被控制——在某种程度上，我们所有的人都可以做到。被少数人垄断的局面正在结束，消费者的民主权利开始真正体现。以前一家小的娱乐公司主席就可以控制电影、电视广播和DVD，但现在没有人可以控制网络，我们可以通过数字宽带的连接传输录影文件到达消费者。我们将会用我们自己聪明的方式来搜索、抢夺、观看、存储、组织和重放我们想重放的内容来进行修改或共享。我们可以随心所欲地在任何时候、任何地点，以任何方式来实现它的功效，未来我们可以创造我们自己的娱乐影院，而不仅仅是单纯地消费它。

这些趋势正在很好地处于进行中，在未来5～10年之间传统的娱乐媒体将会走向衰退。他们将会产生极多的机会给那些新的创新者。“创新对于我们来说没有问题，”华纳兄弟娱乐有限公司的新业务拓展和战略执行副总裁Kevin Tsujihara表示：“我们正在创新的平台或者新的频道来给未来创造更多的利润，没有什么是不确定的，我们了解整个模式。”

（摘自《财经文摘》，2006 年第 1 期）

抓住数字电视终端千亿商机!

数字电视是电视产业的发展方向，未来几年，中国将有1亿多有线模拟电视向数字电视转换，“模拟电视＋机顶盒”作为目前数字化的主要转换形式使机顶盒市场蕴藏了巨大商机；随着有线、地面、卫星数字电视及IPTV的开展以及数字电视接收设备标准的公布，数字电视机和数模兼容一体机的市场也将大规模启动。到2010年数字电视终端接收设备市场规模将达到32 572万台，年复合增长率将达到94.3%。

2005年，全球数字电视的渗透率平均为13%，中国仅为0.31%，还处于产业起步阶段，但同2004年相比，中国数字电视产业已呈现出明显的加速态势，其带动的产业链市场规模非常庞大，普遍预计数字电视产业成熟后，其带动的产业链规模超过千亿元，其中蕴涵的商机不言而喻。

目前，有线数字电视政策环境日益改善，卫星、地面数字电视及IPTV政策尚不明朗。数字电视接收设备、IPTV产业及地面传输等标准的缺失也使厂商面临风险。因此，面对庞大无比的数字电视终端市场，在标准缺失和政策不明朗的情形下，数字电视终端厂商在面临机遇的同时，还面对着严峻的挑战和市场风险。设备厂商该如何作为呢？第一，与产业链其他环节合作。第二，关注国外市场的同时进行样机的准备。第三，积极进行新产品的开发和技术储备。第四，争取和用足国家的优惠政策。

（摘自《经理人》，李艳红文）

三招管好销售团队

销售经理经常会遇到这样的问题：让下属将公司的一些最新情况发送给客户，下属却常常不能很好地完成。部分客户因“收不到”或者重复收到这类信息而开始抱怨。但这并不是下属偷懒，而是因为这个团队中的销售人员未及时彼此沟通工作信息。其实，有团队就有管理，经理人在团队中所起的作用是对资源进行分配，而下属的职责，就是怎样合理地利用这些资源，不至于做无用功。那么，作为销售部门的领导者，究竟该怎样做，才能高效地管理好自己的团队？

首先，团队的构成高于一切。团队成员的素质、技能、心态将直接影响到团队的整体水平及工作效率的发挥。大部分的企业人力资源部对于各部门相关岗位都有较规范的规定，因此，销售负责人对于自己团队成员的选择应该注意最基本的三个方面：一是选择复合型人才；二是招聘过程结构化；三是销售人员解决问题的能力

其次，业绩要搭配人性。团队领导者管理的对象是人，而不是事。企业对销售团队看重的如果仅仅是业绩结果，往往会让销售人员感觉自己处于一个只被关注业绩而没有人性化的团队中。这时，如果销售经理能加强与团队成员间的沟通，多组织一些团队活动，则会有利于加强内部的凝聚力和稳定性，让每个成员都能在团队中找到归属感。

第三，把总目标分解成每个人可达成的小目标。企业的业绩绝大程度上依赖于销售团队，所以，销售经理应该为团队设立可行的、明确的、可衡量的、达成度高而又有一定挑战性的目标，才会让团队凝聚成一股绳，共同完成团队目标。（摘自《经理人》，黄和荣文）

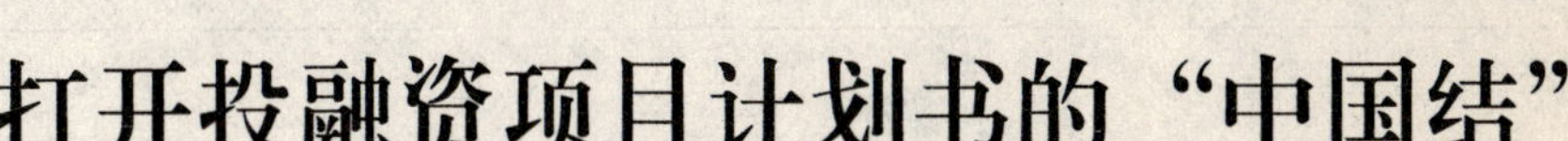

打开投融资项目计划书的“中国结”

因为金融管制方面的原因，国内企业融资始终是一个难题。特别是对占企业总数95%以上的中小型公司来讲，依靠外来资金发展就如同一个梦想，这种情况随着中国向市场经济的转型，也逐渐在改变。其中，国外资本以股权或债权形式投资国内企业，成为一个值得选择和尝试的途径。但是，新的苦恼又降临了，主要原因就是双方之间难以沟通和理解。

国内企业如果寻求国际资本的介入，第一件事就是学会按照国际规范要求策划和制作商业计划书。计划书对于引进国际资金非常重要，这是国际商业谈判的第一份必备文件。西方人往往在此基础上进行核实和评估。简而言之，项目计划书需要告诉你的投资对象，这个项目有多大赢利前景，什么时候盈亏平衡然后开始赢利，需要投资多少，如何才能将投资安全地退出。在回答这些问题的时候，还要避免不必要的夸大和渲染。

失败的融资项目在国内很常见，创业团队自己撰写的项目计划书往往无法达到理想的效果，有几个项目计划书的“中国结”是经常出现的，值得汲取经验和教训。

一是关于行业前景的分析与项目前景混为一谈或者空洞的口号式说法；二是对项目的赢利估计过于乐观或者依据不足；三是未对竞争对手和竞争态势给予细致的调查分析；四是没有投资退出方式的考虑。

国际投融资项目计划书不仅靠的是写作艺术，更是内容的专业化和科学性。国内企业在与国外投资人打交道的过程中，要总结经验，往往是由合适的人，在恰当的时机，正好做了正确的事，才最终取得了成功。国际投融资项目的成功之道也莫不如此。

（摘自《经理人》，郑磊文）

企业快速成长的误区

快速成长是许多中国企业的理想，在过去的一个时期，“跨越式发展”、“扩张”、“规模”、“多元化”成为一些企业家的口头禅。但是，快速发展的企业却往往会遭遇种种问题和挫折。研究发现，关于快速发展，企业界目前存在 6 种比较有影响力的理念误区，而这些理念误区在实践中可能存在一定的风险。

误区之一：做大才能做强，多元化是实现迅速做大的重要途径。但在实践中可能存在一定的风险：1. 建立不了有竞争优势的业务，不会为公司增加价值；2. 单个业务的问题将会影响到整个公司，装资金的不同篮子是互相关联的；3. 没有合适的管理控制系统，多元化业务将失去控制；4. 扩张型财务政策的另一面是资金结构失衡，从而带来资金链断裂的危险

误区之二：通过建立二级、三级子公司可获得更多外部资源，规避风险，实现快速增长。但在实践中可能存在的风险是当公司及其相关人员突破道德底线时，二级、三级子公司可能隐藏债务，虚增收入和利润，成为问题的发源地。

误区之三：企业快速成长有赖于成功商业模式的迅速推广和运作。但在实践中可能存在的风险是推广现有成功商业模式时，模式的适用条件与新的行业特点可能不符，导致扩张失败。

误区之四：企业的荣誉和声誉是企业生存的生命源泉，企业要努力去维护。但在实践中可能存在的风险是：企业领导可能会被荣誉冲昏头脑。同时，即使不能像以前那样快速增长，企业仍可能会不顾风险，为

了荣誉而鼓励高速成长。

误区之五：为谋求快速发展，企业的激励制度应以规模、收入、利润等数量指标为主要指标，并实施严格的末位淘汰制。但在实践中可能存在的风险是：当企业的制度过分关注收入与利润时，会导致过分的内部竞争，使企业缺少团队合作精神和凝聚力，员工变得不择手段。

误区之六：在企业快速发展过程中，企业需要与政府、投资者、新闻媒体、债权人等建立广泛的关系。但在实践中可能存在的风险是：企业可能误以为这些公共关系在企业逆境时像顺境时一样可发挥同样作用。

总之，任何好的经营理念使用时都要有一个度，即企业的快速成长一定要考虑到同其他环节的匹配，企业发展要注意“创新力”与“控制力”的统一，迅速发展的企业应该从历史中汲取经验和教训，不要在相同的地方，犯相同的错误。

（摘自《北大商业评论》，田志龙文）

如何获取企业品牌代言人的最大峰值

作为“超女”的冠名商，蒙牛的“超女”营销赢得业内外的一致好评。据说“蒙牛”酸酸乳2005年的销售额有望突破30亿。到底其间奥秘何在？

定律一：爱屋及乌，切忌恨屋及乌。“不要恨屋及乌”的意思是，目标消费者中喜欢品牌代言人的人可以少，但最好不要有人不喜欢。

定律二：只选对的，不选贵的。品牌代言人未必是最当红的，但一定是处于上升状态的明星，而不是呈下降状态的明星。

定律三：善于踏雪寻梅。品牌代言人要“先下手为强”，善于发现“梅花”。谁最先拥有“潜力股”，谁就能获取最大的收益。

（摘自《中外管理》，李光斗文）

艺术背后的组织管理

一个令世人瞩目和尊敬的组织，通常具有某种超常的价值体系，深厚的文化底蕴，独特的运行模式，并经得起历史的考验和历练。对于一个艺术组织，尤其如此。北京人民艺术剧院和柏林爱乐乐团正是这样令人瞩目和尊敬的艺术组织。它们在组织管理方面的启示也注定会受到各类企业家和管理者的青睐

说到价值观，北京人艺的信条是“戏比天大”。柏林爱乐乐团则信奉自主和谐的音乐生活，追求最高标准的演奏效果。乐团自信为德国艺术灵魂的终极传承者，任重道远，这便是其核心价值。

一个艺术组织的文化蕴藏通常反映在它所继承和发扬的艺术传统上。北京人艺曾被称为“郭老曹”的剧院，在创、导、演上对传统的尊崇，以及基于传统的创新，尤为人称道。柏林爱乐乐团 100 多年来，走过的也是尊重传统、不断创新的历程。作为德奥古典乐派的伟大擎旗者、忠实守护者和经典演绎者，柏林爱乐乐团的保留曲目体现了其恪守的传统，同时在此基础之上，柏林爱乐乐团也促成了诸多现代作品的世界首演。

独特的运作模式，往往赋予一个艺术组织某种传奇色彩。人艺的运作模式，特色很多，至少有两点值得赞叹：一是对剧本的重视，二是对新人的培养。柏林爱乐乐团的管理体制采取的是乐队自制的模式，所有演奏员都是柏林市政厅的正式雇员，由政府支付基本工资。经济上不受制于人，乐团便有了很大的独立性和自主权。

一个运转有序、文化丰厚、传统坚实的组织，往往更经得起历史沧

桑的洗礼和艰难困苦的历练。这种组织，由于对核心价值的坚持和职业目标的持重，比一般组织更倾向于抵御、中和、化解，或绕过外来干涉和威胁，来保证组织的核心活动能够正常进行。对艺术生命的无限挚爱和对组织价值观的坚决奉行使得这两个艺术团体声名卓著，成就斐然。

（摘自《经济观察报》，马浩文）

中国互联网出版业的机遇与挑战

在前不久结束的全国新闻出版局长会议上，国家新闻出版总署署长石宗源表示，从 2005 年起，在 5 年到 10 年的时间里，我国新闻出版单位将对新中国成立以来已出版的各类学术著作和发表的学术论文进行分类整理，最终形成“中国网络学术文献出版总库”，建立一个超大规模的网络学术文献数据库。与此同时，新闻出版总署还将继续组织实施“中国民族网络游戏出版工程”。

可以说，随着信息技术、数字技术和计算机技术的不断发展，以互联网游戏出版、互联网教育出版和互联网学术文献出版为主的互联网出版业呈现出高速的发展态势，图书的短周期趋势、低利润化和高退货率都为网络出版提供了可能；同时，随着网络的普及和家庭化发展趋势，网络出版必将成为出版产业新的业态和增长点。新闻出版署的此次战略调整是受到了来自国内外的网络出版行业的新趋势的启发，其政策的力度和对未来的影响都是巨大的。

面对下一轮新的竞争趋势，中国的网络出版业应当重视以下两点：首先，从出版物的分类检索“标准权”出发，将“沟通”渠道作为未来发展重点。其次，高度重视网络出版业与传媒业、娱乐业结合形成的多元化经营趋势。

总之，从国际、国内的变化趋势看，新一轮网络出版行业的竞争态势，将呈现多样化、综合性的特点，这种竞争不仅是产品本身质量的竞争，更是网络出版资源的重新组合；不仅是生产与销售的竞争，更是连接两端的沟通渠道的竞争；不仅是出版行业内的竞争，更是多行业的多元化和专业化竞争。而且这种竞争必将从国外发展到国内。这种新渠道、新层次、新焦点的竞争将彻底打破地区垄断和行业垄断，重新整合当前的网络出版业的格局。

（摘自《经济》，柯斌、杨越文）

视窗

2005年世界日报发行量前10名排行榜

报名	国家	发行量
1 读卖新闻	日本	14 067
2 朝日新闻	日本	12 121
3 每日新闻	日本	5 587
4 日本经济新闻	日本	4 635
5 中日新闻	日本	4 512
6 图片报(BILD)	德国	3 867
7 产经新闻	日本	2 757
8 参考消息	中国	2 627
9 人民日报	中国	2 509
10 东京体育报	日本	2 425

（《财经文摘》2005年第11期）

文化部发出通知要求规范文化产业展会的举办

为规范文化产业展会的举办，充分发挥展会所具有的聚集和交易作用，使展会真正成为文化产业发展的优质平台，1 月 16 日，文化部办公厅下发了《文化部办公厅关于举办文化产业展会有关事项的通知》。根据我国文化产业的发展现状和文化产品与文化服务的交易情况，为加强宏观调控，合理利用文化资源，《通知》对办好文化产业展会提出了具体要求。

《通知》中指出，近几年来，各类文化产业展会对促进我国文化产品交易、产业项目合作和文化产业发展起到了积极作用。但是，文化产业博览会的举办亦需遵循市场经济规律，不宜过多过滥、相互冲击。因此，《通知》提出，今后文化部重点扶持中国（深圳）国际文化产业博览交易会。同时，根据中央开发西部、振兴东北、中部崛起的发展战略，分别打造中国西部文化产业博览会、中国东北（沈阳）文化产业博览会、中国中部（武汉）文化产业博览会等几个博览会。

《通知》还要求各省、自治区、直辖市文化厅（局）根据本地文化产业的发展情况，积极参与支持中国（深圳）国际文化产业博览交易会、中国西部文化产业博览会、中国中部文化产业博览会和中国东北文化产业博览会的举办。一般情况下，不宜再筹办类似的文化产业博览会。

《通知》最后指出，根据中央、国务院的有关规定，文化部负责全国对外文化交流工作的归口管理，今后各地举办国际性文化展会必须报经文化部批准。

另据了解，《通知》中提及的几大国家级文化产业博览会分别为：中国（深圳）国际文化产业博览交易会一年一届，每年5月中旬在深圳举办；中国西部文化产业博览会每年一届，由具备条件的西部省、自治区、直辖市轮流举办；中国东北（沈阳）文化产业博览会和中国中部（武汉）文化产业博览会每两年举办一届。

（《中国文化报》曲晓燕）

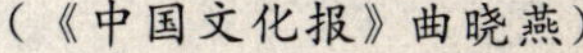

我国电子书出版总量达14.8万种

计算机、互联网和通信技术的飞速发展正给新闻出版产业带来深刻的变革。《2004－2005中国出版业发展报告》提供的统计显示，截至2005年4月，我国电子书销售总册数达到805万册，出版总量达到14.8万种。

随着互联网对传统出版业的渗透，电子书、互联网出版、博客、按需印刷和网上销售等新型出版形式不断出现。近两年，手机短信、手机小说、手机新闻、手机报纸、手机音乐、手机游戏，甚至手机视频等新的数字媒体形式也层出不穷。不仅大大丰富了传统出版物的内容和形式，也改变了传统出版物的生产方式和消费理念，更代表了21世纪世界出版业发展的方向和潮流。

2004年，全球数字出版业总营业额已经达到120.1亿美元。目前，全球数字内容产业年增长率在33%以上。从我国看，现在上网用户总数达到1.03亿人，居世界第二，手机用户已达3.4亿，网络游戏玩家达2025万人。据预测，随着3G技术的应用，用手机读小说、听音乐、玩游戏、看电影、看电视等多媒体应用将出现爆炸式增长。

从数字出版的销售收入来看，2004年底，我国互联网出版总销售收入达35亿元，年均增幅达50%，带动相关产业增加产值约250亿元。目前，我国数字图书馆用户已经超过1 000家，55%的省级图书馆开始使用E－book。

（新华社）

迪尼斯首次证实正磋商在上海建主题公园

在美国上市的迪斯尼周一（6日）晚公布截至去年12月底首季业绩，季度纯利为7.34亿美元，按年增长7%。季内香港迪斯尼乐园全面投入服务，而集团旗下的乐园与度假村业务营收增幅显著。不过，由于香港迪斯尼乐园业绩被编入乐园项目计算，集团并未独立交代香港业务的表现。

报道称，迪斯尼行政总裁艾格6日首次亲口证实，正与上海政府磋商在当地兴建主题公园。他表示，继香港迪斯尼之后，集团正与内地政府洽谈在上海兴建主题公园："有关主题公园，我们一直与中国政府商讨，在上海兴建乐园，暂时未有新进展可报告。"香港迪斯尼发言人则重申，中国境内第二个迪斯尼乐园，不会在四年内开幕。

旅游业议会总干事董耀中亦表示，上海建迪斯尼乐园，对香港的影响不大："香港更加要想更多不同的旅游设施，可以吸引更多的旅客，除了迪斯尼之外，我一直都认为，香港并不是只得一个迪斯尼的。"

对于上海可能兴建迪斯尼主题公园，香港特区政府发言人响应，重申迪斯尼可以在香港以外的地方兴建主题公园，而香港除了迪斯尼之外，亦有其他主题公园。

艾格同日也表示，香港迪斯尼乐园在圣诞及农历新年期间，入场人数很高，游客都很满意，票务表现理想。不过，他没有提及上周香港迪斯尼乐园外的混乱事件，只表示："香港迪斯尼入场人数极高，在12月假期期间及上周农历年假，表现亦十分强劲，连续四天的门票都售罄。"

（光明网2月8日）

把春节打造成世界文化品牌

“爆竹声中一岁除”，看着五光十色的烟花，听着震耳欲聋的爆竹，我们感到春节——这个中国特有的古老节日正在向传统回归，而其中所蕴涵的文化也在打动着世界。人们日益将春节看作中华民族最伟大的文化遗产之一。有专家提出，应该对春节的精神内涵进行挖掘、整理、包装，使之成为世界文化品牌。

2005年末，国务院总理温家宝在巴黎综合理工大学演讲时对中国“和文化”作了深入阐述，指出“和”就是国与国之间的和平，人与人之间的和睦，人与自然之间的和谐。接受记者采访的多位专家认为，春节正是“和文化”最大的载体，不论从它的精神内涵还是表现形式来看，都应该并且有条件得到全世界的认同。春节民俗所传达的亲情、和善、关爱的情感，全人类都是共通的。

如何把春节打造成世界文化品牌？专家指出：首先要对春节民俗进行保护、发掘。如建议国家以法律形式把传统年节保护起来，把春节等传统节日列入国家级非物质文化遗产保护名录，使之成为维护我国文化身份和文化主权的重要内容。其次必须对春节进行适当的整理和“包装”，在保持传统风貌的前提下，对民俗去粗取精，使之更集中、更系统、更纯粹，还要根据新的时代特点进行创新。

总之，春节是一个全民的节日，整理春节文化既需要各级政府重视，又需要百姓广泛参与。在人们物质文化需求日趋多元化的今天，如何采取有效方式，引导越来越多的人关心、热爱传统民俗，自觉地加入传承民族文化的行列，已成为摆在有关各方面前的一个崭新课题。

（新华社 2月5日）

中共中央国务院发出《关于深化文化体制改革的若干意见》

中共中央、国务院近日发出《关于深化文化体制改革的若干意见》（以下简称《意见》）。这是深化我国文化体制改革的纲领性文件。《意见》的制定，是贯彻邓小平理论和“三个代表”重要思想、进一步树立和落实科学发展观，全面推进文化体制改革的一个重大举措。《意见》的实施，对于加快发展我国文化事业和文化产业，推进社会主义先进文化建设，促进文化建设与经济建设、政治建设、社会建设全面协调发展，具有极其重要的意义。

《意见》强调了文化体制改革的指导思想，明确了文化体制改革的原则要求，提出了文化体制改革的目标任务。《意见》要求，推进文化事业单位改革，要根据现有文化事业单位的性质和功能，区别对待、分类指导，明确不同的改革要求。要规范国有文化事业单位的转制。

《意见》同时要求加快文化领域结构调整，合理配置文化资源，培育现代文化市场体系，加强文化产品和要素市场建设。加强和改进文化领域宏观管理，加快转变政府职能，明确文化行政管理部门职责，理顺文化行政管理部门与所属文化企事业单位的关系。健全文化法律法规和政策体系，加强文化立法，通过法定程序将党的文化政策逐步上升为法律法规。继续执行实践证明行之有效的文化经济政策，制定和完善扶持公益性文化事业、发展文化产业、激励文化创新等方面的政策。各地可根据改革发展的需要，制定适合本地实际的相关政策。

（新华社北京1月12日）

三分之二省将建文化大省 文化产业发展举足轻重

2006年1月11日上午，中国社会科学院在第1学术报告厅举行了“2006年中国文化产业发展形势发布会”。

中国社会科学院文化研究中心副主任张晓明对“十五”期间五年的文化发展概括作了总结，并分析了这次蓝皮书对于下一步发展形势的预测。他说，发展文化产业中关于区域的发展很重要。在中央的“十一五”规划中，区域的问题、区域经济协调发展是一个关注的重点。据悉，目前，全国各地几乎三分之二的省份都提出来建立文化大省，所有的省都已经把发展文化产业列为“十一五”规划的一个重点。

东部地区由于整个经济社会发展水平比较高，所以，文化产业可能是以外向型的产业为特点，进一步融入国际市场。而在中部和西部，由于发展水平比较低，而且有一些地方发展受到资源条件的限制，文化产业的发展可能改变这些地区现代化发展的逻辑和发展路径。这样一个发展趋势如果能够变成现实，对中西部的发展将具有重大意义。

（中国网）

国家数字电影工程在京奠基

在中国电影诞生100周年之际，一个技术水准世界一流的国家级数字电影工程基地今天在北京市怀柔区杨宋镇破土动工。

这个投资9亿元、占地35公顷的数字电影基地，涉及电影摄制的各个环节。其技术含量非常高，音乐棚、对白棚、混录棚、非线性剪接编辑、动漫制作、网络传送等设施以及置景造型艺术与世界先进的影视科技水准同步。16个摄影棚总建筑面积28 400平方米，其中一个5 000平方米的特大摄影棚有近12层楼高。摄影棚内具备水下拍摄功能、超高顶棚开启功能，将室内场景与自然景观巧妙地融为一体，可满足特大型场景和特殊场景的需求。

基地建成后将具备年制作80部故事片电影、100部数字电影、200部电视电影、500集电视剧和动漫片的生产能力。该基地的建成将大大提高我国电影的技术水平和银幕表现力，增强中国电影的国际竞争力。

（人民日报2005年12月27日）

超过杂志接近广播　中国网络广告已达到31.3亿元

新媒体的广告优势在去年尤为明显，艾瑞市场咨询机构最新发布的统计报告显示，2005年，国内网络广告市场规模已达到31.3亿元，超过杂志广告市场，接近广播广告市场。

在中国广告业内，电视、报纸和广播原本稳坐广告投放的前三把交椅，但现在，网络广告强有力的增长势头至少已经影响到广播媒体的渠道价值。

从增长速度上看，这种影响力表现得更为明显。统计显示，去年中国网络广告的市场规模比2004年增长77.1%，更是4年前的7.6倍，算上搜索引擎广告10.4亿元的规模，去年中国网络营销市场规模达到41.7亿元，比2004年猛增78.4%。

艾瑞更预测，到今年，包括渠道代理商收入、搜索引擎广告和网络广告在内的中国网络营销产业规模将达到91亿元。

据了解，到目前为止，五大门户网站始终是网络广告的最大受益者，去年新浪以6.8亿元的网络广告收入取得21.7%市场份额，搜狐为15.0%，其次是网易、腾讯和TOM在线，它们占到网络广告市场的53.4%。

此外，报告也显示，在网络广告方面，广告主数量的增长在去年开始趋缓，但广告主预算却增长明显。而即使面临着对房地产行业的宏观调控，房地产业仍然是网络广告的主力军，它和IT产品、网络服务领域一起位列网络广告投放的前三名。

（中国新闻网）

中国画廊业进入盈利时代

中国大陆地区画廊的起步稍晚，迟至20世纪90年代才逐渐摆脱传统的“画店”模式，转入当代的经营模式，最显著的标志之一是广泛引入签约代理艺术家的国际性经营制度。这种制度的引入，极大地改变了过去纯然依赖于艺术家已有的名声的所谓“销售”，推动了立足于对艺术家未来价值的判断而采取的经纪决策。如此，人们讥讽画廊为画家“寄生虫”的传统看法正在逐步地改变。

毋庸置疑，大都市是画廊赖以生存的有机土壤，而北京、上海、台北、香港是中国画廊目前最主要的聚集地。香港地区的画廊发展较早的原因，是源于其背靠大陆、面向海外的区域功能与地理优势，以及中西文化交混的多元现实；台北地区的画廊是随着台湾区域经济的腾飞，而在20世纪80年代走向了鼎盛；北京、上海地区的画廊是在改革开放以后逐步出现的，在经历了近20年的惨淡经营之后，目前已经进入了所谓的“赢利时代”。

上世纪90年代中期以后，原先的艺术收藏家转而开始创建画廊的越来越多，甚至成为一种“现象”。譬如，上海的赵建平及其创办的“艺博画廊”、上海的张明放及其主持的“亦安画廊”，北京的李国盛及其属下的“环碧堂”，等等。这些画廊的主持人，由于具有金融、投资、贸易等行业背景与专业知识，因此无论其影响力还是其具体操作层面，皆能够打破旧有的条条框框，取得较好的效果。

21世纪以来，随着国家文化政策的逐步调整，海外资金进入中国画廊界已经蔚然成风。早期的外资画廊常常受制于当时国内政策的模糊性或不确定性，甚至是画廊选址的过程也令他们大费周折。近几年来，外资画廊大多以北京、上海为其首选，而投资国别或地区则包括了德国、意大利、美国、日本、韩国、新加坡以及中国的台湾、香港地区。而在画廊的分布上，大多是集聚于北京朝阳区的798厂、上海苏州河等知名艺术区内，其余的则主要以商业中心区为寄栖地。

目前，中国的画廊业已经形成了多元竞争的活跃场景。所谓多元，不仅指的是画廊所经营作品的风格或定位的多元，还涵盖了经营者的背景、操作的手段、公关的策略等诸多方面的多元。但是关心中国当代艺术创作，强调中外艺术的互通交流，注重对亚太地区艺术的推荐阐发，似乎越来越成为中国大陆画廊界的基本认识与共同愿景。

（中国证券网，上海证券报）

附录

中国文化产业研究基金理事会第四届理事单位

（排名不分先后）

北京世纪高峰文化产业研究院
派格太合环球传媒投资有限公司
TCL 文化发展有限公司
武汉理工大学企业文化与企业咨询研究所
武汉市工商联文化产业商会
北京世纪和谐文化艺术有限公司
爱浪（国际）文化产业集团有限公司
北广传媒集团有限公司
北京毕胜得文化艺术发展有限公司
北京朝阳公园开发经营公司
北京创盟音乐文化发展有限公司
北京创新起点文化投资有限公司
博鳌亚洲论坛研究院
国创企业集团有限公司
云南文化产业学院
吉林省歌舞团
江苏省苏州昆剧院
江苏省苏州市艺术学校
辽河文化产业园
中国对外演出公司

征稿启事

《北大文化产业》是国内第一份专门探讨文化产业的商业类杂志风格的书刊，旨在为我国从事文化产业的企业界人士、从事文化事业的工作者、研究文化产业的学者以及学习文化产业的学生们提供一个交流的平台，同时也借此动员各方力量，一起为推动中国文化产业的产业化发展做一件有意义的实事。

为了保障一定的延续性，《北大文化产业》将按季度出版。本刊在栏目设计上兼顾了报道产学研共同推动文化的产业化和探讨文化企业、文化事业管理两大部分，开辟了“名家访谈”、“专题报道”、“投资分析”、“政策解读与事业改制”、“热点聚焦”、“产业论坛”、“案例分析”、“全球视野”、“经理人文摘”和“视窗”等系列栏目。其中专题报道每期侧重一个主题，期望能够帮助把握产业趋势，为政府和企业制订战略和寻求良好的商业模式提供比较系统完整的信息支持和理论分析。

本刊将坚持和突出理论性与实践性相结合的特点，对于文化产业领域的发展进行深度剖析和解读。为了让本刊更好地为文化产业各界人士服务，欢迎相关人士踊跃投稿。本刊将优先录用以下类型的稿件：

（1）文化产业有关热点事件、企业、人物、区域的深度报道和分析评论；

（2）文风活泼、可读性强的文化产业管理或者经营领域的学术探讨、理论分析文章；

（3）文化产业相关企业经营管理案例；

（4）国外文化产业发展的介绍和评论文章；

（5）文化产业的政府主管部门人员和企业经营人员撰写，与实践紧密结合、具有一定深度和创见的评论和分析文章。

下期《北大文化产业》关注的主题为：文化企业创新。

投稿邮箱：pkuwhcy@163.com

通信地址：北京大学静园一号院213室

联系电话：010－62767249

传真电话：010－62753340

邮政编码：100871

《北大文化产业》编辑部